全国一级建造师执业资格考试考点精粹掌中宝

公路工程管理与实务
考点精粹掌中宝

全国一级建造师执业资格考试考点精粹掌中宝编写委员会　编写

中国建筑工业出版社

图书在版编目（CIP）数据

公路工程管理与实务考点精粹掌中宝／全国一级建
造师执业资格考试考点精粹掌中宝编写委员会编写.
北京：中国建筑工业出版社，2025.4. --（全国一级建
造师执业资格考试考点精粹掌中宝）. -- ISBN 978-7
-112-31168-2

Ⅰ. U415.1

中国国家版本馆 CIP 数据核字第 20256YB916 号

责任编辑：田立平
责任校对：李美娜

全国一级建造师执业资格考试考点精粹掌中宝

公路工程管理与实务
考点精粹掌中宝

全国一级建造师执业资格考试考点精粹掌中宝编写委员会　编写

＊

中国建筑工业出版社出版、发行(北京海淀三里河路 9 号)
各地新华书店、建筑书店经销
北京鸿文瀚海文化传媒有限公司制版
天津安泰印刷有限公司印刷

＊

开本：850 毫米×1168 毫米　1/32　印张：8¼　字数：236 千字
2025 年 5 月第一版　　2025 年 5 月第一次印刷
定价：**29.00** 元
ISBN 978-7-112-31168-2
(44770)

前　言

全国一级建造师执业资格考试考点精粹掌中宝系列图书由教学名师编写，是在多年教学和培训的基础上开发出的新体系。书中根据对历年考题命题点的分析，创新采用 A、B、C 分级考点的概念，将考点分为"必会、应知、熟悉"三个层次，将最为精华、最为重要、最有可能考到的高频考点，通过简单明了的编排方式呈现出来，能有效帮助考生快速掌握重要考试内容，特别适合学习时间紧张的在职考生。

全书根据近年考题出现的频次和分值，将各科知识点划分为 A、B、C 三级知识点，A 级知识点涉及的是每年必考知识，即为考生必会的知识点；B 级知识点是考试经常涉及的，是考生应知的知识点；C 级知识点是考试偶尔涉及的，属于考生应该熟悉的知识点。上述 A、B、C 分级表明了考点的重要性，考生可以根据时间和精力，有选择地进行复习，以达到用较少的时间取得较好的考试成绩的目的。相比传统意义上的辅导图书，本系列图书省却了考生进行总结的过程，更加符合考生的学习规律和学习心理，能帮助考生从纷繁复杂的学习资料中脱离出来，达到事半功倍的复习效果。

本书既适合考生在平时的复习中对重要考点进行巩固记忆，又适合具有一定基础的考生在串讲阶段和考前冲刺阶段强化记忆。在复习备考的有限时间内，充分利用本书，可以用最少的时间达到最大的效果，从而获得更好的成绩，可谓一本图书适用备考全程。

本系列图书的作者都是一线教学和科研人员，有着丰富的教育教学经验，同时与实务界保持着密切的联系，熟知考生的知识背景和基础水平，编排的辅导教材在日常培训中取得了较好的效果。

本系列图书采用小开本印刷，方便考生随身携带，可充分利用等人、候车、餐前、饭后等碎片化的时间，高效率地完成备考工作。

本系列图书在编写过程中，参考了大量的资料，尤其是考试用书和历年真题，限于篇幅恕不一一列示致谢。在编写的过程中，由于时间仓促、水平有限，虽经仔细推敲和多次校核，书中难免出现纰漏和瑕疵，敬请广大考生、读者批评和指正。

目　　录

A 级 知 识 点

（必会考点）

A1 挖方路基施工

■高频考点：土质路堑施工技术

序号	项目	内容
1	作业方法	（1）横向挖掘法 　土质路堑横向挖掘可采用人工作业，也可机械作业，具体方法有： 　①单层横向全宽挖掘法：从开挖路堑的一端或两端按断面全宽一次性挖到设计标高，逐渐向纵深挖掘，挖出的土方一般都是向两侧运送。该法适用于挖掘浅且短的路堑。 　②多层横向全宽挖掘法：从开挖路堑的一端或两端按断面分层挖到设计标高。该法适用于挖掘深且短的路堑。 　（2）纵向挖掘法 　土质路堑纵向挖掘多采用机械作业，具体方法有： 　①分层纵挖法：沿路堑全宽，以深度不大的纵向分层进行挖掘。该法适用于较长的路堑开挖。 　②通道纵挖法：先沿路堑纵向挖掘一通道，然后将通道向两侧拓宽以扩大工作面，并利用该通道作为运土路线及场内排水的出路。该层通道拓宽至路堑边坡后，再挖下层通道，如此向纵深开挖至路基标高。该法适用于较长、较深、两端地面纵坡较小的路堑开挖。 　③分段纵挖法：沿路堑纵向选择一个或几个适宜处，将较薄一侧堑壁横向挖穿，使路堑分成两段或数段，各段再纵向开挖。该法适用于过长、弃土运距过远、一侧堑壁较薄的傍山路堑开挖。 　（3）混合式挖掘法 　①多层横向全宽挖掘法和通道纵挖法混合使用。先沿路线纵向挖通道，然后沿横向坡面挖掘，以增加开挖面。 　②该法适用于路线纵向长度和挖深都很大的路堑开挖

序号	项目	内容
2	机械开挖作业方式	（1）推土机开挖土质路堑作业 推土机开挖土方由切土、运土、卸土、倒退（或折返）、空回等过程组成一个循环。影响作业效率的主要因素是切土和运土两个环节，因此必须以最短的时间和距离切满土，并尽可能减少土在推运过程中散失。推土机开挖土质路堑作业方法与填筑路基相同的有下坡推土法、槽形推土法、并列推土法、接力推土法和波浪式推土法，另有斜铲推土法和侧铲推土法。 （2）挖掘机开挖土质路堑作业 公路工程施工中以单斗挖掘机与运输车辆配合开挖土方路堑最为常见
3	土方开挖规定	（1）开挖应自上而下逐级进行，严禁掏底开挖。 （2）开挖至边坡线前，应预留一定宽度，预留的宽度应保证刷坡过程中设计边坡线外的土层不受到扰动。 （3）拟作为路基填料的土方，应分类开挖、分类使用。非适用材料作为弃方时，应按规定进行处理。 （4）开挖至零填、路堑路床部分后，应及时进行路床施工；如不能及时进行，宜在设计路床顶标高以上预留至少300mm厚的保护层。 （5）应采取临时排水措施，确保施工作业面不积水。 （6）挖方路基施工遇到地下水时，应采取排导措施，将水引入路基排水系统，不得随意堵塞泉眼。路床土含水率高或为含水层时，应采取设置渗沟、换填、改良土质等处理措施，还应具有良好的透水性能
4	零填、挖方路段的路床施工规定	（1）路床范围原状土符合要求的，可直接进行路床成型施工。 （2）路床范围为过湿土时应按设计进行换填处理，设计未规定时按以下要求换填：高速公路、一级公路换填厚度宜为0.8~1.2m，若过湿土的总厚度小于1.5m，则宜全部换填，二级公路的换填厚度宜为0.5~0.8m。 （3）高速公路、一级公路路床范围为崩解性岩石或强风化软岩时应按设计进行换填处理，设计未规定时换填厚度宜为0.3~0.5m。 （4）零填、挖方路段的路床压实度应符合规定的要求

■高频考点：石质路堑施工技术

序号	项目	内容
1	开挖方式	(1)爆破法 利用炸药在空气、水、土石介质或物体中爆炸所产生的压缩、松动、破坏、抛掷等作用实现石方路基的施工；爆破法也可以爆松冻土、爆破挤淤、开采石料等。 (2)机械开挖法 使用带有松土器的重型推土机破碎岩石，一次破碎深度约 0.6~1.0m。该法适用于施工场地开阔、大方量的软岩石方工程。带有破碎锤的液压履带挖掘机开挖路基破碎岩石，适用于硬质岩和土石混合的孤石。优点是没有钻爆工序作业，不需要风、水、电辅助设施，简化了场地布置，提高了生产能力。缺点是不适用于破碎坚硬岩石。 (3)静态破碎法 将膨胀剂放入炮孔内，利用产生的膨胀力，缓慢地作用于孔壁，经过数小时至 24h 达到 300~500MPa 的压力，使介质裂开。该法适用于在设备附近、高压线下以及开挖与浇筑过渡段等特定条件下的开挖。优点是安全可靠，没有爆破产生的危害。缺点是破碎效率低，开裂时间长
2	石方开挖施工规定	(1)应根据岩石的类别、风化程度、岩层产状、岩体断裂构造、施工环境等因素确定开挖方案。 (2)应逐级开挖，逐级按设计要求进行防护。 (3)施工过程中，每挖深 3~5m 应进行边坡边线和坡率的复测。 (4)爆破作业应符合《爆破安全规程》GB 6722—2014 的有关规定。 (5)严禁采用硐室爆破，靠近边坡部位的硬质岩应采用光面爆破或预裂爆破。 (6)爆破法开挖石方，应先查明空中缆线、地下管线的位置，开挖边界线外可能受爆破影响的建筑物结构类型、居民居住情况等，对不能满足安全距离的石方宜采用化学静态爆破或机械开挖。 (7)边坡应逐级进行整修，同时清除危石及松动石块

序号	项目	内容
3	石质路床清理规定	(1)欠挖部分应予凿除,超挖部分应采用强度高的砂砾、碎石进行找平处理,不得采用细粒土找平。 (2)路床底面有地下水时,可设置渗沟进行排导,渗沟应采用硬质碎石回填。 (3)路床的边沟应与路床同步施工
4	深挖路堑施工规定	(1)应根据地形特征设置边坡观测点,施工过程中应对深挖路堑的稳定性进行监测。 (2)施工过程中应核查地质情况,如与设计不符应及时反馈处理。 (3)每挖深 3~5m 应复测一次边坡

■高频考点：爆破方法分类及路基爆破施工技术分类

序号	项目	内容
1	爆破方法分类	按照爆破的规模与方式,可将爆破分为钻孔爆破和硐室爆破。 (1)钻孔爆破又分为浅孔爆破(钢钎炮)和深孔爆破。浅孔爆破是指炮孔直径小于或等于 50mm、深度小于或等于 5m 的爆破作业。深孔爆破是指炮孔直径大于 50mm、深度大于 5m 的爆破作业。 (2)硐室爆破是指采用集中或条形硐室装药包,爆破开挖岩石的作业。因一次爆破药量大,爆下的土石方量也大,通常称为"大爆破"。与其他方法相比,其特点是短期内即可完成大量的开挖量,所投入的设备、工程量及动力等相对较少,且效率高,适应性强。但因一次爆破炸药量大,可导致地震破坏,对周围环境会造成一定影响
2	路基爆破施工技术分类	(1)光面爆破。 (2)预裂爆破。 (3)微差爆破。 (4)定向爆破

A2 填方路基施工

■高频考点：路基填料一般规定

（1）宜选用级配好的砾类土、砂类土等粗粒土作为填料。

（2）含草皮、生活垃圾、树根、腐殖质的土严禁作为填料。

（3）泥炭土、淤泥、冻土、强膨胀土、有机质土及易溶盐超过允许含量的土等，不得直接用于填筑路基；确需使用时，应采取技术措施进行处理，经检验满足要求后方可使用。

（4）粉质土不宜直接用于填筑二级及二级以上公路的路床，不得直接用于填筑冰冻地区的路床及浸水部分的路堤。

（5）路堤填料最小承载比和最大粒径应符合规定。

（6）高速公路、一级公路路床填料宜采用砂砾、碎石等水稳性好的粗粒料，也可采用级配好的碎石土、砾石土等；粗粒料缺乏时，可采用无机结合料改良细粒土。路床填筑，每层最大压实厚度宜不大于300mm，顶面最后一层压实厚度应不小于100mm。

■高频考点：填土路堤的填筑技术

序号	项目	内容
1	填筑方法	土质路堤填筑常用推土机、平地机、压路机、挖掘机、装载机等机械按以下方式作业： （1）水平分层填筑。填筑时按照横断面全宽分成水平层次，逐层向上填筑，是路基填筑的常用方式。 （2）纵向分层填筑。依路线纵坡方向分层，逐层向上填筑。常用于地面纵坡大于12%、用推土机从路堑取料、填筑距离较短的路堤。缺点是不易碾压密实。 （3）横向填筑。从路基一端或两端按横断面全高逐步推进填筑。由于填土过厚，不易压实，仅用于无法自下而上填筑的深谷、陡坡、断岩、泥沼等机械无法进场的路堤。 （4）联合填筑。路堤下层用横向填筑而上层用水平分层填筑。适用于因地形限制或填筑堤身较高，不宜采用水平分层填筑或横向填筑法进行填筑的情况。单机或多机作业均可，一般沿线路分段进行，每段距离以20～40m为宜，多在地势平坦或两侧有可利用的山地土场的场合采用

序号	项目	内容
2	机械填筑路堤作业方式	（1）推土机填筑路堤作业方式 　　推土机作业方式通常是由切土、推土、堆卸、空返等四个环节组成，而影响作业效率的主要是切土和推土两个环节。推土机作业效率取决于切满土的速度、距离，以及推土过程中切满刀片中的土散失量和推运速度。其作业方式一般有坑槽推土、波浪式推土、并列推土、下坡推土和接力推土。 　　（2）挖掘机填筑路堤作业方式 　　利用挖掘机填筑路堤施工，一般有两种方式：一种为从路基一侧挖土，直接卸向另一侧填筑路堤。这种方式，用反铲挖掘机施工比较方便。另一种方式则配合运土车辆，挖掘机挖土装车后，运至路堤施工现场卸土填筑，这是挖掘机填筑路堤施工的主要方式，正、反铲挖掘机都能适用，而且一般在取土场比较集中且运距较长的情况下，最宜采用。两种方式都宜与推土机配合施工
3	土质路堤压实施工技术要点	（1）压实机械对土进行碾压时，一般以慢速效果最好，除羊足碾或凸块压路机外，压实速度以 2～4km/h 最为适宜。羊足碾的速度可以快些，在碾压黏土时最高可达 12～16km/h，还不至影响碾压质量。各种压实机械的作业速度，应在填方前作试验段碾压，找出最佳效果的碾压速度，正式施工时参照执行。 　　（2）碾压一段终了时，宜采取纵向退行方式继续第二遍碾压，不宜采用掉头方式，以免因机械调头时搓挤土，使压实的土被翻松。故压路机始终要以纵向进退方式进行压实作业。 　　（3）在整个全宽的填土上压实，宜纵向分行进行，直线段由两边向中间，曲线段宜由曲线的内侧向外侧（当曲线半径超过 200m 时，可以按直线段方式进行）。两行之间的接头一般应重叠 1/4～1/3 轮迹；对于三轮压路机则应重叠后轮的 1/2。 　　（4）纵向分段压好以后，进行第二段压实时，其在纵向接头处的碾压范围，宜重叠 1～2m，以确保接头处平顺过渡

序号	项目	内容
4	土质路堤施工规定	(1)性质不同的填料,应水平分层、分段填筑、分层压实。同一层路基应采用同一种填料,不得混合填筑。每种填料的填筑层压实后的连续厚度宜不小于500mm。路基上部宜采用水稳性好或冻胀敏感性小的填料。有地下水的路段或浸水路堤,应填筑水稳性好的填料。 (2)在透水性差的压实层上填筑透水性好的填料前,应在其表面设2%～4%的双向横坡,并采取相应防水措施。不得在透水性好的填料所填筑的路堤边坡上覆盖透水性差的填料。 (3)路堤填筑应从最低处起分层填筑,逐层压实,每种填料的松铺厚度应通过试验确定。 (4)每一填筑层压实后的宽度不得小于设计宽度。 (5)填方分几个作业段施工时,接头部位如不能交替填筑,先填路段应按1∶2～1∶1坡度分层留台阶;如能交替填筑,应分层相互交替搭接,搭接长度应不小于2m。 (6)质量控制:施工过程中,每一压实层均应进行压实度检测,检测频率为每1000m^{2}不少于2点。压实度检测可采用灌砂法、环刀法等方法,检测应符合现行《公路路基路面现场测试规程》JTG 3450—2019 的有关规定。施工过程中,每填筑2m宜检测路线中线和宽度。 (7)湿黏土路堤施工应符合以下规定:按设计要求对基底湿黏土层进行处理;湿黏土填料宜采用消石灰或磨细生石灰粉进行改良;石灰粒径应不大于20mm,质量宜符合三级及以上标准;施工前应取现场有代表性的土做石灰掺配试验确定石灰用量;灰土拌和可采用路拌法,翻拌后填料的块状粒径超过15mm 的含量宜小于15%,填筑层厚度宜不超过200mm;改良后的湿黏土路堤质量应采用灰剂量与压实度两个指标控制,灰剂量应不低于设计掺量,压实度应满足规定;应采用设计灰剂量的击实试验确定最大干密度

注:填土路堤施工工序主要包括施工放样、清除表土、填前处理、分层填筑、整平、碾压、整修等。

■高频考点：填石路堤施工技术

序号	项目	内容
1	填筑方法	(1)竖向填筑法(倾填法) 以路基一端按横断面的部分或全部高度自上往下倾卸石料，逐步推进填筑。在陡峻山坡地段施工特别困难时，三级及三级以下砂石路面公路的下路堤可采用倾填方式填筑。其他级别路基不得采用此法。 (2)分层压实法(碾压法) ①自下而上水平分层，逐层填筑，逐层压实，是普遍采用并能保证填石路堤质量的方法。高速公路、一级公路和铺设高级路面的其他等级公路的填石路堤采用此方法。 ②填石路堤将填方路段一般划分为四级施工台阶、四个作业区段，按施工工艺流程进行分层施工。四级施工台阶是：路基顶面以下 0.5m 为第一级台阶，0.5~1.5m 为第二级台阶，1.5~3.0m 为第三级台阶，超过 3.0m 为第四级台阶。 ③施工中填方和挖方作业面形成台阶状，台阶间距视具体情况和适应机械化作业而定，一般长为 100m 左右。填石作业自最低处开始，逐层水平填筑，每一分层先是机械摊铺主集料，平整作业铺撒嵌缝料，将填石空隙以小石或石屑填满铺平，采用重型振动压路机碾压，压至填筑层顶面石块稳定。 (3)冲击压实法 利用冲击压实机的冲击碾周期性、大振幅、低频率地对路基填料进行冲击，压密填方。它具有分层法连续性和强力夯实法压实厚度深的优点；缺点是在周围有建筑物时，使用受到限制。 (4)强力夯实法 用起重机吊起夯锤从高处自由落下，利用强大的动力冲击，迫使岩土颗粒位移，提高填筑层的密实度和地基强度。该方法机械设备简单，击实效果显著，施工中不需铺撒细粒料，施工速度快，有效解决了大块石填筑地基厚层施工的夯实难题。对强夯施工后的表层松动层，采用振动碾压法进行压实

序号	项目	内容
2	填石路堤施工要求	(1)填石路堤应分层填筑压实。在陡峻山坡地段施工特别困难时,三级及三级以下砂石路面公路的下路堤可采用倾填的方式填筑。 (2)岩性相差较大的填料应分层或分段填筑,软质石料与硬质石料不得混合使用。 (3)填石路堤顶面与细粒土填土层之间应填筑过渡层或铺设无纺土工布隔离层。 (4)压实机械宜选用自重不小于18t的振动压路机。 (5)填石路堤采用强夯、冲击压路机进行补压时,应避免对附近构造物造成影响。 (6)中硬、硬质石料填筑路堤时,应进行边坡码砌。码砌防护的石料强度、尺寸应满足设计要求。边坡码砌与路基填筑应基本同步进行。 (7)采用易风化岩石或软质岩石石料填筑时,应按设计要求采取边坡封闭和底部设置排水垫层、顶部设置防渗层等措施。 (8)填石路堤施工过程质量控制:施工过程中每一压实层,应采用试验路段确定的工艺流程、工艺参数控制,压实质量可采用沉降差指标进行检测。施工过程中,每填高3m宜检测路基中线和宽度。 (9)不同强度的石料,应分别采用不同的填筑层厚和压实控制标准。填石路堤的压实质量标准采用孔隙率作为控制指标,并符合规定要求。孔隙率的检测应采用水袋法进行。 (10)填石路堤成形后的外观质量标准应符合下列规定:路堤表面应无明显孔洞;大粒径石料应不松动;边坡码砌紧贴、密实无松动,砌块间承接面向内倾斜,坡面平顺;路基边线与边坡不应出现单向累计长度超过50m的弯折;上边坡不得有危石
3	填石路堤填料要求	(1)硬质岩石、中硬岩石可用于路堤和路床填筑;软质岩石可用于路堤填筑,不得用于路床填筑;膨胀岩石、易溶性岩石和盐化岩石不得用于路基填筑。 (2)路基的浸水部位,应采用稳定性好、不易膨胀崩解的石料填筑。

序号	项目	内容
3	填石路堤填料要求	(3)路堤填料粒径应不大于500mm,并宜不超过层厚的2/3。路床底面以下400mm范围内,填料最大粒径不得大于150mm,其中小于5mm的细料含量应不小于30%

■高频考点:土石路堤施工技术

序号	项目	内容
1	填筑方法	土石路堤不得采用倾填方法,只能采用分层填筑、分层压实。宜用推土机铺填,松铺厚度控制在400mm以内,接近路堤设计标高时,需改用土方填筑
2	土石路堤施工要求	(1)压实机械宜选用自重不小于18t的振动压路机。 (2)应分层填筑压实,不得倾填。 (3)应使大粒径石料均匀分散在填料中,石料间孔隙应填充小粒径石料和土。 (4)土石混合料来自不同料场,其岩性或土石比例相差大时,宜分层或分段填筑。 (5)填料由土石混合材料变化为其他填料时,土石混合材料最后一层的压实厚度应小于300mm,该层填料最大粒径宜小于150mm,压实后表面应无孔洞。 (6)中硬、硬质石料填筑土石路堤时,宜进行边坡码砌,码砌与路堤填筑宜同步进行,软质石料土石路堤的边坡按土质路堤边坡处理。 (7)采用强夯、冲击压路机进行补压时,应避免对附近构造物造成影响。 (8)土石路堤施工过程质量控制:中硬及硬质岩石的土石路堤填筑施工过程中每一压实层,应采用试验路段确定的工艺流程、工艺参数,压实质量可采用沉降差指标进行检测。施工过程中,每填筑3m高宜检测路线中线和宽度
3	土石路堤填料要求	(1)膨胀岩石、易溶性岩石等不宜直接用于路基填筑,崩解性岩石和盐化岩石等不得用于路基填筑。 (2)天然土石混合填料中,中硬、硬质石料的最大粒径不得大于压实层厚的2/3;石料为强风化石料或软质石料时,CBR值应符合规定且最大粒径不得大于压实层厚

■ 高频考点：高路堤施工技术

序号	项目	内容
1	含义	路基填土边坡高度大于 20m 的路堤称为高路堤。高路堤填料宜优先采用强度高、水稳性好的材料，或采用轻质材料。路堤浸水部分应采用水稳性和透水性均好的材料
2	高路堤施工要求	(1)高路堤段应优先安排施工，宜预留 1 个雨季或 6 个月以上的沉降期。 (2)高路堤施工中应按设计要求预留高度与宽度，并进行动态监控。 (3)高路堤宜每填筑 2m 冲击补压一次，或每填筑 4～6m 强夯补压一次。 (4)高路堤填筑过程中应进行沉降和稳定性观测。 (5)在不良地质路段的高路堤填筑，应控制填筑速率，并进行地表水平位移监测，必要时应进行地下土体分层水平位移监测

■ 高频考点：粉煤灰路堤施工技术

序号	项目	内容
1	概念与构成	(1)粉煤灰可用于各级公路路堤填筑，不得用于高速公路、一级公路的路床和二级公路的上路床。由于是轻质材料，粉煤灰的使用可减轻土体结构自重，减少软土路堤沉降，提高土体抗剪强度。凡是电厂排放的硅铝型低铝粉煤灰都可作为路堤填料。用于路基填筑的粉煤灰的烧失量应不大于 20%，SO_3 含量宜不大于 3%，粉煤灰中不得含有团块、腐殖质及其他杂质。 (2)粉煤灰路堤一般由路堤主体部分、护坡和封顶层以及隔离层、排水系统等组成，其施工步骤与土质路堤施工方法相类似，仅增加了包边土和设置边坡盲沟等工序
2	粉煤灰施工要求	(1)大风或气温低于 0℃时不宜施工。 (2)有显著差别的灰源应分别堆放，分段填筑。 (3)路堤高度超过 4m 时，可在路堤中部设置土质夹层。 (4)粉煤灰路堤应进行包边防护，包边土应与粉煤灰同步施工，宽度宜不小于 2m。 (5)施工过程中，作业面应及时洒水润湿，并应合理设置行车便道

■高频考点：台背与墙背填筑施工技术

序号	项目	内容
1	台背与墙背填筑施工要求	（1）二级及二级以上公路应按设计做好过渡段，过渡段路堤压实度应不小于96%；二级以下公路的路堤与回填的联接部，应预留台阶。 （2）台背和锥坡的回填宜同步进行。 （3）台背与墙背1.0m范围内回填宜采用小型夯实机具压实。 （4）分层压实厚度宜不大于150mm，填料粒径宜小于100mm，涵洞两侧回填填料粒径宜小于50mm，压实度应不小于96%。 （5）部位狭窄时，可采用低强度等级混凝土、浆砌片石等材料回填。 （6）涵洞两侧应对称分层回填压实。 （7）回填部分的路床宜与路堤路床同步填筑。 （8）台背与墙背回填，应在结构物强度达到设计强度的75%以上时进行
2	台背与墙背填筑填料要求	填料宜采用透水性材料、轻质材料、无机结合料稳定材料等，崩解性岩石、膨胀土不得用于台背与墙背填筑

A3　特殊路基施工

■高频考点：软土地基处理施工技术

序号	项目	内容
1	垫层与浅层处理	（1）类型及方法 ①按材料可分为碎石垫层、砂砾垫层、石屑垫层、矿渣垫层、粉煤灰垫层以及灰土垫层等。 ②浅层处理可采用浅层置换、浅层改良、抛石挤淤等方法，处理深度不宜大于3m。 （2）砂砾、碎石垫层施工规定 ①砂砾、碎石垫层宜采用级配好的中、粗砂，砂砾或碎石，含泥量应不大于5%，最大粒径宜小于50mm。 ②垫层宜分层铺筑、压实。垫层应水平铺筑。当地形有起伏时，应开挖台阶，台阶宽度宜为0.5~1m。

序号	项目	内容
1	垫层与浅层处理	③垫层宽度应宽出路基坡脚 0.5～1m,两侧宜用片石护砌或采用其他方式防护。 (3)铺设土工合成材料规定 ①土工合成材料技术指标应满足设计要求,存放及铺设过程中不得在阳光下长时间暴露。与土工合成材料直接接触的填料中不得含强酸性、强碱性物质。 ②施工中应采取措施防止土工合成材料受损,出现破损时应及时修补或更换。 (4)浅层置换施工规定 ①置换宜选用强度高、水稳性和透水性好的砂砾、碎石土等材料。 ②应分层填筑、压实。 (5)浅层改良施工规定 ①对非饱和黏质土的软弱表层,可添加石灰、水泥等进行改良处置。 ②施工前应先完善排水设施,施工期间不得积水。 ③石灰、水泥等应与土拌和均匀,严格控制含水率。施工时,应分层填筑、压实。 (6)抛石挤淤施工规定 ①应采用不易风化的片石、块石,石料直径宜不小于300mm。 ②当软土地层平坦、横坡缓于 1：10 时,应沿路线中线向前呈等腰三角形抛填、渐次向两侧对称抛填至全宽,将淤泥挤向两侧;当横坡陡于 1：10 时,应自高侧向低侧渐次抛填,并在低侧边部多抛投形成不小于 2m 宽的平台。 ③当抛石高出水面后,应采用重型机具碾压密实
2	爆炸挤淤	(1)含义 ①爆炸挤淤是将炸药放在软土或泥沼中爆炸,利用爆炸时的张力作用,把淤泥或泥沼扬弃,然后回填强度较高的渗水性土,如砂砾、碎石等。 ②爆炸挤淤法适用于处理海湾滩涂等淤泥和淤泥质土地基。处理厚度不宜大于 15m。

序号	项目	内容
2	爆炸挤淤	(2)爆炸挤淤施工规定 ①宜采用布药机进行布药。当淤泥顶面高、露出水面时间长,且装药深度小于2.0m时,可采用人工简易布药法。 ②抛填前应根据软基深度、宽度、水深等环境条件和施工设备,确定抛填高度、宽度及进尺。抛填高度应高于潮水位。抛填进尺最小宜不小于3m,最大宜不大于10m。 ③爆炸挤淤施工应采取控制噪声、有害气体和飞石,减少粉尘、冲击波等环境保护措施。 ④爆炸挤淤后应采用钻孔或物探方法探测检查置换层厚度、残留混合层厚度。置换层底面和下卧地基层设计顶面之间的残留淤泥碎石混合层厚度应不大于1m
3	竖向排水体	(1)适用范围 ①竖向排水体适用于深度大于3m的软土地基处理。 ②用于对淤泥质土和淤泥地基进行处理时,宜与加载预压或真空预压方案联合使用。 ③采用竖向排水体处理软土地基时,应保证有足够的预压期。 (2)施工方法 ①竖向排水体可采用袋装砂井和塑料排水板。 ②竖向排水体可按正方形或等边三角形布置。 ③袋装砂井和塑料排水板可采用沉管式打桩机施工,塑料排水板也可用插板机施工。 ④袋装砂井宜采用圆形套管,套管内径宜略大于砂井直径。 ⑤塑料排水板宜采用矩形套管,也可采用圆形套管。 ⑥宜配置能够检测排水体施工深度的设备。 (3)施工工艺程序 ①袋装砂井施工工艺程序:整平原地面→摊铺下层砂垫层→机具定位→打入套管→沉入砂袋→拔出套管→机具移位→埋砂袋头→摊铺上层砂垫层。 ②塑料排水板施工工艺程序:整平原地面→摊铺下层砂垫层→机具就位→塑料排水板穿靴→插入套管→拔出套管→割断塑料排水板→机具移位→摊铺上层砂垫层。

序号	项目	内容
3	竖向排水体	(4)袋装砂井施工规定 ①宜采用中、粗砂，粒径大于 0.5mm 颗粒的含量宜大于 50%，含泥量应小于 3%，渗透系数应大于 5×10^{-2} mm/s。砂袋的渗透系数应不小于砂的渗透系数。 ②套管起拔时应垂直起吊，防止带出或损坏砂袋。发生砂袋带出或损坏时，应在原孔位边缘重打。 ③砂袋在孔口外的长度应不小于 300mm，并顺直伸入砂砾垫层。 (5)塑料排水板施工规定 ①塑料排水板技术指标应满足设计要求，露天堆放时应有遮盖。 ②施工中应防止泥土等杂物进入套管内。 ③塑料排水板不得搭接，预留长度应不小于 500mm，并及时弯折埋设于砂垫层中
4	真空预压、真空堆载联合预压	(1)适用范围 真空预压法适用于处理软土性质很差、土源紧缺、工期紧的软土地基。 (2)设备 ①真空预压的抽真空设备宜采用射流真空泵。 ②真空泵空抽时必须达到 95kPa 以上的真空吸力。 ③真空泵的数量应根据加固面积确定，每个加固场地至少应设两台真空泵。 (3)真空预压、真空堆载联合预压施工规定 ①密封膜应采用抗老化性能好、韧性好、抗穿刺能力强的不透气材料。 ②密封膜连接宜采用热合粘结缝平搭接，搭接宽度应不小于 15mm。 ③滤管应不透砂。滤管距泥面、砂垫层顶面的距离均应大于 50mm。滤管周围应采用砂填实，不得架空、漏填。 ④密封膜的周边应埋入密封沟内。密封沟的宽度宜为 0.6~0.8m，深度宜为 1.2~1.5m。 ⑤真空表测头应埋设于砂垫层中间，每块加固区应不少于 2 个真空度测点。

序号	项目	内容
4	真空预压、真空堆载联合预压	⑥真空预压施工应按排水系统施工、抽真空系统施工、密封系统施工及抽气的顺序进行。 ⑦采用真空堆载联合预压时,应先抽真空,当真空压力达到设计要求并稳定后,再进行堆载,并继续抽气。堆载时应在膜上铺设土工布等保护材料。 (4)施工监测规定 ①预压过程中,应进行密封膜下真空度、孔隙水压力、表面沉降、深层沉降及水平位移等预压参数的监测。膜下真空度每隔4h测一次,表面沉降每2d测一次。 ②当连续五昼夜实测地面沉降小于0.5mm/d,地基固结度已达到设计要求的80%时,经验收,即可终止抽真空。 ③停泵卸荷后24h,应测量地表回弹值
5	粒料桩	(1)适用范围 粒料桩可采用振冲置换或振动沉管法成桩。 ①振冲置换法适用于处理十字板抗剪强度不小于15kPa的软土地基。 ②振动沉管法适用于处理十字板抗剪强度不小于20kPa的软土地基。 (2)一般要求 ①砂桩宜采用中、粗砂,粒径大于0.5mm颗粒含量宜占总质量的50%以上,含泥量应小于3%,渗透系数应大于5×10^{-2}mm/s;也可使用砂砾混合料,含泥量应小于5%。 ②碎石桩宜采用级配好、不易风化的碎石或砾石,最大粒径宜不大于50mm,含泥量应小于5%。 ③施工前应进行成桩工艺和成桩挤密试验。 ④粒料桩宜从中间向外围或间隔跳打。邻近结构物时,应沿背离结构物的方向施工。 (3)振冲置换法 ①振冲置换施工可采用振冲器、吊机或施工专用平车和水泵。 A. 振冲器的功率应与设计的桩间距相适应,桩间距1.3~2.0m时可采用30kW的振冲器;桩间距1.4~2.5m时可采用50kW的振冲器;桩间距1.5~3.0m时可采用75kW的振冲器。

17

序号	项目	内容
5	粒料桩	B. 起吊机械可采用履带式或轮胎式起重机、自行井架式专用平车或抗扭胶管式专用汽车等,起重机的起吊能力宜为 10～20t。 C. 采用自行井架式专用平车时桩深度不宜超过 15m,采用抗扭胶管式专用汽车时桩深度不宜超过 12m。 D. 水泵出口水压宜为 400～600kPa,流量宜为 20～30m³/h,每台振冲器宜配一台水泵。 ②主要用振冲器、起重机或施工专用平车和水泵,将砂、碎石、砂砾、废渣等粒料(粒径宜为 20～50mm,含泥量不应大于 10%)按整平地面→振冲器就位对中→成孔→清孔→加料振密→关机停水→振冲器移位的施工工艺程序进行施工。 (4)振动沉管法 ①振动沉管法施工宜采用振动打桩机和钢套管。 ②应选用能顺利出料和有效挤压桩孔内粒料的桩尖形式,软黏土地基宜选用平底形桩尖。 ③振动沉管法成桩可采用一次拔管成桩法、逐步拔管成桩法和重复压管成桩法三种工艺。 ④重复压管成桩法的施工工序为:A. 清理平整场地→B. 测量放样→C. 机具就位→D. 沉管至设计深度→E. 加料→F. 振动拔管→G. 振动下压管→H. 振动拔管→I. 机具移位。其中 E～H 重复循环至桩顶,直至桩管拔出地面
6	加固土桩	(1)适用范围 加固土桩适用于处理十字板抗剪强度不小于 10kPa、有机质含量不大于 10%的软土地基。加固土桩包括粉喷桩与浆喷桩。 (2)施工设备 粉喷桩与浆喷桩的施工机械必须安装喷粉(浆)量自动记录装置,并应对该装置定期标定。应定期检查钻头磨损情况,当直径磨损量大于 10mm 时,必须更换钻头。 (3)施工要求 施工前应进行成桩工艺和成桩强度试验。当成桩质量不满足设计要求时,应在调整设计与施工有关参数后,重新进行试验或改变设计

序号	项目	内容
7	水泥粉煤灰碎石桩	(1)适用范围 水泥粉煤灰碎石桩(CFG桩)适用于处理十字板抗剪强度不小于20kPa的软土地基。 (2)施工方法 CFG桩宜采用振动沉管灌注法成桩,施工设备宜采用振动沉管打桩机。施工前应进行成桩工艺和成桩强度试验。 (3)施工规定 ①集料可采用碎石或砾石,泵送混合料时砾石最大粒径宜不大于25mm;碎石最大粒径宜不大于20mm;振动沉管灌注混合料时,集料最大粒径宜不大于50mm。水泥宜选用42.5级普通硅酸盐水泥。粉煤灰宜选用Ⅱ、Ⅲ级粉煤灰。 ②施工前应进行成桩试验,确定施工工艺、速度、投料数量和质量标准。 ③群桩施工,应合理设计打桩顺序、控制打桩速度,宜采用隔桩跳打的打桩顺序,相邻桩打桩间隔时间应不小于7d
8	刚性桩	(1)适用范围 刚性桩适用于处理深厚软土地基上荷载较大、变形要求较严格的高路堤段、桥头或通道与路堤衔接段。 (2)构件要求 ①刚性桩主要包括现浇混凝土大直径管桩与预制管桩。 ②刚性桩可按正方形或等边三角形布置。刚性桩桩顶应设桩帽,形状可采用圆柱体、台体或倒锥台体,桩帽直径或边长宜为1.0~1.5m,厚度宜为0.3~0.4m,宜采用水泥混凝土现场浇筑而成。 (3)制作与施工要求 ①现浇混凝土大直径管桩宜采用振动沉管设备施工,预制管桩宜采用工厂预制。 ②施工前应进行成桩工艺试验。预应力混凝土薄壁管桩试桩数量不得少于2根,宜采用静力压桩机施工,也可采用锤击沉桩机施工

序号	项目	内容
9	强夯和强夯置换	（1）适用范围 ①强夯法适用于处理碎石土、低饱和度的粉土与黏性土、杂填土和软土等地基。 ②强夯置换法适用于处理高饱和度的粉土与软塑、流塑的软黏土地基，处理深度不宜大于 7m。 （2）处理范围要求 ①强夯处理范围应超出路堤坡脚，每边超出坡脚的宽度不宜小于 3m。 ②强夯置换处理范围应为坡脚外增加一排置换桩。对独立基础或条形基础应根据基础形状与宽度布置。 （3）施工准备 ①采用强夯法处理软土地基时，应在地基中设置竖向排水体。对于地下水位较高的地基，强夯前应采取降水措施，将地下水位降至加固层深度以下。 ②强夯置换桩顶应铺设一层厚度不小于 0.5m 的粒料垫层，垫层材料可与桩体材料相同，粒径不宜大于 100mm。 （4）构件要求 强夯置换材料应采用级配好的片石、碎石、矿渣等坚硬材料，粒径宜不大于夯锤底面直径的 0.2 倍，含泥量宜不大于 10%，粒径大于 300mm 的颗粒含量宜不大于总质量的 30%。 （5）施工规定 ①应采取隔振、防振措施消除强夯对邻近建筑物的有害影响。 ②施工前应选择有代表性并不小于 $500m^2$ 的路段进行试夯，确定最佳夯击能、间歇时间、夯间距、夯击次数、夯击遍数等参数。 ③夯点可采用正方形或等边三角形布置，间距宜为 5～7m。在强夯能级不变的条件下，宜采用重锤、低落距。施工前应检查锤重和落距，单击夯击能量应满足设计要求。 ④强夯和强夯置换施工前应在地表铺设一定厚度的垫层。强夯施工垫层材料宜采用透水性好的砂、砂砾、石屑、碎石土等，强夯置换施工垫层材料宜与桩体材料相同。垫层宜分层摊铺压实。

序号	项目	内容
9	强夯和强夯置换	(6)测试要求 ①强夯施工结束 30d 后,应通过标准贯入、静力触探等原位测试,测量地基的夯后承载能力是否满足设计。 ②强夯置换施工结束 30d 后,宜采用动力触探试验检查置换墩着底情况及承载力,检验数量不少于墩点数的 1%,且不少于 3 点。置换墩直径与深度应满足设计要求

■高频考点:软土地区路堤施工技术要点与旧路加宽软基处理要求

序号	项目	内容
1	软土地区路堤施工技术要点	(1)软土地区路堤施工应尽早安排,施工计划中应考虑地基所需固结时间。 (2)填筑过程中,应严格控制填筑速率,并应进行动态观测。 (3)施工期间,路堤中心线地面沉降速率 24h 应不大于 10~15mm,坡脚水平位移速率 24h 应不大于 5mm。应结合沉降和位移观测结果综合分析地基稳定性。填筑速率应以水平位移控制为主,超过标准应立即停止填筑。 (4)桥台、涵洞、通道以及加固工程应在预压沉降完成后再进行施工。 (5)应按设计要求的预压荷载、预压时间进行预压。堆载预压的填料宜采用上路床填料,并分层填筑压实。反压护道宜与路堤同时填筑
2	旧路加宽软基处理要求	(1)软基路段路基加宽台阶应开挖一层、填筑一层,上层台阶应在下层填筑完成后再开挖,台阶开挖应满足台阶宽度和新老路基处理设计要求。 (2)确定加宽软基处理施工工艺和方案时,应考虑软基处理时挤土、振动对老路堤或邻近构筑物的影响。 (3)施工期间应对旧路开挖边坡进行覆盖,并设置必要的临时排水设施。 (4)旧路加宽路段应同步进行拼宽路基和老路基的沉降观测,观测点宜布置在同一断面上。观测点设置宜为老路路中、老路路肩、拼宽部分中部、拼宽部分外侧。老路路中、老路路肩沉降观测点设置可采用在路表埋设观测点的方法,拼宽部分宜采用埋设沉降板的方法

■高频考点：膨胀土地区路基施工技术要点

序号	项目	内容
1	膨胀土作为路基填料时的要求	(1)膨胀土掺拌石灰改良后可用作路基填料,掺灰处置后的膨胀土不宜用于高速公路、一级公路的路床和二级公路的上路床。 (2)高填方、陡坡路基不宜采用膨胀土填筑。 (3)强膨胀土不得作为路基填料。 (4)路基浸水部分不得用膨胀土填筑。 (5)桥台背、挡土墙背、涵洞背等部位严禁采用膨胀土填筑
2	膨胀土的填筑	(1)物理改良的膨胀土路基填筑工艺应符合下列规定: ①位于斜坡路段的膨胀土路基应从最低处开始逐层填筑。当沟底有涵洞等结构物时,应在结构物两侧对称进行填筑。 ②碾压时填料的含水率应符合试验段确定的范围,稠度宜控制在 1.0～1.3。 ③每层厚度不得大于 300mm。 ④采取包边处理时,应先填筑非膨胀性包边土或石灰处置后的膨胀土,然后再填筑膨胀土,两者交替进行。包边土的宽度宜不小于 2m,以一个压路机宽度为宜。 ⑤路床采用粗粒料填筑时,应在膨胀土顶面设置3%～4%的横坡,并采取防水隔离措施。 (2)掺灰处理膨胀土时,若土的天然含水率偏高,宜采用生石灰粉处置,掺灰宜分两次进行。拌和深度应达到该层底部,拌和后的土块粒径应小于 37.5mm。 (3)路基完成后,应做封层,其厚度应不小于 200mm。横坡应不小于 2%。 (4)物理处置的膨胀土填筑时的压实度标准应根据试验路段与各地的工程经验确定,且压实度应满足不低于重型压实标准的 90%。 (5)填筑膨胀土路堤时,应及时对路堤边坡及顶面进行防护
3	膨胀土地区路堑开挖	(1)边坡施工过程中,必要时可采取临时防水封闭措施保持土体原状含水率。 (2)边坡不得一次挖到设计线,应预留厚度 300～500mm,待路堑完成后,再分段削去边坡预留部分,并立即进行加固和封闭处理

序号	项目	内容
4	膨胀土路堑边坡防护	(1)路堑边坡防护施工应根据施工能力,分段组织实施。 (2)采用非膨胀土覆盖置换或设置柔性防护结构进行防护时,边坡覆盖置换厚度应不小于2.5m,并满足机械压实施工的要求,压实度应不小于90%。覆盖置换层与下伏膨胀土层之间,应设置排水垫层与渗沟。 (3)采用植物防护时,不应采用阔叶树种。 (4)圬工防护时,墙背应设置缓冲层,厚度应不大于0.5m。支挡结构基础应大于气候影响深度,反滤层厚度应不小于0.5m。 (5)路堑边坡防护的防渗层、排水垫层、渗沟、反滤层、圬工结构等不同类型的结构施工工艺应符合规范规定
5	膨胀土零填和挖方路段路床	(1)高速公路、一级公路零填和挖方路段路床0.8～1.2m范围的膨胀土应进行换填处理,对强膨胀土路堑,路床换填深度宜加深到1.2～1.5m。在1.5m范围内可见基岩时,应清除至基岩。 (2)二级公路、三级公路的零填和挖方路段路床0.3m范围的膨胀土应进行换填处理。换填材料为透水性材料时,底部应设置防渗层。二级公路强膨胀土路堑的路床换填深度宜加深至0.5m。 (3)路堑超挖后应及时进行换填,不得长时间暴露

■高频考点:黄土地区路基施工

序号	项目	内容
1	湿陷性黄土地基的处理措施	(1)基底为非自重湿陷性黄土地基时,地表处理应符合《公路路基施工技术规范》JTG/T 3610—2019第3.4节的相关规定。 (2)湿陷性黄土地基处理前,应完成截水及临时排水设施,并应完成路堤基底的坑洞和陷穴回填;低洼积水地段或灌溉区的路堤两侧坡脚外5～10m范围内,应采用素土或石灰土填平并压实,并应高出原地表200mm以上,路基两侧不得积水。 (3)地基处理方法均应进行试验段施工。基底处理场地附近有结构物时,场地边缘与结构物的最小水平安全距离应满足规定要求;冲击碾压或强夯处理段,地基土的压实度、压缩系数和湿陷系数应在施工结束7d后进行检测,强度检验应在15d后进行。

序号	项目	内容
1	湿陷性黄土地基的处理措施	（4）地基处理所用原材料应满足设计要求。石灰宜采用Ⅲ级及以上等级的消石灰；水泥宜选用42.5级以上的普通硅酸盐水泥；土料宜采用塑性指数为7～15的不含有机质的黏质土，土块粒径宜不大于15mm。 （5）换填法处理湿陷性黄土地基时，宜采用石灰土垫层或水泥土垫层，也可采用素土垫层。石灰土垫层宜采用磨细生石灰粉；石灰剂量或水泥剂量应满足要求；垫层应分层摊铺碾压，每层厚度宜不大于300mm，压实度应符合所在部位的标准要求。 （6）冲击碾压法处理湿陷性黄土地基时，冲压处理的施工长度应不小于100m；与结构物的安全距离不满足要求时宜开挖隔振沟；地基土的含水率应控制在最佳含水率±3%范围内；应采用排压法进行冲压；过程中应对地基的沉降值、压实度进行检测。 （7）强夯法处理湿陷性黄土地基时，同一强夯能级宜采用重锤、低落距的方式进行；地基土的含水率宜控制在8%～24%；宜分为主夯、副夯、满夯三遍实施，两遍夯击之间宜有一定的时间间歇；夯点的夯击次数应按试夯得到的夯击次数和夯沉量关系曲线确定；与结构物安全距离不满足要求时应开挖隔振沟。 （8）挤密桩法处理湿陷性黄土地基，深度在12m之内时，宜采用沉管法成孔，超过12m时，可采用预钻孔法进行成孔；石灰土挤密桩不得采用生石灰；干拌水泥碎石挤密桩所用石屑粒径宜为0～5mm，碎石粒径宜为5～20mm，含泥量应不大于5%；填料前应夯实孔底；成桩回填应分层投料分层夯击，填料的压实度宜不小于93%；挤密桩完成后，应及时进行桩顶石灰土垫层的施工。 （9）采用桩基础法进行湿陷性黄土地基处理时，桩顶的桩帽应采用水泥混凝土现场浇筑，桩顶进入桩帽的长度宜不小于50mm；桩帽顶的加筋石灰土垫层应及时施工，土工格栅应采用绑扎连接，铺设时应拉紧并锚固，铺设后应及时用石灰土覆盖；过程中应对桩位偏差、桩体质量、桩帽质量、土工格栅的原材料及铺设质量、垫层的质量进行检验；有要求时应进行单桩承载力试验，预制桩应在成桩15d后、灌注桩应在成桩28d后进行

序号	项目	内容
2	黄土陷穴处理方法	（1）路堤坡脚线或路堑坡顶线之外，原地表高侧80m范围内、低侧50m范围内存在的黄土陷穴宜进行处理，对串珠状陷穴与路堑边坡出露陷穴应进行处理，对规定距离以外倾向路基的陷穴宜进行处理。 （2）陷穴处理前，应对流向陷穴的地表水和地下水采取拦截引排措施。 （3）采用灌砂法处理的陷穴，地表下0.5m范围内应采用6%～8%的石灰土进行封填并压实。 （4）对危及路基安全的黄土陷穴，应根据其埋藏深度和大小选用适当的方法进行处理。 （5）处理后仍暴露在外的陷穴口，应采用石灰土等不透水材料进行防渗处理，防渗层厚度应不小于500mm，穴口表面应高于周围地面
3	黄土路堤填筑	（1）黄土填料应符合规定。当 CBR 值不满足要求时，可掺石灰进行改良。 （2）黄土不得用于路基的浸水部位，老黄土不宜用作路床填料。 （3）填挖结合处应清除表层土和松散土层，顶部宜开挖成高度不大于2m、宽度不小于2m的多层台阶，并应对台阶进行压实处理。 （4）黄土碾压时的含水率宜控制在最佳含水率±2%范围内。 （5）路床区换填非黄土填料时，应按《公路路基施工技术规范》JTG/T 3610—2019中第4.2节的要求执行。 （6）雨水导致的边坡冲沟应挖台阶夯实处理。 （7）高路堤应采用冲击碾压或强夯方式进行补充压实
4	黄土路堑施工	（1）施工前应对路堑顶两侧有危害的黄土陷穴进行处理，堑顶的裂缝和积水洼地应填平夯实，地表平坦或自然坡倾向路基时应在堑顶设置防渗截水沟或拦水埝。 （2）接近路床高程时宜顺坡开挖。路床需要处理时，应在处理后进行成型层施工。 （3）施工中应记录坡面的地层产状及地下水出露情况，存在不利于边坡稳定的状况或发现边坡有变形加剧迹象时，应及时反馈处理。 （4）路基边沟宜在基底处理后、路床成型层施工前完成

序号	项目	内容
5	需进行沉降与位移监测的场合	(1)黄土填筑的高路堤、陡斜坡地段的路堤、湿陷性黄土地基上的路堤、深路堑段的边坡及坡顶宜进行沉降及位移监测。 (2)监测点的布置、观测频率及监测期应符合要求。 (3)有要求时应对深路堑边坡的深层进行变形监测

■高频考点：滑坡地段路基施工

序号	项目	内容
1	各类滑坡的共同特征	(1)滑带土体软弱,易吸水不易排水,呈软塑状,力学指标低。 (2)滑带的形状在匀质土中多近似于圆弧形,在非匀质土中为折线形。 (3)水多是滑坡发展的主要原因,地层岩性是产生滑坡的物质基础,滑坡多是沿着各种软弱结构面发生的。 (4)自然因素和人为因素引起的斜坡应力状态的改变(爆破、机械振动等)均有可能诱发滑坡
2	滑坡防治的工程措施	滑坡防治的工程措施主要有滑坡排水、力学平衡和改变滑带土性质三类。 (1)滑坡排水 排除地表水及地下水的主要方法如下: ①环形截水沟 A. 对于滑坡顶面的地表水,应采取截水沟等措施处理,不让地表水流入滑动面内。必须在滑动面以外修筑1~2条环形截水沟。环形截水沟设置处,应在滑坡可能发生的边界以外不少于5m的地方。若山坡汇水面积大,地表径流流量和流速均相应较大时,则应根据情况设计多条截水沟,截水沟间距以50~60m为宜,截水沟的断面尺寸,应根据沟间汇水面积确定。 B. 截水沟应采用浆砌片石防护。在石料缺乏的地方,可用预制混凝土块铺砌防护。 ②树枝状排水沟 树枝状排水沟的主要作用是排除滑体坡面上的径流。在设置树枝状排水沟时,应结合地形条件,充分利用坡面上的自然沟系,汇集并旁引坡面径流排出滑体外,若以自然沟渠作为排除地表水的渠道时,必须对其进行必要的整修、加固和铺砌,使水流通畅,不渗漏。

序号	项目	内容
2	滑坡防治的工程措施	③平整夯实滑坡体表面的土层 防止地表水渗入滑体坡面造成高低不平,不利于地表水的排除,易于积水,应将坡面做适当平整。当坡面土质疏松,地表水易下渗,故需将其夯实。滑坡体上的裂隙和裂缝应采取灌浆、开挖回填夯实等措施予以封闭。当坡面上有封闭的洼地或泉水露头时,应设水沟将其排出滑坡坡面,疏干积水。 ④排除地下水 排除地下水的方法较多,有截水渗沟、支撑渗沟、边坡渗沟、暗沟、平孔等。 (2)力学平衡 ①当挖方路基上边坡发生的滑坡不大时,可采用刷方(台阶)减重、打桩或修建挡土墙进行处理以达到路基边坡稳定。经过地质调查、勘探和综合分析,确定滑坡性质为推动式,或为由错落转化成的滑坡后,可采用刷方(台阶)减重的方法。牵引式滑坡、具有膨胀性质的滑坡不宜用滑坡减重法。牵引式滑坡是指坡脚的土体先失稳,向下滑动,坡体后部土体由于失去支承而相继滑下。上方土减重后并不能防治该类滑坡的产生和发展,因而对于牵引式滑坡,不采用减重法。牵引式滑坡多发生于黏土和堆积层滑坡中。具有膨胀性质的滑坡的滑带土(或滑体)具有卸荷膨胀的特性,减重后能使滑带土松散,地下水浸湿后其阻滑力减小,因而引起滑坡下滑,故不宜采用减重法。 ②填方路堤发生的滑坡,可采用反压土方或修建挡土墙等方法处理。沿河路基发生滑坡,可修建河流调治构造物(堤坝、丁坝、稳定河床等)及挡土墙方法处理。 (3)改变滑带土性质 用物理化学方法改善滑坡带土石性质。一般有焙烧法、电渗排水法和爆破灌浆法等。 ①焙烧法:利用导洞焙烧滑坡脚部的滑带,形成地下"挡墙"而稳定滑坡的一种措施。 ②电渗排水法:利用电场作用而把地下水排除,达到稳定滑坡的一种方法。 ③爆破灌浆法:用炸药爆破破坏滑动面,随之把浆液灌入滑带中以置换滑带水并固结滑带土

序号	项目	内容
3	滑坡地段路基施工技术要点	(1)截水、排水施工规定 ①应在滑坡后缘的稳定地层上,修筑具有防渗功能的环形截水沟、排水沟。 ②滑坡体上的裂隙和裂缝应采取灌浆、开挖回填夯实等措施予以封闭,滑坡体的洼地及松散坡面应平整夯实。 ③滑坡范围大时,应在滑坡坡面上修筑具有防渗功能的临时或永久排水沟。 ④有地下水时,应设置截水渗沟。反滤材料采用碎石时,碎石粒径应符合要求,含泥量应小于 3%。 (2)削坡减载施工应符合的规定 ①应自上而下逐级开挖,严禁采用爆破法施工。 ②开挖坡面不得超挖,开挖面上有裂缝时应予灌浆封闭或开挖夯填。 ③支挡及排水工程在边坡上分级实施时,宜开挖一级、实施一级。 (3)填筑反压施工应符合的规定 ①反压措施应在滑坡体前缘抗滑段实施。 ②反压填料宜予压实并不得堵塞地下水出口,地下排水设施应在填筑反压前完成。 (4)抗滑支挡工程施工应符合的规定 ①应在滑坡体处于相对稳定的状态下施工,滑坡体具有滑动迹象或已经发生滑动时,应采取反压填筑等措施。 ②抗滑桩与挡土墙共同支挡时,应先施作抗滑桩。挡土墙后有支撑渗沟及其他排水工程时应先施工。 ③抗滑桩、锚索施工应从两端向滑坡主轴方向逐步推进。 ④采取微型钢管桩、山体注浆等加固措施或注浆作为其他处置方案的配套措施时,应采用相应的成孔设备和注浆方式。 ⑤各种支挡结构的基底应置于滑动面以下,并应嵌入稳定地层

A4　防护工程设置与施工

■高频考点：路基防护工程类型

序号	项目	内容
1	坡面防护	（1）植物防护：种草、铺草皮、客土喷播、植生袋、三维植物网、植树等。 （2）骨架植物防护：浆砌片石（或混凝土）骨架植草、水泥混凝土空心块护坡、锚杆混凝土框架植草。 （3）工程防护：喷浆、喷射混凝土、干砌片石护坡、浆砌片（卵）石护坡、浆砌石护面墙、锚杆钢丝网喷浆或喷射混凝土护坡、封面、捶面。
2	沿河路基防护	（1）直接防护 直接防护是直接在坡面或坡脚设置防护结构物，以减轻或避免水流的直接冲刷。直接防护可采用植物防护、砌石防护、抛石防护或石笼防护、浸水挡土墙等形式。 （2）间接防护 间接防护则是通过导流构造物来改变水流方向的防护。主要导流构造物有丁坝、顺坝、防洪堤、拦水坝等。必要时进行疏浚河床、改变河道，目的是改变流水方向，避免或缓和水流对路基的直接破坏作用

■高频考点：常用防护工程施工技术要点

序号	项目	内容
1	水泥混凝土骨架防护施工规定	（1）骨架施工前应修整坡面，填补超挖形成或原生的坑洞和空腔。 （2）混凝土浇筑应从坡脚开始，由下而上进行浇筑，采用插入式振捣器振捣。 （3）骨架宜完全嵌入坡面内，保证骨架紧贴坡面，防止产生变形或破坏。 （4）混凝土浇筑完成后应及时养护。养护时间宜不少于14d
2	坡面喷射混凝土防护施工规定	（1）混凝土强度应满足设计要求。 （2）作业前应进行试喷，选择合适的水胶比和喷射压力。

序号	项目	内容
2	坡面喷射混凝土防护施工规定	(3)混凝土喷射厚度应符合设计规定,且临时支护厚度宜不小于60mm,永久支护厚度宜不小于80mm。永久支护面钢筋的喷射混凝土保护层厚度应不小于50mm。 (4)混凝土喷射每层应自下而上进行。当混凝土厚度大于100mm时,宜分两次喷射。在第二次喷射混凝土作业前,应清除结合面上的浮浆和松散的碎屑。 (5)面层表面应抹平、压实修整。 (6)喷射混凝土面层应在长度方向上每30m设伸缩缝,缝宽10~20mm。 (7)喷射混凝土初凝后,应立即开始养护。养护期宜不少于7d。 (8)喷射混凝土表面质量应密实、平整,无裂缝、脱落、漏喷、漏筋、空鼓和渗漏水
3	浆砌片石护坡施工规定	(1)宜在路堤沉降稳定后施工,砌筑前应整平坡面,按设计完成垫层施工。受冻胀影响的土质边坡,护坡底面的碎石或砂砾垫层厚度应不小于100mm。 (2)片石砌体应分层砌筑,2~3层组成的工作面宜找平。 (3)所有石块均应坐于新拌砂浆之上。 (4)每10~15m应设置一道伸缩缝,缝宽宜为20~30mm。基底地质有变化处,应设沉降缝。伸缩缝与沉降缝可合并设置。 (5)砂浆初凝后,应立即进行养护。砂浆终凝前,砌体应覆盖。 (6)泄水孔的位置和反滤层的设置应满足设计要求
4	浆砌片石护面墙施工规定	(1)修筑护面墙前,应清除边坡风化层至新鲜岩面。对风化迅速的岩层,清挖到新鲜岩面后应立即修筑护面墙。 (2)基础施工前应核实地基承载能力和埋深。地基承载能力不足时,应采取加固措施。冰冻地区应埋置在冰冻深度以下至少250mm。 (3)护面墙背面应与路基表面密贴,边坡局部凹陷处应挖成台阶后用与墙身相同的圬工砌补,不得回填土石或干砌片石。坡顶护面墙与坡面之间应按设计要求做好防渗处理。 (4)按设计做好伸缩缝。当护面墙基础修筑在不同岩层上时,应在变化处设置沉降缝。 (5)泄水孔和反滤层的设置应满足设计要求。 (6)护面墙防滑坎应与墙身同步施工

30

A5 路面基层（底基层）用料要求

■高频考点：无机结合料稳定基层原材料的技术要求

序号	项目	内容
1	水泥及外加剂	（1）强度等级为 42.5，且满足规范要求的普通硅酸盐水泥等均可使用。 （2）所用水泥初凝时间应大于 3h，终凝时间应大于 6h 且小于 10h。 （3）在水泥稳定材料中掺加缓凝剂或早强剂时，应对混合料进行试验验证
2	石灰	（1）高速公路和一级公路用石灰应不低于 Ⅱ 级技术要求，二级公路用石灰应不低于 Ⅲ 级技术要求，二级以下公路宜不低于 Ⅲ 级技术要求。 （2）高速公路和一级公路的基层，宜采用磨细消石灰。 （3）二级以下公路使用等外石灰时，有效氧化钙含量应在 20% 以上，且混合料强度应满足要求
3	粉煤灰等工业废渣	（1）干排或湿排的硅铝粉煤灰和高钙粉煤灰等均可用作基层或底基层的结合料。 （2）各等级公路的底基层、二级及以下公路的基层使用的粉煤灰，通过率指标不满足规定要求时，应进行混合料强度试验，达到规范相关要求的强度指标时，方可使用。 （3）煤矸石、煤渣、高炉矿渣、钢渣及其他冶金矿渣等工业废渣可用于修筑基层或底基层，使用前应崩解稳定，且宜通过不同龄期条件下的强度和模量试验以及温度收缩和干湿收缩试验等评价混合料性能。 （4）水泥稳定煤矸石不宜用于高速公路和一级公路。 （5）工业废渣类作为集料使用时，公称最大粒径应不大于 31.5mm，颗粒组成宜有一定级配，且不宜含杂质
4	水	（1）符合现行《生活饮用水卫生标准》GB 5749—2006 的饮用水可直接作为基层、底基层材料拌和与养护用水。 （2）拌和使用的非饮用水应进行水质检验。 （3）养护用水可不检验不溶物含量

序号	项目	内容
5	粗集料	(1)粗集料宜采用各种硬质岩石或砾石加工成的碎石，也可直接采用天然砾石。 (2)基层、底基层的粗集料规格分为 G1～G11 共 11 种，其规格宜符合相关规定。 (3)高速公路和一级公路极重、特重交通荷载等级基层的 4.75mm 以上粗集料应采用单一粒径的规格料。 (4)作为高速公路、一级公路底基层和二级及二级以下公路基层、底基层被稳定材料的天然砾石材料宜满足规定要求，并应级配稳定、塑性指数不大于 9。 (5)应选择适当的碎石加工工艺，用于破碎的原石粒径应为破碎后碎石公称最大粒径的 3 倍以上。高速公路基层用碎石，应采用反击破碎的加工工艺。 (6)碎石加工中，根据筛网放置的倾斜角度和工程经验，应选择合理的筛孔尺寸。根据破碎方式和石质的不同，可适当调整筛孔尺寸，调整范围宜为 1～2mm。 (7)用作级配碎石或砾石的粗集料应采用具有一定级配的硬质石料，且不应含有黏土块、有机物等。 (8)级配碎石或砾石用作基层时，高速公路和一级公路公称最大粒径应不大于 26.5mm，二级及二级以下公路公称最大粒径应不大于 31.5mm；用作底基层时，公称最大粒径应不大于 37.5mm
6	细集料	(1)细集料应洁净、干燥、无风化、无杂质，并有适当的颗粒级配。 (2)对 0～3mm 和 0～5mm 的细集料应分别严格控制大于 2.36mm 和 4.75mm 的颗粒含量。对 3～5mm 的细集料应严格控制小于 2.36mm 的颗粒含量。 (3)高速公路和一级公路，细集料中小于 0.075mm 的颗粒含量应不大于 15%；二级及二级以下公路，细集料中小于 0.075mm 的颗粒含量应不大于 20%。 (4)级配碎石或砾石中的细集料可使用细筛余料，或专门轧制的细碎石集料。 (5)天然砾石或粗砂作为细集料时，其颗粒尺寸应满足工程需要且级配稳定，超尺寸颗粒含量超过规范或实际工程的规定时应筛除
7	材料分档与掺配	(1)不同粒径混合料的备料规格包括 3 档备料、4 档备料、5 档备料、6 档备料等，公称最大粒径为 19mm、26.5mm 和 31.5mm 的无机结合料稳定碎石或砾石的备料规格宜符合相关规定。

序号	项目	内容
7	材料分档与掺配	（2）用于二级及二级以上公路基层和底基层的级配碎石或砾石,应由不少于 4 种规格的材料掺配而成。 （3）天然材料用于高速公路和一级公路的基层时,应筛分成规定的规格,并按规范中相应的备料规格进行掺配。天然材料的规格不满足设计级配的要求时,可掺配一定比例的碎石或轧碎砾石。 （4）级配碎石或砾石类材料中宜掺加石屑、粗砂等材料。 （5）级配碎石或砾石细集料的塑性指数应不大于 12。不满足要求时,可加石灰、无塑性的砂或石屑掺配处理
8	混合料组成设计	（1）无机结合料稳定材料组成设计应包括原材料检验、混合料的目标配合比设计、混合料的生产配合比设计和施工参数确定四部分。 （2）原材料检验应包括结合料、被稳定材料及其他相关材料的试验。所有检测指标均应满足相关设计标准或技术文件的要求。 （3）目标配合比设计应包括下列技术内容： ①选择级配范围。 ②确定结合料类型及掺配比例。 ③验证混合料相关的设计及施工技术指标。 （4）生产配合比设计应包括下列技术内容： ①确定料仓供料比例。 ②确定水泥稳定材料的容许延迟时间。 ③确定结合料剂量的标定曲线。 ④确定混合料的最佳含水率、最大干密度。 （5）施工参数确定应包括下列技术内容： ①确定施工中结合料的剂量。 ②确定施工合理含水率及最大干密度。 ③验证混合料强度技术指标。 （6）确定无机结合料稳定材料最大干密度指标时宜采用重型击实方法,也可采用振动压实方法。 （7）应根据当地材料的特点和混合料设计要求,通过配合比设计选择最优的工程级配。 （8）用于基层的无机结合料稳定材料,强度满足要求时,尚宜检验抗冲刷和抗裂性能。 （9）在施工过程中,材料品质或规格发生变化、结合料品种发生变化时,应重新进行材料组成设计

A6 沥青路面面层施工

■高频考点：沥青路面面层施工

序号	项目	内容
1	准备工作	(1)选购经调查试验合格的材料进行备料,矿料分类堆放,矿粉必须是石灰岩磨细而成且不得受潮,必要时做好矿料堆放场地的硬化处理和场地四周排水及搭设矿粉库房或储存罐。 (2)做好配合比设计报送监理工程师审批,对各种原材料进行符合性检验。 (3)在验收合格的基层上恢复中线(底面层施工时),在边线外侧 0.3~0.5m 处每隔 5~10m 钉边桩进行水平测量,拉好基准线,画好边线。 (4)清扫下承层,底面层施工前两天在基层上洒透层油。在中底面层上喷洒粘层油。 (5)试验段开工前 28d 安装好试验仪器和设备,配备好试验人员报请监理工程师审核。各层开工前 14d 在监理工程师批准的现场备齐全部机械设备进行试验段铺筑,以确定松铺系数、施工工艺、机械配备、人员组织、压实遍数,并检查压实度、沥青含量、矿料级配、沥青混合料马歇尔各项技术指标等
2	沥青混合料的拌和	(1)各种集料分类堆放,每个料源均进行试验,按要求的配合比进行配料。 (2)设置间歇式具有密封性能及除尘设备,并有检测拌和温度装置的沥青混凝土拌合站。 (3)拌合站设试验室,对沥青混凝土的原材料和沥青混合料及时进行检测。 (4)沥青的加热温度控制在规范规定的范围之内,即 150~170℃;集料的加热温度控制在 160~180℃;混合料的出厂温度控制在 140~165℃。当混合料出厂温度过高时应废弃。混合料运至施工现场的温度控制在 120~150℃。 (5)出厂的混合料须均匀一致,无白花料、粗细料离析和结块现象,不符合要求时应废弃

序号	项目	内容
3	混合料的运输	（1）根据拌合站的产量、运距，合理安排运输车辆。 （2）运输车的车厢内保持干净，涂防粘薄膜剂。运输车配备覆盖棚布以防雨和热量损失。 （3）运输车箱内已离析、硬化的混合料及低于规定铺筑温度或被雨淋的混合料应予废弃
4	混合料的摊铺	（1）根据路面宽度选用1～2台具有自动调节摊铺厚度及找平装置、可加热的振动熨平板、运行良好的高密度沥青混凝土摊铺机进行摊铺。 （2）底、中面层采用走线法施工，表面层采用平衡梁法施工。 （3）摊铺机均匀行驶，行走速度和拌合站产量相匹配，以确保所摊铺路面的均匀不间断摊铺。摊铺过程中不准随意变换速度，尽量避免中途停顿。 （4）根据气温变化调节沥青混凝土的摊铺温度，开铺前将摊铺机的熨平板进行加热至不低于100℃。一般正常施工控制在不低于110～130℃，不超过165℃，摊铺过程中随时检查并做好记录。 （5）采用双机或三机梯进式施工时，相邻两机的间距控制在10～20m。两幅应有50～100mm宽度的重叠。 （6）摊铺过程中随时检查高程、摊铺厚度、摊铺质量，并及时通知操作手，出现离析、边角缺料等现象时人工及时补撒料，换补料。 （7）摊铺机无法作业的地方，经监理工程师同意后采取人工摊铺施工
5	混合料的压实	（1）压实设备由2～3台双轮双振压路机及2～3台重量不小于16t胶轮压路机组成。 （2）初压：采用双轮双振压路机静压1～2遍，正常情况下，温度应不低于110℃并紧跟摊铺机进行；复压：采用胶轮压路机和双轮双振压路机振压等综合碾压4～6遍，碾压温度多控制在80～100℃；终压：采用双轮双振压路机静压1～2遍，碾压温度应不低于65℃。边角部分压路机碾压不到的位置，使用小型振动压路机碾压。 （3）碾压顺纵向由低向高按规定要求的碾压速度均匀进行，碾压重叠宽度大于300mm。

序号	项目	内容
5	混合料的压实	(4)采用雾状喷水法,以保证沥青混合料碾压过程中不粘轮。 (5)不在新铺筑的路面上进行停机、加水、加油,以防止各种油料、杂质污染路面。压路机不准停留在已完成但温度尚未冷却至自然气温以下的路面上。 (6)碾压进行中压路机不得中途停留、转向或制动,压路机每次由两端折回的位置呈阶梯形随摊铺机向前推进,使折回处不在同一横断面上,振动压路机在已成型的路面上行驶时应关闭振动
6	接缝处理	(1)梯队作业采用热接缝,施工时将已铺混合料部分留下 200～300mm 宽暂不碾压,作为后摊铺部分的高程基准面,后摊铺部分完成立即骑缝碾压,以消除缝迹。 (2)半幅施工不能采用热接缝时,采用人工顺直刨缝或切缝。铺另半幅前必须将边缘清扫干净,并涂洒少量粘层沥青。摊铺时应重叠在已铺层上 50～100mm,摊铺后将混合料人工清走。碾压时先在已压实路面上走,然后压实新铺部分,再伸过已压实路面 100～150mm,充分将接缝压实紧密。 (3)横接缝的处理方法:清理端部并涂粘层沥青,摊铺时调整好预留高度,接缝处摊铺层施工结束后再用 3m 直尺检查平整度。横向接缝的碾压先用双轮双压压路机进行横压,碾压时压路机位于已压实的混合料层上伸入新铺层的宽为 150mm,然后每压一遍向新铺混合料方向移动 150～200mm,直至全部在新铺层上为止,再改为纵向碾压。 (4)纵向冷接缝上、下层的缝错开 150mm 以上,横向接缝错开 1m 以上
7	检查试验	(1)认真做好各种原材料、施工温度、矿料级配、马歇尔试验、压实度等试验工作。 (2)在施工过程中随时检查铺筑厚度、平整度、宽度、横坡度、高程

A7　水泥混凝土路面施工

■**高频考点：水泥混凝土路面的分类、特点与施工方法**

序号	项目	内容
1	分类	（1）水泥混凝土路面，是指除接缝区和局部范围（边缘和角隅）外不配置钢筋的混凝土路面。 （2）包括普通混凝土（素混凝土）、钢筋混凝土、连续配筋混凝土、预应力混凝土、装配式混凝土、钢纤维混凝土和混凝土小块铺砌等面层板和基（垫）层所组成的路面。目前采用最广泛的是就地浇筑的普通混凝土路面，简称混凝土路面。 （3）水泥混凝土路面适用于四级及以上公路、高速公路
2	特点	（1）水泥混凝土路面的优点 相对于沥青混凝土路面而言，水泥混凝土路面使用寿命长、强度高、稳定性好、耐久性好、养护费用少、经济效益高；有利于夜间行车；有利带动当地建材业的发展。 （2）水泥混凝土路面的缺点 相对于沥青混凝土路面而言，水泥混凝土路面对水泥和水的需要量大、有接缝、开放交通较迟、修复困难
3	施工方法	（1）小型机具铺筑 一般用在县乡公路，三、四级公路，等外公路，旅游公路，村镇内道路与广场建设中。 （2）滑模摊铺机施工 滑模摊铺技术已经成为我国在高等级公路水泥混凝土路面施工中广泛采用的工程质量最高、施工速度最快、装备最现代化的高新成熟技术。 （3）三辊轴机组铺筑 三辊轴机组比较适用于二、三、四级公路及县乡公路水泥混凝土路面的施工。 （4）碾压混凝土 碾压混凝土仅适用于二级以下水泥混凝土路面或复合式路面下面层

■高频考点：水泥混凝土路面施工技术

序号	项目	内容
1	模板及其架设与拆除	(1)施工模板应采用刚度足够的槽钢、轨模或钢制边侧模板，不应使用木材、塑料等易变形模板。 (2)支模前在基层上应进行安装及摊铺位置的测量放样，核对路面标高、面板分板、胀缝和构造物位置。 (3)纵横曲线路段应采用短模板，每块横板中点应安装在曲线切点上。 (4)模板安装应稳固、平顺、无扭曲，应能承受摊铺、振实、整平设备的负载行进，冲击和振动时不发生位移。 (5)模板与混凝土拌合物接触表面应涂隔离剂。 (6)模板拆除应在混凝土抗压强度不小于 8.0MPa 方可进行
2	混凝土拌合物搅拌	(1)搅拌楼的配备，应优先选配间歇式搅拌楼，也可使用连续搅拌楼。 (2)每台搅拌楼在投入生产前，必须进行标定和试拌。在标定有效期满或搅拌楼搬迁安装后，均应重新标定。施工中应每 15d 校验一次搅拌楼计量精确度。搅拌机配料计量偏差不得超过规定。采用计算机自动控制系统的搅拌机时，应使用自动配料生产，并按需要打印每天(周、旬、月)对应路面摊铺桩号的混凝土配料统计数据及偏差。 (3)应根据拌合物的黏聚性、均质性及强度稳定性试拌确定最佳拌和时间。 (4)外加剂应以稀释溶液加入，其稀释用水和原液中的水量，应从拌和加水量中扣除。 (5)拌和引气混凝土时，搅拌机一次拌合量不应大于其额定搅拌量的 90%。纯拌合时间应控制在含气量最大或较大时
3	混凝土拌合物的运输	(1)应根据施工进度、运量、运距及路况，选配车型和车辆总数。总运力应比总拌合能力略有富余。确保新拌混凝土在规定时间内运到摊铺现场。 (2)运输到现场的拌合物必须具有适宜摊铺的工作性。不同摊铺工艺的混凝土拌合物从搅拌机出料到运输、铺筑完毕的允许最长时间应符合时间控制的规定。不满足时应通过试验、加大缓凝剂或保塑剂的剂量。 (3)混凝土运输过程中应防止漏浆、漏料和污染路面，途中不得随意耽搁。自卸车运输应减小颠簸，防止拌合物离析。车辆起步和停车应平稳

序号	项目	内容
4	采用滑模摊铺机进行混凝土面层铺筑一般规定	（1）滑模摊铺工艺宜用于高速、一级、二级公路普通水泥混凝土面层、配筋混凝土面层、纤维混凝土面层、钢筋混凝土桥面、隧道混凝土面层、混凝土路缘石、路肩石及护栏等的滑模施工。 （2）采用滑模摊铺机在基层上行走的铺筑方案时，基层侧边缘到滑模摊铺面层边缘的宽度不宜小于 650mm。 （3）传力杆和胀缝拉杆钢筋宜采用前置支架法施工，也可采用滑模摊铺机配备的自动插入装置（DBI）施工。 （4）上坡纵坡大于 5%、下坡纵坡大于 6%、平面半径小于 50m 或超高横坡超过 7% 的路段，不宜采用滑模摊铺机进行摊铺。 （5）摊铺机应配备自动抹平板装置。 （6）生产设备的数量和生产能力应满足铺筑进度要求
5	混凝土振捣（小型机具施工）	（1）在待振横断面上，每车道路面应使用 2 根振捣棒，组成横向振捣棒组，沿横断面连续振捣密实，并应注意路面板底、内部和边角处不得欠振或漏振。 （2）振捣棒在每一处的持续时间，应以拌合物全面振动液化、表面不再冒气泡和泛水泥浆为限，不宜过振，也不宜少于 30s。振捣棒的移动间距不宜大于 500mm；至模板边缘的距离不宜大于 200mm。应避免碰撞模板、钢筋、传力杆和拉杆。 （3）在振捣棒已完成振实的部位，可开始振动板纵横交错两遍全面提浆振实，每车道路面应配备 1 块振动板。 （4）振动板移位时，应重叠 100~200mm，振动板在一个位置的持续振捣时间不应少于 15s。振动板须由两人提拉振捣和移位，不得自由放置或长时持续振动。移位控制以振动板底部和边缘泛浆厚度 3mm±1mm 为限。 （5）缺料的部位，应铺以人工补料找平。 （6）振动梁振实，每车道路面宜使用 1 根振动梁。振动梁应具有足够的刚度和质量，振动梁应垂直路面中线沿纵向拖行，往返 2~3 遍，使表面泛浆均匀平整
6	整平饰面	（1）每车道路面应配备 1 根滚杠（双车道两根）。振动梁振实后，应拖动滚杠往返 2~3 遍提浆整平。 （2）拖滚后的表面宜采用 3m 刮尺，纵模各 1 遍整平面，或采用叶片式或圆盘式抹面机往返 2~3 遍压实整平饰面。

序号	项目	内容
6	整平饰面	（3）在抹面机完成作业后,应进行清边整缝,清除粘浆,修补缺边、掉角。精平饰面后的面板表面应无抹面印痕,致密均匀,无露骨,平整度应达到规定要求。 （4）小型机具施工三、四级公路混凝土路面应优先采用在拌合物中掺外加剂,否则应使用真空脱水工艺,该工艺适用于面板厚度不大于240mm混凝土面板施工。 （5）使用真空脱水工艺时,混凝土拌合物的最大单位用水量可比不采用外加剂时增大 $3\sim12kg/m^3$。拌合物适宜坍落度:高温天 $30\sim50mm$;低温天 $20\sim30mm$
7	纵缝设置	普通水泥混凝土、钢筋混凝土、碾压混凝土和钢纤维混凝土面层板均应设置接缝。按平面位置分类,接缝可分为纵向接缝(简称纵缝)和横向接缝(简称横缝)。面板的平面布局宜采用矩形分块,其纵向接缝和横向接缝应垂直相交,纵缝两侧的横缝不得相互错位。纵缝从功能上分为纵向施工缝和纵向缩缝两类;从构造上分为设拉杆平缝型和设拉杆假缝型。 （1）当一次铺筑宽度小于路面宽度时,应设置纵向施工缝,位置应避开轮迹,并重合或靠近车道线,构造可采用设拉杆平缝型。上部应锯切槽口,深度为 $30\sim40mm$,宽度为 $3\sim8mm$,槽内灌塞填缝料。采用滑模施工时,纵向施工缝的拉杆可用摊铺机的侧向拉杆装置插入。采用固定模板施工方式时,应在振实过程中,从侧模预留孔中手工插入拉杆。 （2）当一次铺筑宽度大于4.5m时,应设置纵向缩缝,构造可采用设拉杆假缝型,锯切的槽口深度应大于纵向施工缝的槽口深度。纵缝位置应按车道宽度设置,并在摊铺过程中用专用的拉杆插入装置插入拉杆。 （3）钢筋混凝土路面、桥面和搭板的纵缝拉杆可由横向钢筋延伸穿过接缝代替。钢纤维混凝土路面切开的纵向缩缝可不设拉杆,纵向施工缝应设拉杆。 （4）插入的侧向拉杆应牢固,不得松动、碰撞或拔出。若发生拉杆松脱或漏插,应在横向相邻路面摊铺前,钻孔重新植入。当发现拉杆可能被拔出时,宜进行拉杆拔出力(握裹力)检验。 （5）纵缝应与路线中线平行。纵缝拉杆应采用热轧带肋钢筋,设在板厚中央,并应对拉杆中部 $100mm$ 进行防锈处理

序号	项目	内容
8	横缝设置与施工	横缝从功能上分为横向施工缝、横向缩缝和横向胀缝。横向施工缝从构造上分为设传力杆平缝型和设拉杆企口缝型;横向缩缝从构造上分为设传力杆假缝型和不设传力杆假缝型
9	抗滑构造施工	(1)摊铺完毕或整平表面后,宜使用钢支架拖挂1~3层叠合麻布、帆布或棉布,洒水湿润后作拉毛处理。人工修整表面时,宜使用木抹。用钢抹修整过的光面,必须再拉毛处理,以恢复细观抗滑构造。 (2)当日施工进度超过500m时,抗滑沟槽制作宜选用拉毛机械施工,没有拉毛机时,可采用人工拉槽方式。 (3)特重和重交通混凝土路面宜采用硬刻槽,凡使用圆盘、叶片式抹面机精平后的混凝土路面、钢纤维混凝土路面必须采用硬刻槽方式制作抗滑沟槽
10	混凝土路面养护	(1)混凝土路面铺筑完成或软作抗滑构造完毕后立即开始养护。机械摊铺的各种混凝土路面、桥面及搭板宜采用喷洒养护剂同时保湿覆盖的方式养护。雨天或养护用水充足的情况下,也可采用覆盖保湿膜、土工毡、土工布、麻袋、草袋、草帘或洒水养护方式,不宜使用围水养护方式。 (2)养护时间根据混凝土弯拉强度增长情况而定,不宜小于设计弯拉强度的80%,应特别注重前7d的保湿(温)养护。一般养护天数宜为14~21d,高温天不宜小于14d,低温天不宜小于21d。掺粉煤灰的混凝土路面,最短养护时间不宜少于28d,低温天应适当延长。 (3)混凝土板养护初期,严禁人、畜、车辆通行,在达到设计强度40%后,行人方可通行。路面养护期间,平交道口应搭建临时便桥。面板达到设计弯拉强度后,方可开放交通
11	灌缝	(1)应先采用切缝机清除接缝中夹杂的砂石、凝结的泥浆等,再使用压力大于等于0.5MPa的压力水和压缩空气彻底清除接缝中的尘土及其他污染物,确保缝壁及内部清洁、干燥。缝壁检验以擦不出灰尘为灌缝标准。 (2)常温施工式填缝料的养护期,低温天宜为24h,高温天宜为12h。加热施工时填缝料的养护期,低温天宜为12h,高温天宜为6h。在灌缝养护期间应封闭交通。 (3)路面胀缝和桥台隔离缝等应在填缝前,凿去接缝板顶部嵌入的木条,涂胶粘剂后,嵌入胀缝专用多孔橡胶条或灌进适宜的填缝料,当胀缝的宽度不一致或有啃边、掉角等现象时,必须灌缝

A8 浅基础与承台施工

■高频考点：浅基础与承台施工基础知识

序号	项目	内容
1	浅基础施工	(1)浅基础施工主要工序包括基础的定位放样、基坑开挖、基坑排水、基底处理以及基础结构物的浇筑(砌筑)等。 (2)基础的定位放样应先根据桥梁中心线与墩台的纵、横轴线,推出基础边线的定位点,再放线画出基坑的开挖范围,基坑底部的尺寸应留有富余量,以便于支撑、排水与立模板(如果是坑壁垂直的无水基坑坑底,可不必加宽,直接利用坑壁作基础模板亦可)。 (3)开挖基坑前,应做好基坑中心线、方向和高程复核,按地质水文资料,结合现场情况,决定开挖坡度、支护方案以及地面的防水、排水措施。 (4)浅基础的基底为非黏性土或干土时,施工前应将其润湿,按设计要求浇筑混凝土垫层,垫层顶面不得高于基础底面设计高程;地基为淤泥或承载力不足时,应按设计要求处理后方可进行基础的施工;基底为岩石时,应采用水冲洗干净,且基础施工前应铺设一层不低于基础混凝土强度等级的水泥砂浆。 (5)浅基础的施工宜采用钢模板。混凝土宜在全平截面范围内水平分层浇筑,机械设备的能力应满足混凝土浇筑施工的要求。 (6)若浅基础结构属大体积混凝土,应按有关大体积混凝土的规定组织施工。当浇筑量过大、设备能力难以满足施工要求,或大体积混凝土温控需要时,可分层或分块浇筑
2	承台施工方式的选择	(1)承台是桩与柱或墩的联系部分。承台按构造方式可分为高桩承台和低桩承台;按施工方分为现浇承台和预制式承台;按埋置方式分为陆上承台和水中承台。 (2)当承台处于干处时,一般直接采用明挖基坑,根据基坑状况采取一定措施后,在其上安装模板,浇筑承台混凝土。基坑开挖一般采用机械开挖,辅以人工清底找平,基坑的开挖尺寸要求根据承台的尺寸、支模及操作的要求、设置排水沟及集水坑的需要等因素进行确定。基坑开挖、支护与排水施工见前述基坑施工要求。

序号	项目	内容
2	承台施工方式的选择	(3)当承台位于水中时,常采用围堰法施工,一般先设围堰将群桩围在堰内,然后在堰内河底灌注水下混凝土封底,凝结后将水抽干,使各桩处于干处,再安装承台模板,在干处灌筑承台混凝土。常用的围堰类型包括土石围堰、钢筋混凝土套箱围堰和钢围堰,常用的钢围堰主要有钢板桩围堰、锁口钢管桩围堰、钢套箱围堰、双壁钢围堰等
3	承台模板、钢筋施工与混凝土浇筑	(1)承台模板一般采用组合钢模,施工前必须进行详细的模板设计,以保证使模板有足够的强度、刚度和稳定性,能可靠地承受施工过程中可能产生的各项荷载,保证结构各部形状、尺寸的准确。模板要求平整,接缝严密,支撑牢固,拆装容易,操作方便。 (2)承台施工前应进行桩基等隐蔽工程的质量验收,桩顶混凝土面应按水平施工缝的要求凿毛,桩头预留钢筋上的泥土及鳞锈等应清理干净。承台基底为软弱土层时,应按设计要求采取措施,避免在浇筑承台混凝土过程中产生不均匀沉降。承台底位于河床以上的水中时,应采用有底吊箱或利用桩基、临时支撑等在水中将承台模板支撑和固定,承台模板安装完毕后抽水、堵漏,即可在干处浇筑承台混凝土。 (3)承台钢筋就位和混凝土浇筑应在无水条件下进行,并根据地质、地下水位和基坑内的积水等情况采取防水或排水措施。钢筋制作严格按技术规范及设计图纸的要求进行,墩身预埋钢筋位置要准确、牢固。应采取有效措施,使承台钢筋的混凝土保护层厚度符合设计规定。桩伸入承台的长度以及边桩外侧与承台边缘的净距应不小于设计规定值。 (4)承台混凝土的配制、送送、浇筑及养护按前述混凝土工程施工的要求进行;若承台结构属于大体积混凝土,则应按大体积混凝土的技术要求进行施工

■高频考点:钢围堰施工

序号	项目	内容
1	钢围堰设计与施工的一般规定	(1)围堰的平面尺寸宜根据承台的结构尺寸、安装及放样误差等确定,且满足承台施工操作空间的需要,围堰内侧距承台边缘的净距宜不小于1m(围堰内侧兼作模板时除外)。围堰顶面高程应高出施工期间可能出现的最高水位(包括浪高)0.5～0.7m;有潮汐的水域,应同时考虑最高和最低施工潮位对围堰的不利影响。

序号	项目	内容
1	钢围堰设计与施工的一般规定	（2）围堰除应满足自身的强度、刚度和稳定性要求外，尚应考虑河床断面被压缩后，流速增大导致的河床冲刷和对通航、导流等的影响。 （3）对围堰结构进行计算时，除应考虑施工荷载及结构重力、水流压力、浮力、土压力等荷载外，尚应根据现场的具体情况考虑可能出现的冲刷、风力、波浪力、流冰压力、施工船舶或漂浮物撞击力等作用。 （4）围堰结构应根据施工过程中的各种工况，按最不利荷载组合进行强度、刚度及稳定性计算。围堰内设置支撑的，除应对内支撑结构本身进行局部验算外，尚应将其与围堰作为整体进行总体稳定性验算；设置外支撑时，对支撑与堰壁的连接处应设置纵横向分配梁予以局部加强，并考虑其对承台及后续墩身施工的干扰影响。 （5）钢围堰的混凝土封底厚度应符合设计规定；设计未规定时，应根据桩周摩擦力、浮力、围堰结构自重及封底混凝土自身强度等因素经计算后确定。 （6）钢围堰施工前应制定专项施工方案，明确施工工艺流程。 （7）围堰钢结构的制造可按照规范相关规定执行，保证其在施工过程中防水严密，不渗漏。 （8）岸上整体加工制造的钢围堰，当通过滑道或其他装置下水时，其进入的水域面积和水深应足够，并采取措施控制其下水的速度；采用起重船吊装时，起重船的吊装能力应能满足整体吊装的要求，各吊点的受力应控制均匀，必要时宜进行监控。 （9）钢围堰在灌注封底混凝土之前，应将桩身和堰壁上附着的泥浆冲洗干净，经检验合格后方可进行封底混凝土的施工。封底施工可按《公路桥涵施工技术规范》JTG/T 3650—2020 关于沉井基底检验与封底的规定执行。 （10）钢围堰拆除时，除应采取措施防止撞击墩身外，对水下按设计规定可不拆除的结构，尚应保证其不会对通航产生不利的影响
2	钢板桩围堰的施工规定	（1）钢板桩的材质、性能和尺寸应符合产品的相应规定。钢板桩在存放、搬运和起吊时，应采取措施防止其变形及锁口损坏。经过整修或焊接后的钢板桩，应采用同类型的短桩进行锁口试验，合格者方可继续使用。 （2）钢板桩施打前应设置测量观测点，控制其施打定位。

序号	项目	内容
2	钢板桩围堰的施工规定	（3）钢板桩施打前,其锁口宜采用止水材料捻缝,防止在使用过程中漏水。 （4）施打钢板桩应有导向装置,以保证桩的位置准确。施打顺序应遵照施工技术方案,宜从上游开始分两头向下游方向合龙。施打时应随时检查其位置和垂直度是否准确,不符合要求的应立即纠正或拔起重新施打。施打完成后所有钢板桩的锁口均应闭合。 （5）同一围堰内采用不同类型的钢板桩时,宜将不同类型桩的各半拼焊成一根异型钢板桩,分别与相邻桩进行连接。接长的钢板桩,其相邻桩的接头位置应上下错开。 （6）拔除钢板桩之前,应向堰内注水使堰内外的水位保持平衡。拔桩应从下游侧开始逐步向上游侧进行,拔除的钢板桩应对其锁口进行检修并涂油,堆码妥善保存
3	锁口钢管桩围堰施工规定	锁口钢管桩围堰施工除应符合钢板桩围堰施工的相关规定外,尚应符合: （1）钢管的材质和截面特性应满足围堰受力的要求。锁口形式应根据土层地质情况和止水要求确定,用于水中或透水性土层中的围堰时,应对锁口采取可靠的止水处理措施。 （2）施打钢管时,如土层中有孤石、片石或其他障碍物,其底口应作加强处理
4	钢套箱围堰的施工规定	（1）对有底钢套箱,除应进行结构的计算和验算外,尚应针对套箱内抽干水后的工况进行抗浮验算。钢套箱采用悬吊方式安装时,应验算悬吊装置及吊杆的强度是否满足受力要求。 （2）钢套箱应根据现场设备的起吊能力和移运能力确定采用整体式或装配式制作,制作时应采取防止接缝渗漏的措施。 （3）钢套箱下沉就位过程中应保持平稳,当采用多个千斤顶吊放时,应使各千斤顶的行程同步,宜设置导向装置或利用已成桩作为导向的承力结构进行准确定位。钢套箱就位后应对其平面位置和高程进行精确调整,并及时予以固定;当水流速度过大会使套箱的位置发生改变时,应具有稳定套箱的可靠措施。 （4）有底钢套箱在浇筑封底混凝土之前,应对底板和钢护筒的表面进行清理,并采用适宜的止水装置或材料对底板与桩基之间的缝隙进行封堵。

序号	项目	内容
4	钢套箱围堰的施工规定	(5)钢套箱内的排水应在封底混凝土符合设计规定的强度或达到设计强度的80％及以上时方可进行,封底混凝土未达到规定强度之前,应打开套箱上设置的连通器,保持套箱内外水头一致,排水不应过快,排水过程中应加强对套箱情况变化的监测;对有底钢套箱,必要时可设反压装置,抵抗过大的浮力。 (6)钢套箱侧壁兼作承台模板时,其位置和尺寸应符合承台结构的允许偏差规定
5	双壁钢围堰的施工规定	(1)围堰的双壁间距应根据下沉时需要克服的浮力、土层摩阻力及基底抗力等经计算确定,并在双壁之间分设多个对称的、横向互不相通的隔水仓。 (2)双壁钢围堰兼作钻孔平台时,应将钻孔施工产生的全部荷载及各种工况加入围堰结构最不利荷载组合中进行设计和验算。钢围堰需度汛或度凌施工时,应制定稳定和防撞击、防冲刷的可靠方案,并进行相应的验算。 (3)双壁钢围堰结构的制作宜在工厂按设计要求进行,各节、块应按预定的顺序对称组装拼焊,制作完成后应进行焊接质量检验,并进行水密性试验。 (4)围堰应根据现场的水文、地质和通航等情况,设置可靠的定位系统和导向装置,其浮运、下沉、定位等工序的施工及允许偏差应符合《公路桥涵施工技术规范》JTG/T 3650—2020关于沉井施工的相关规定。 (5)围堰下沉至设计高程,在灌注封底混凝土之前,应对河床面进行清理和整平。围堰置于岩面上时,宜将岩面整平;基岩岩面倾斜或凹凸不平时,宜将围堰底部制作成与岩面相应的异形刃脚,增加其稳定性并减少渗漏

A9　梁式桥施工

■**高频考点：装配式梁、板预制安装**

序号	项目	内容
1	一般要求	(1)装配式桥的构件在脱底模、移运、存放和安装时,混凝土强度应不低于设计规定的吊装强度;设计未规定时,应不低于设计强度的80％。

序号	项目	内容
1	一般要求	（2）构件安装前应检查其外形、预埋件的尺寸和位置，允许偏差不得超过设计规定。 （3）安装构件时，支承结构（墩台、盖梁）的混凝土强度和预埋件（包括预留锚栓孔、锚栓、支座钢板等）的尺寸、高程及平面位置应符合设计要求。 （4）构件安装完毕经检查校正符合要求后，方可焊接或浇筑混凝土固定构件。简支梁的安装应采取措施保证梁体的稳定性，防止倾覆。 （5）对分层、分段安装的构件，应在先安装的构件可靠固定且受力较大的接头混凝土达到设计强度的80%后，方可继续安装；设计有规定时，应从其规定。 （6）分段拼装梁的接头混凝土或砂浆强度应不低于构件的设计强度；不承受内力的构件的接缝砂浆强度应不低于M10。与其他混凝土或砌体结合的预制构件的砌筑面应按施工缝处理
2	构件预制场地	构件预制场的布置应满足预制、移运、存放及架设安装的施工要求；场地应平整、坚实，应根据地基情况和气候条件，设置必要的防排水设施，采取有效措施防止场地沉陷。砂石料场的地面宜硬化处理
3	构件的预制台座规定	（1）预制台座的地基应具有足够的承载能力和稳定性。当用于预制后张预应力混凝土梁、板时，宜对台座两端及适当范围内的地基进行特殊加固处理。 （2）预制台座应采用适宜的材料和方式制作，且应保证其坚固、稳定、不沉陷。 （3）预制台座的间距应能满足施工作业的要求；台座表面应光滑、平整，在2m长度上平整度的允许偏差应不超过2mm，底座或底模的挠度应不大于2mm。 （4）对预应力混凝土梁、板，应根据设计提供的理论拱度值，结合施工的实际情况，正确预计梁体拱度的变化情况，在预制台座上按梁、板构件跨度设置相应的预拱度。当预计后张预应力混凝土梁的上拱度值较大，会对桥面铺装的施工产生不利影响，宜在预制台座上设置反拱。 （5）预制台座应具有对梁底支座预埋钢板或楔形垫块进行角度调整的功能，预制施工时严格按设计要求的角度进行设置

序号	项目	内容
4	构件混凝土的浇筑规定	各种构件混凝土的浇筑除应符合本书"预应力混凝土工程施工"的有关规定外，尚应符合下列规定： （1）腹板底部为扩大断面的T形梁和I形梁，应先浇筑扩大部分并振实后，再浇筑其上部腹板。 （2）U形梁可上下一次浇筑或分两次浇筑。一次浇筑时，宜先浇筑底板至底板承托顶面，待底板混凝土振实后再浇筑腹板；分两次浇筑时，宜先浇筑底板至底板承托顶面，按施工缝处理后，再浇筑腹板混凝土。 （3）箱形梁宜一次浇筑完成，且先浇筑底板至底板承托顶面，待底板混凝土振实后再浇筑腹板、顶板。 （4）中小跨径的空心板浇筑混凝土时，对芯模应有防止上浮和偏位的可靠措施
5	预应力施加规定	对高宽比较大的预应力混凝土T形梁和I形梁，应对称、均衡地施加预应力，并采取有效措施防止梁体产生侧向弯曲
6	构件的场内移运规定	（1）后张预应力混凝土梁、板，在施加预应力后可将其从预制台座吊移至场内的存放台座再进行孔道压浆，但必须满足下列要求： ①从预制台座上移出梁、板仅限一次，不得在孔道压浆前多次倒运。 ②吊移范围必须限制在预制场内的存放区域，不得移往他处。 ③吊移过程中不得对梁、板产生任何冲击和碰撞。 ④不得将构件安装就位后再进行预应力孔道压浆。 （2）后张预应力混凝土梁、板在预制台座上进行孔道压浆后再移运的，移运时其压浆浆体的强度应不低于设计强度的80%。 （3）梁、板移运时的吊点位置应符合设计规定；设计未规定时，应根据计算决定。构件的吊环必须采用未经冷拉的HPB300钢筋制作，且吊环应顺直。吊绳与起吊构件的交角小于60°时，应设置吊架或起吊扁担，使吊点垂直受力。吊移板式构件时，不得吊错上、下面
7	构件的存放规定	（1）存放台座应坚固稳定，且宜高出地面200mm以上。存放场地应有相应的防排水设施，并应保证梁、板等构件在存放期间不致因支点沉陷而受到损坏。

序号	项目	内容
7	构件的存放规定	（2）梁、板构件存放支点应符合设计规定的位置，支点处应采用垫木和其他适宜的材料进行支承，不得将构件直接支承在坚硬的存放台座上；存放时混凝土养护期未满的应继续养护。 （3）构件应按其安装的先后顺序编号存放，预应力混凝土梁、板的存放时间宜不超 3 个月，特殊情况下应不超过 5 个月。存放时间超过 3 个月时，应对梁、板的上拱度值进行检测，当上拱度值过大将会严重影响后续桥面铺装施工或梁、板混凝土产生严重开裂时，则不得使用。 （4）当构件多层叠放时，层与层之间应以垫木隔开，各层垫木的支点位置应符合设计，上下层垫木应在同一条竖直线上；叠放高度宜按构件强度、台座地基承载力、垫木强度及叠放的稳定性等经计算确定，大型构件以 2 层为宜，应不超过 3 层，小型构件宜为 6～10 层。 （5）雨季或春季融冻期间，应采取有效措施防止因地面软化下沉而造成构件断裂及损坏
8	构件的运输规定	（1）板式构件运输时，宜采用特制的固定架稳定构件。对小型构件，宜顺宽度方向侧立放置，并应采取措施防止倾倒；如平放，在两端吊点处必须设置支搁方木。 （2）梁的运输应按高度方向竖立放置，并应有防止倾倒的固定措施；装卸梁时，必须在支撑稳妥后，方可卸除吊钩。 （3）采用平板拖车或超长拖车运输大型构件时，车长应能满足支点间的距离要求，支点处应设活动转盘，防止搓伤构件混凝土。 （4）水上运输构件时，应有相应的封舱加固措施，并根据天气状况安排装卸和运输作业时间，同时应满足水上（海上）作业的相关安全规定
9	简支梁、板的安装规定	（1）安装前应制定专项施工方案，安装方法和安装设备应根据构件的结构特点、重力及施工环境条件等因素综合确定；对安装过程中各种临时受力结构和设备的工况应进行必要的安全验算，所有施工设施均宜进行试运行和荷载试验。 （2）安装前应对墩台的施工质量进行检验，对支座或临时支座的平面位置和高程进行复测，合格后方可进行梁、板等构件的安装。

序号	项目	内容
9	简支梁、板的安装规定	(3)采用架桥机进行安装时,其抗倾覆稳定系数应不小于1.3;架桥机过孔时,应将起重小车置于对稳定最有利的位置,且抗倾覆稳定系数应不小于1.5;不得采用将梁、板吊挂在架桥机后部配重的方式进行过孔作业。 (4)双导梁架桥机施工工艺流程主要包括:①梁体预制及运输、铺设轨道→②架桥机及导梁拼装→③试吊→④架桥机前移至安装跨→⑤支顶前支架→⑥运梁、喂梁→⑦吊梁、纵移到位→⑧降梁、横移到位→⑨安放支座、落梁→⑩重复第⑤~⑨步,架设下一片梁→⑪铰缝施工,完成整跨安装→⑫架桥机前移至下一跨,直至完成整桥安装。 (5)采用起重机吊装构件时,如采用一台吊机起吊,应在吊点位置的上方设置吊架或起吊扁担;如采用两台起重机抬吊,应统一指挥,协调一致,使构件的两端同时起吊、同时就位。 (6)采用缆索吊机进行安装时,应事先对缆索吊机进行1.2倍最大设计荷载的静力试验和设计荷载下的试运行,全面验收合格后方可使用。 (7)梁、板安装期间及架桥机移动过孔时,严禁行人、车辆和船舶在作业区域的桥下通行。 (8)梁、板就位后,应及时设置保险垛或支撑将构件临时固定,对横向自稳性较差的T形梁和I形梁等,应与先安装的构件进行可靠的横向连接,防止倾倒。 (9)安装在同一孔跨的梁、板,其预制施工的龄期差宜不超过10d,特殊情况应不超过30d。梁、板上有预留孔道的,其中心应在同一轴线上,偏差应不大于4mm。梁、板之间的横向湿接缝,应在一孔梁、板全部安装完成后方可施工。 (10)对弯、坡、斜桥的梁、板,其安装的平面位置、高程及几何线形应符合设计要求。 (11)当安装条件与设计规定的条件不一致时,应对构件在安装时产生的内力进行复核
10	施工先简支后连续梁的规定	(1)除符合上述第9点(简支梁、板的安装规定)的规定外,当设置临时支座进行支承时,对一片梁中的各临时支座,其顶面的相对高差应不大于2mm。 (2)简支变连续的施工程序应符合设计规定。

序号	项目	内容
10	施工先简支后连续梁的规定	（3）对湿接头处的梁端，应按施工缝的要求进行凿毛处理。永久支座应在设置湿接头底模之前安装。湿接头处的模板应具有足够的强度和刚度，与梁体的接触面应密贴并具有一定的搭接长度，各接缝应严密、不漏浆。负弯矩区的预应力管道应连接平顺，与梁体预留管道的接合处应密封；预应力锚固区预留的张拉齿板应保证其外形尺寸准确，且不被损坏。 （4）湿接头混凝土宜在一天中气温相对较低的时段浇筑，且一联中的全部湿接头应尽快浇筑完成。湿接头混凝土的养护时间应不少于14d。 （5）湿接头按设计要求施加预应力、孔道压浆且浆体达到规定强度后，应立即拆除临时支座，按设计规定的顺序完成体系转换。同一片梁的临时支座应同时拆除

■**高频考点：箱梁整孔预制安装**

序号	项目	内容
1	预制规定	（1）箱梁预制场地的建设除应符合上述"装配式梁、板预制安装"的规定外，尚应符合下列规定： ①预制场地应进行专门设计，其布置应有利于制梁、存梁、运梁和架梁的施工作业；制梁台座、存梁台座及运梁线路的地基应具有足够的承载能力，并应有防排水设施；场地内的道路、料场等应硬化处理。 ②在水域中架设安装的箱梁，应在预制场地设置箱梁的出运码头；从岸的一侧开始延伸至水域中或在陆上架设安装的箱梁，应设置必要的提梁设施和装置。 （2）钢筋宜在专用胎架上绑扎制作成整体骨架后，进行整体起吊安装；采用拼装式内模时，钢筋宜分片制作，分片起吊安装。 （3）箱梁的预制宜采用定型钢模板，模板应具有足够的强度和刚度，并应能满足多次重复使用不变形的要求。模板制作、安装与拆除除应符合"常用模板、支架和拱架设计与施工"的有关规定外，尚应符合下列规定： ①钢模板在加工制作时，模板的全长和跨度应考虑箱梁反拱度的影响及预留压缩量。附着式振捣器的支座应交错布置，安设牢固，并应使振动力先传向模板的骨架，再由骨架传向面板。

序号	项目	内容
1	预制规定	②对外侧模和端模的拆除期限,尚应满足箱梁混凝土的表层温度与环境温度之差不大于15℃的要求;当气温急剧变化时,不宜进行拆模作业
2	浇筑规定	(1)箱梁混凝土宜一次连续浇筑完成,且宜采取水平分层、斜向推进的方式浇筑,水平分层的厚度不得大于300mm,各层间混凝土的间隔浇筑时间不应超过其初凝时间。 (2)梁体腹板下部的底板混凝土宜采用设于底模处的附着式振捣器振动;腹板混凝土宜采用插入式振捣器及附着式振捣器辅助振捣;对钢筋和预应力管道密布区域的混凝土,应提前按一定间距设置混凝土溜槽和插入式振捣器辅助导向等装置,保证该区域的混凝土能振捣密实
3	养护规定	箱梁混凝土浇筑完成后,应按"混凝土工程施工"中"高性能混凝土"的有关规定及时进行覆盖和养护,并符合下列规定: (1)当采取蒸汽养护时,除应符合《公路桥涵施工技术规范》JTG/T 3650—2020的冬期施工规定外,尚宜分为静停、升温、恒温、降温及自然养护五个阶段。静停期间应保持蒸养棚内的温度不低于5℃;混凝土浇筑完成4h后方可升温,且升温的速度应不大于10℃/h;恒温时应将温度控制在50℃以下,恒温时间宜由试验确定;降温的速度应不大于5℃/h;蒸汽养护结束后,应立即进入自然养护阶段,且养护时间宜不少于7d。蒸养期间拆除保温设施及模板时,梁体混凝土表层的温度与环境温度之差应不大于15℃。 (2)采取自然养护时,对暴露于大气环境中的混凝土表面应采用适宜的材料进行覆盖,并洒水养护;拆模后尚未达到养护时间的梁体混凝土表面,宜采用喷淋方式或养护剂喷洒养护。当环境相对湿度小于60%时,自然养护时间宜不少于28d;相对湿度大于或等于60%时,宜不少于14d
4	张拉规定	(1)梁体混凝土的抗压强度达到设计强度的1/3以上、弹性模量不低于设计值的50%时,可对部分预应力钢束进行初张拉,但其张拉应力不应超过设计张拉控制应力的1/3,且初张拉的预应力钢束编号及张拉应力应符合设计规定。对箱梁预应力钢束的终张拉,应在其混凝土抗压强度达到设计强度的80%、弹性模量不小于设计值的80%后进行。设计对张拉有具体规定时应从其规定。

序号	项目	内容
4	张拉规定	(2)梁体预应力管道的压浆应符合"预应力混凝土工程施工"的规定。压浆结束后应将锚具外部清理干净,并对梁端混凝土进行凿毛,对锚具进行防锈处理,按设计要求设置钢筋网片,浇筑封端混凝土。封端应采用无收缩混凝土,其强度应符合设计规定,并严格控制梁体长度。
5	箱梁的场内移运及存放规定	(1)箱梁在场内的移运可采用门式起重机、轮胎式移梁机或滑移方式,且应预设相应的移运通道。 (2)采用滑移方式移梁时,滑道应设在坚固、稳定的地基基础上。滑道应保持平整,滑移时4个支点的相对高差不得超过4mm,两滑道之间的高差不得超过50mm。滑移动力设施应经计算及试验确定。滑移过程中应采取有效措施保证梁体不受损伤。 (3)梁体预应力钢束初张拉后进行吊运或滑移时,箱梁顶面严禁堆放重物或施加其他额外荷载;终张拉后吊运或滑移箱梁时,应在预应力管道压浆浆体达设计规定强度后方可进行。 (4)箱梁的存放台座应坚固、稳定,有相应的防排水设施,保证箱梁在存放期间不致因台座下沉受到损坏。存放箱梁时,其支点距梁端的距离应符合设计规定
6	箱梁的运输规定	(1)采用运梁车运输箱梁时,运梁线路的路面应平坦,地基应有足够的承载能力,纵向坡度应不大于3%,横向坡度(人字坡)应不大于4%,最小曲率半径应不小于运梁车的允许转弯半径。在运梁车通过的界限内,不得有任何障碍物。 (2)运梁车装载箱梁时,其支承应牢固,起步和运行应缓慢,平稳前进,严禁突然加速或紧急制动。重载运行时的速度宜控制在5km/h以内,曲线、坡道地段应严格控制在3km/h以内。当运梁车接近卸梁地点或架桥机时,应减速慢停。 (3)采用水运方式运输箱梁时,除支承应符合结构受力及运输要求外,尚应对梁体进行固定并采取防止船体摆动的有效措施,保证其在风浪颠簸中不移位
7	箱梁的架设安装规定	(1)箱梁应采用通过技术质量监督部门产品认证的专用架桥机,或由海事部门颁发船舶证书及起重检验证书的起重船进行架设安装,且起重参数应能满足架梁的要求,起重船的锚泊系统应能满足作业水域的条件。吊架和吊具应专门设计。起重设备、吊架和吊具等应经试吊确认安全后方可用于正式施工,吊具应定期进行探伤检查。

序号	项目	内容
7	箱梁的架设安装规定	（2）采用架桥机安装时，其抗倾覆稳定系数应不小于1.3；架桥机过孔时，起重小车应位于对稳定最有利的位置，且抗倾覆稳定系数应不小于1.5。 （3）采用起重船安装作业时，起重船进入安装位置后应根据流速、流向、风向和浪高等情况抛锚定位，定位时不得利用桥墩墩身带缆；在起重船定位和箱梁架设过程中，船体和梁体均不得对桥墩或承台产生碰撞。 （4）架设过程中，箱梁应保持水平并两端同步缓慢起落，不得碰撞临时支座。箱梁就位时，应设置必要的装置对梁体的空间位置进行精确调整。 （5）墩顶设置的临时支座形式和位置应符合设计规定，梁底与支座应密贴；4个临时支座的顶面相对高差不得超过4mm。 （6）箱梁安装后的吊梁孔应采用收缩补偿混凝土封填
8	箱梁简支变连续时的体系转换特殊规定	（1）需浇筑湿接头的箱梁端部的形状应符合设计规定，预应力钢束及其他预留孔道的位置偏差应不大于4mm。 （2）宜先将一联箱梁采用型钢在纵向予以临时固结，且宜在一天中气温最低且温度场均匀稳定的时段浇筑湿接头混凝土

■ 高频考点：支架现浇施工

序号	项目	内容
1	支架规定	梁式桥梁、板的现场浇筑可采用满布支架或梁式支架。现浇支架除应符合"常用模板、支架和拱架设计与施工"的相关要求外，尚应符合下列规定： （1）支架应稳定、牢固，其地基应采取换填压实、混凝土条形基础、桩基础加混凝土横梁等处理形式，使其具有足够的承载力。支架位于水中时，其基础宜采用桩基；对弯、坡、斜桥，其支架的设置应适应梁体相应几何线形的变化，且应采取有效措施保证支架的稳定性。 （2）满布支架的地基表面应平整，并应有防排水措施；满布支架位于坡地上时，宜将地基的坡面挖成台阶；在软弱地基上设置满布支架时，应采取措施对地基进行处理，使其承载力满足施工要求。

序号	项目	内容
1	支架规定	(3)梁式支架各支点的基础应设在可靠的地基上,当地基沉降过大或承载力不能满足要求时,宜设置桩基或采取其他有效措施进行处理。梁式支架不宜采用拱式结构;必须采用时,应按拱架的要求施工。 (4)对梁式桥现浇支架,应根据支架的类型和结构形式、地基的沉降量和承载能力,以及荷载大小等因素,按"常用模板、支架和拱架设计与施工"的规定确定是否采取预压措施。 (5)梁式桥跨越需要维持正常通行(航)的道路(水域)时,对其现浇支架应采取防碰撞的安全措施,设置必要的交通导流标志,保证施工安全和交通安全
2	施工顺序与监测要求	(1)梁式桥现浇施工时,梁体混凝土在顺桥向宜从低处向高处进行浇筑,在横桥向宜对称进行浇筑。 (2)混凝土浇筑过程中,应对支架的变形、位移、节点和卸架设备的压缩及支架地基的沉降等进行监测,如发现超过预警值的变形、变位,应及时采取措施予以处理
3	支架现浇施工工序(以现浇箱梁为例)	支架现浇箱梁单个施工单元施工工艺流程主要包括:地基处理→支架搭设→模板系统安装→支架加载预压→钢筋、预应力筋安装→内模安装→混凝土浇筑→混凝土养护→预应力张拉→预应力孔道压浆→落架、模板支架拆除

■**高频考点:移动模架逐孔现浇施工**

序号	项目	内容
1	一般规定	(1)当桥墩较高,总桥跨较长或桥下净空受到约束时,可以采用非落地支承的移动模架逐孔现浇施工,称为移动模架法。移动模架法适用在多跨长桥。为适应这类桥梁的快速施工,要求有严密的施工组织和管理。 (2)移动模架是以移动式桁架为主要支承结构的整体模板支架,可一次完成中小跨径桥一跨梁体混凝土的浇筑,适用于 20～70m 跨径、梁体断面形式基本相同的多跨简支和连续梁的就地浇筑。连续施工时每孔仅在 $0.2L～0.25L$ 附近处(L 为跨长)设一道横向工作缝,浇完一孔后,将移动模架前移到下孔位置,如此重复推进和连续施工。

序号	项目	内容
1	一般规定	（3）移动模架是混凝土的直接支承体系，既是施工作业平台，也是梁体混凝土的模具。移动模架主要由主梁导梁系统、吊架支撑系统、模板系统、移位调整系统、液压电气系统及辅助设施等部分组成。移动模架结构按行走方式分为自行式和非自行式；按导梁的形式分为前一跨式导梁、前半跨式导梁、前后结合导梁等；按底模的安拆方式分为平开合式、翻转式等；按与箱梁的位置和过孔方式分为上行式（上承式）、下行式（下承式）等形式。 （4）主梁在待制梁体上方，借助已成梁体和桥墩移位的称为上行式移动模架；主梁在待制梁体下方，完全借助桥墩移位的称为下行式移动模架
2	模架的安装	（1）移动模架宜采用定型产品，模架的功能、承载能力、长度、模板的尺寸及支承系统等，应与所施工的预应力混凝土连续梁的各项要求相适应，设计制造厂家应提供模架的产品出厂质量合格证书以及操作手册等相关技术文件。 （2）移动模架现浇施工主要包括模架的拼装、运行、拆除三个关键环节，拼装是施工准备阶段的重点，运行是施工过程中的关键，拆除是施工收尾阶段的难点。 （3）整套移动模架的拼装分为支承托架（牛腿）拼装、钢主梁（导梁）拼装、横梁拼装、模板系统及其他附属部件拼装四大部分，移动模架拼装完成后应对其拼装质量进行检验，并应在首孔梁的浇筑位置就位后进行荷载试压试验，检验和试压合格后方可正式使用
3	主要工序	主要工序包括：支腿或牛腿托架安装、主梁安装、导梁安装、模板系统与液压电气系统及其他附属设施安装、加载试验、支座安装、预拱度设置与模板调整、绑扎底板及腹板钢筋、预应力系统安装、内模就位、顶板钢筋绑扎、箱梁混凝土浇筑、内模脱模、施加预应力和管道压浆、落模拆底模及滑模纵移
4	移动模架施工要点	（1）模架的支承系统应安全可靠，具有足够的承载能力、刚度和稳定性。模架的后端宜设置后吊点，应使模架中的模板与已浇梁段的悬臂端梁体紧密贴合，防止该处产生错台或漏浆。模架应设置预拱度，预拱度值应经计算并参考荷载试验结果确定。

序号	项目	内容
4	移动模架施工要点	(2)首孔梁浇筑混凝土前,应做好各项准备工作,制定详细的施工方案、施工工艺、各项保障措施及应急预案;浇筑施工时,应对模架进行挠度监测,监测数据及分析结果应作为修正模架预拱度的依据。首孔梁的混凝土在顺桥向宜从桥台(或过渡墩)开始向悬臂端进行浇筑,中间孔宜从悬臂端开始向已浇梁段推进浇筑,末孔宜从一联中最后一个墩位处向已浇梁段推进浇筑,最终与已浇梁段接合;梁体混凝土在横桥向应对称浇筑。连续梁逐孔现浇的纵向分段接缝位置应符合设计规定;设计未规定时,宜设在1/5跨的弯矩零点附近。 (3)任一孔梁的混凝土浇筑施工完成后,内模中的侧向模板应在混凝土抗压强度达到2.5MPa后,顶面模板应在混凝土抗压强度达到设计强度的75%后,方可拆除;外模应在梁体建立预应力后方可卸落。 (4)模架横移和纵向移动过孔前,应解除作用于模架上的全部约束。纵向移动时两侧的承重钢梁应保持基本同步,不同步的最大距离偏差应符合产品设计的规定,且应有限位和紧急制动装置;移动到下一孔位置后,应立即对模架进行准确就位并固定。模架在移动过孔时的抗倾覆稳定系数应不小于1.5。 (5)梁体混凝土浇筑过程中,应随时对模架的关键受力部位和支承系统进行检查,有异常时应采取有效措施及时处理;移动过孔时,应对模架的运行状态进行监控。每完成一孔梁的施工,均应对模架的关键部位及支承系统等进行检查,发现问题应及时处理

■高频考点:悬臂浇筑施工

序号	项目	内容
1	施工准备	(1)挂篮设计及加工 ①挂篮是悬浇箱梁的主要设备,是利用已浇筑的箱梁段作为支撑点,通过桁架等主梁系统、底模系统等形成的一个工作平台,或者说是沿着轨道行走的活动脚手架及模板支架。挂篮按主要承重结构形式可分为桁架式、斜拉式及钢板梁式;按受力原理可分为垂直吊杆式、斜拉式、刚性模板式;按抗倾覆平衡方式可分为压重式、锚固式、半压重式半锚固式;按移动方式可分为滑动式、滚动式、组合式。对某一具体工程,应根据梁段分段情况,结合

序号	项目	内容
1	施工准备	挂篮的重量、要求承受荷载及施工经验对挂篮进行认真详细的设计。除必须满足强度、刚度、稳定性要求外，还要使其行走、锚固方便可靠，重量不大于设计规定。挂篮由主桁架、锚固、平衡系统及吊杆、纵横梁等部分组成，由工厂或现场根据挂篮设计图纸精心加工而成。 ②挂篮与悬浇梁段混凝土的重量比宜不大于 0.5，且挂篮的总重应控制在设计规定的限重之内。 ③挂篮的最大变形（包括吊带变形的总和）应不大于 20mm。 ④挂篮在浇筑混凝土状态和行走时的抗倾覆安全系数、锚固系统安全系数、斜拉水平限位系统的安全系数及上水平限位的安全系数均应不小于 2。 ⑤挂篮锚固系统所用的轴销、键、拉杆、垫板、螺母、分配梁等应专门设计、加工，并不得随意更换或替代。 ⑥悬挂系统两端应能与承压面密贴配合，混凝土承压面不规则、不平整时应事前处理，应使吊杆能轴向受拉而不承受额外的弯矩和剪力。 ⑦挂篮制作加工完成后应进行试拼装。挂篮在现场组拼后，应全面检查其安装质量，并进行模拟荷载试验，符合挂篮设计要求后方可正式投入使用。 (2)0 号块、1 号块的施工：0 号块、1 号块一般采用落地支架或扇形托架浇筑，托架可用万能杆件、贝雷片或其他装配式杆件组成，支撑在桥墩基础承台上或墩身上。托架除须满足承重强度要求外，还须具有一定的刚度，各连续点应连接紧密，螺栓旋紧，以减少变形，防止梁段下沉和裂缝。 (3)临时固结：对于连续箱梁，梁与墩未固结在一起，两侧悬浇施工不能保持平衡，因此在预应力混凝土连续梁的墩顶梁段施工时，应按设计规定在墩梁之间设置临时固结装置，并应进行必要的施工验算，且临时固结装置的结构和采用的材料应满足方便、快速拆除的要求。临时固结一般采用在支座两侧临时加预应力筋，梁和墩顶之间浇筑临时混凝土垫块，将梁固结在桥墩上，使梁具有一定的抗弯能力，施工后再采用静态破碎方法，解除固结

序号	项目	内容
2	悬臂浇筑施工工艺流程	（1）连续刚构桥悬臂浇筑施工流程：0号块支架搭设、预压→0号块混凝土浇筑→0号块预应力钢束张拉→组拼挂篮→挂篮预压→对称悬臂浇筑1号块→1号块预应力钢束张拉→挂篮分离，前移就位→悬臂浇筑2号块及后续块段施工→边跨合龙（边跨现浇混凝土浇筑）→中跨合龙。 （2）连续梁桥悬臂浇筑施工流程：0号块支架搭设、预压→0号块混凝土浇筑→0号块预应力钢束张拉→墩梁临时固结→组拼挂篮→挂篮预压→对称悬臂浇筑1号块→1号块预应力钢束张拉→挂篮前移就位→悬臂浇筑2号块及后续块段施工→边跨合龙（边跨现浇混凝土浇筑）→解除临时固结→中跨合龙
3	悬臂浇筑施工要点	（1）主梁各部分的长度应充分结合主梁的形式、跨径、墩宽、挂篮形式以及施工周期来确定。0号段长度一般为5～20m，悬浇分段长度一般为3～5m。 （2）墩顶梁段及桥墩顶附近梁段施工宜全断面一次浇筑完成，当梁段过高一次浇筑完成难以保证质量时，可沿高度方向分两次浇筑，但首次浇筑的高度宜超过底板承托顶面以上至少500mm，且宜将两次浇筑混凝土的龄期差控制在7d以内。 （3）挂篮主纵横梁的分联和移动操作应特别精心，以防急剧的塌落或倾覆；浇筑混凝土时，后端应锚固于已完成的梁段上，后锚和移动架可采取保险锚、保险索或保险手拉葫芦等安全措施；挂篮桁架在已完成的梁段上行走时，应于后端压重稳定。 （4）钢筋制作及安装除应符合"钢筋工程施工"规定外，尚应符合下列规定： ①底板钢筋与腹板钢筋的连接应牢固，且宜采用焊接；底板上、下两层的钢筋网应采用两端带弯钩的竖向筋进行连接，使之形成整体；顶板底层的横向钢筋宜采用通长筋。 ②钢筋与预应力管道、预应力施工相互影响时，钢筋仅可移位但不得切断。若挂篮的下限位器、下锚带、斜拉杆等部位影响下一步操作必须切断钢筋时，应在该工序完成后，将切断的钢筋重新连接。

序号	项目	内容
3	悬臂浇筑施工要点	（5）悬臂浇筑应符合下列规定： ①悬臂浇筑应对称、平衡地进行，两端悬臂上荷载的实际不平衡偏差不得超过设计规定值；设计未规定时，宜不超过梁段重的 1/4。悬臂梁段应全断面一次浇筑完成，并应从悬臂端开始，向已完成梁段推进分层浇筑。 ②悬臂浇筑过程控制宜遵循变形和内力双控的原则，但以变形控制为主。 ③悬臂浇筑时，立模高程的误差应不大于±5mm，立模轴线的偏位应不大于 5mm。 ④挂篮前移时，宜在其后方设置控制其滑动的装置或在滑道上设置止动装置；前移就位后，应立即将后锚固点锁定，防止倾覆。 ⑤每一节段悬臂浇筑施工完成后，除应进行质量检验外，尚应对预应力孔道进行检查、清理，防止杂物堵塞孔道。 ⑥悬臂浇筑时，应对桥面上的各种临时施工荷载进行控制。 ⑦悬臂浇筑跨越铁路、公路、航道及其他建筑物时，应采取有效安全施工防护措施。 （6）悬臂浇筑时预应力张拉除应符合"预应力混凝土工程施工"的规定外，尚应符合下列规定： ①对纵向预应力长束的张拉，宜通过必要的试验确定其张拉程序和各项参数，张拉持荷时间宜增加 1 倍；当钢束的伸长值不能满足要求时，可采取补张拉或多次张拉的措施，但张拉应力不得超过设计规定的最大控制应力。横向预应力采用一端张拉时，其张拉端宜在梁两侧交错设置。竖向预应力宜采取多次张拉的方式进行，多次张拉的次数应以钢束的伸长值是否达到要求且是否可靠锚固而定。 ②对钢束施加预应力时，不得随意将锚具附近的普通钢筋切断；当该处的钢筋影响到张拉操作不能进行正常作业时，应会同设计人员协商处理。 ③对竖向预应力孔道，压浆时应从下端的压浆孔压入，压力宜为 0.3～0.4MPa，且压入的速度不宜过快

序号	项目	内容
4	混凝土梁的合龙和体系转换规定	（1）合龙程序和顺序应符合设计规定,边跨、中跨合龙段施工可参照如下流程进行: ①悬臂浇筑边跨合龙流程:施工准备及模架安装→设置平衡重→普通钢筋及预应力管道安装→合龙锁定→浇筑合龙段混凝土→预应力施工→拆模、落架。 ②悬臂浇筑中跨合龙流程:吊架及模板安装→设置平衡重→普通钢筋及预应力管道安装→合龙锁定→解除连续梁墩顶临时固结,完成体系转换→浇筑合龙段混凝土→预应力施工→拆除模板及吊架。 （2）合龙前应对两端悬臂梁段的轴线、高程和梁长受温度影响的偏移值进行观测,并根据实际观测值确定准确的合龙温度、合龙时间及合龙程序。 （3）对连续刚构两端的悬臂梁段采用施加水平推力的方式调整梁体的内力时,千斤顶的施力应对称、均衡。 （4）合龙时,宜采取措施将合龙口两侧的悬臂端予以临时刚性连接后,再浇筑合龙段混凝土。宜在合龙口两侧的梁体顶面设置等重压载水箱,并在浇筑合龙段混凝土时同步卸载。 （5）合龙段混凝土宜在一天中气温最低且稳定的时段内浇筑,浇筑后应及时覆盖洒水养护,养护时间宜不少于 14d。 （6）合龙时在桥面上设置的全部临时施工荷载应符合施工控制的要求。对预应力混凝土连续梁,合龙后应在规定的时间内尽快拆除墩梁临时固结装置,按设计规定的程序完成体系转换和支座反力调整

■**高频考点:悬臂拼装施工**

序号	项目	内容
1	悬拼梁段预制	（1）长线法 ①组成梁体的所有梁段均在固定台座上的活动模板内浇筑且相邻段的拼合面应相互贴合浇筑,缝面浇筑前涂抹隔离剂,以利于脱模。优点是由于台座固定可靠,成桥后梁体线性较好,缺点是占地较大,地基要求坚实,混凝土的浇筑和养护移动分散。

序号	项目	内容
1	悬拼梁段预制	②长线法梁段预制工序:预制台座建造→台座立面、平面线形调整→外模安装→刷隔离剂、堵缝→安装底腹板普通钢筋及预应力管道→内模安装→安装普通钢筋及预应力管道→混凝土浇筑及养护→拆除模板→台座立面、平面线形调整→预制下一节段。 (2)短线法 ①梁段在固定台座能纵移的模内浇筑。待浇梁段一端设固定模架,另一端为已浇梁段(配筑梁段),浇毕达到强度后运出原配筑梁段,达到强度要求梁段为下一待浇梁段配筑,如此周而复始,台座仅需 3 个梁段长。优点是场地较小,浇筑模板及设备基本不需要移机,可调的底、侧模便于平竖曲线梁段的预制;缺点是精度要求高,施工要求严,施工周期相对较长。 ②短线法梁段预制工序:台车及模板系统加工→端模、底模及外侧模安装→匹配梁段定位→钢筋骨架吊装→内模就位→固定端模复测→混凝土浇筑及养护→拆除模板→匹配梁段转运存放→新浇筑梁段移至匹配梁位置→匹配梁段定位→下一块梁段施工
2	梁段的拼接	(1)0 号块:为了确保连续梁分段悬拼施工的平衡和稳定,常与悬浇方法相同,将构件支座临时固结,必要时在墩两侧加设临时支架以满足悬拼的施工需要。 (2)1 号块:1 号块是紧邻 0 号块两侧的第一箱梁节段,也是悬拼构件的基准梁段,是全跨安装质量的关键,一般采用湿接缝连接。湿接缝拼装梁段施工程序包括:起重机就位→提升、起吊 1 号梁段→安装波纹管→中线测量→丈量湿接缝的宽度→调整波纹管→高程测量→检查中线→固定 1 号梁段→安装湿接缝的模板→浇筑湿接缝混凝土→湿接缝养护、拆模→张拉预应力筋→压浆→下一梁段拼装。 (3)其他梁段拼装: ①移动式导梁架桥机施工悬臂节段拼装工艺流程:架桥机安装及调试→运梁就位→架桥机落钩起吊箱梁至桥面→节段胶结层涂抹→临时预应力张拉→胶结层养护至固化→悬拼预应力钢束张拉→架桥机解钩,前移至下一个节段施工。 ②整跨拼装工艺流程:架桥机安装及调试→运梁就位→梁段吊装及调整→节段胶结层涂抹→临时预应力张拉→胶结层养护至固化→整孔预应力张拉→整孔落梁就位→架桥机纵移过孔,吊钩前移至下一个节段施工。

序号	项目	内容
2	梁段的拼接	③悬拼吊机法节段拼装工艺流程:起重机安装及调试→梁端就位→起吊梁段、试拼→节段胶结层涂抹→临时预应力张拉→胶结层养护至固化→悬拼预应力钢束张拉→起重机解钩,前移至下一个节段施工。 ④浮吊悬拼工艺流程:浮吊移动就位→梁预制节段驳船运输到位→移动浮吊挂钩,固定缆风绳,起吊→浮吊调整梁段起吊高度,停钩靠近待吊墩位→稳住浮吊,起钩→就位停钩,稳住浮吊,梁段调正→调整梁段,浮吊落钩→摘钩,移船
3	悬臂拼装注意要点	(1)预制场地的布置应便于节段的预制、移运、存放及装车(船)出运;预制台座应稳定、坚固,在荷载作用下,其顶面的沉降应控制在 2mm 以内。梁段的存放场地应平整,承载力应满足要求,支垫位置应与吊点一致。 (2)节段预制前,应在预制场地建立精密测量的平面控制网和高程控制网,设置测量控制点、测量塔及靶标。测量控制点应设在远离热源和震动源的位置,且具有良好的通视条件,必要时应设置备用的测量控制点。 (3)节段预制时,应对其预制线形进行控制,使成桥后的线形符合设计要求。节段预制的测量控制宜采用专用线形控制软件进行。 (4)节段预制宜采用专门设计的钢模板,钢模板及其支撑除应满足强度、刚度和稳定性的要求外,尚应满足多次重复使用不变形及保证节段预制精度的要求。采用长线法预制节段时,同一连续匹配浇筑的梁段应在同一长线台座上制作;采用短线法时,应在台座上匹配预制,并应符合下列规定: ①内模系统应可调整且宜安装在可移动的台车支架上。 ②端模应垂直、牢固,外侧模与底模应能适应节段的线形变化要求。 ③模板与匹配节段的连接应紧密,不漏浆。 (5)节段钢筋宜在专用胎架上制成整体骨架后吊入模板内安装;吊装整体骨架时应设置吊架,吊点的布置应合理,且宜采用多点起吊,防止变形。对预埋件的安装和预留孔的设置,应采用定位钢筋将其准确固定;当有体外预应力钢束转向器时,其安装必须准确、可靠。

序号	项目	内容
3	悬臂拼装注意要点	(6)节段预制混凝土的性能及要求除应符合"混凝土工程施工"的规定外,尚应符合设计对其弹性模量、收缩和徐变等性能的要求。节段预制混凝土的浇筑应根据环境温度、水泥品种、外加剂、施工进度及对混凝土性能的要求等制定养护方案,总体养护时间宜不少于14d,对节段的外立面混凝土宜采用喷湿或其他适宜的方式进行养护。 (7)节段的脱模时间应符合设计规定;设计未规定时,应在混凝土强度达到设计强度的75%后方可脱模并拆除。在脱模、拆除或移动节段时,应采取措施防止损伤节段混凝土的棱角和剪力键。 (8)模板拆除后应及时对节段进行检查验收,测量其外形尺寸,并标出梁高及纵横轴线。 (9)节段的起吊、移运、存放应符合下列规定: ①节段从预制台座起吊时,混凝土的强度应符合设计规定。 ②节段移运应满足运输安全和施工安全的要求并采取措施防止对节段产生冲击或碰撞。 ③节段存放台座及其地基的承载力需提前验算,台座上叠放节段层数宜不超过两层,节段支点的位置应符合设计规定,且宜采用垫木或橡胶板等弹性支撑物进行支承。 ④节段存放时间应符合设计要求;设计未要求时,宜不少于90d。对未达到养护时间的节段,应在存放时继续养护。 (10)连续梁墩顶的梁段与墩之间应按设计要求进行临时固结,并进行必要的施工验算,且临时固结的结构和材料应满足方便、快速拆除的要求。 (11)悬臂拼装应符合下列规定: ①节段拼装前,应对预制节段的匹配面进行必要的处理并确定接缝施工工艺。拼装过程中,应跟踪监测各节段梁体的挠度变化情况,控制其中轴线及高程;当实测梁体线形与设计值有偏差时,应及时进行调整。 ②施工前应按施工荷载对起吊设备进行强度、刚度和稳定性验算,其安全系数应不小于2。节段安装前应对起吊设备进行全面安全技术验收,并分别进行1.25倍设计荷载的静载和1.1倍设计荷载的动载试验。

64

序号	项目	内容
3	悬臂拼装注意要点	③墩顶节段安装前,应在每一联梁中建立其独立的三维坐标系,对该联各墩顶节段安装的平面位置和高程进行测量放样。X、Y两个方向的放样精度宜不大于1mm,Z方向的放样精度宜不大于2mm。安装时,应对其安装精度进行严格控制。 ④墩顶梁段采用现浇方式施工时,对与其相邻的拼装起始节段的放样精度控制应符合上款的规定。 ⑤悬臂拼装时,桥墩两侧的节段应对称起吊,且保证桥墩两侧平衡受力,最大不平衡力应符合设计规定。 (12)接缝处理应符合下列规定: ①采用胶接缝的节段,涂胶前应进行试拼。胶粘剂进场后应进行力学性能及作业性能的抽检,其各项性能应满足结构设计与节段拼装的要求。节段的匹配面应平整,尘土、油脂等污染物及松散混凝土和浮浆应清除干净,涂胶前的匹配面应进行干燥处理。 ②胶粘剂宜采用机械拌和,使用过程中应连续搅拌并保持其均匀性。胶粘剂应涂抹均匀,覆盖整个匹配面,涂抹厚度宜不超过3mm。胶接缝施加临时预应力时,挤压力宜为0.2MPa,胶粘剂应在梁体的全断面被挤出,且胶接缝的挤压应在3h以内完成;施工时间超过明露时间的70%时,在固化之前应清除被挤出的胶结料。涂抹和挤压时胶粘剂应采取措施对预应力孔道的端口处进行防护,防止胶粘剂进入孔道内。 (13)节段拼装的预应力施工除应符合"预应力混凝土工程施工"的规定外,尚应符合下列规定: ①采用胶接缝的节段,拼装工作结束并经检查符合要求后,应立即施加预应力对接缝进行挤压;采用湿接缝的节段,应在接缝混凝土强度达到设计强度的80%以上时方可对其施加预应力。 ②临时预应力钢束的布置和张拉控制应力应符合设计规定,并满足多次重复张拉的作业要求;临时预应力钢束在结构永久预应力施工完成后方可拆除。 ③节段拼装完成并施加预应力后方可放松起吊吊钩,再立即对预应力孔道进行压浆和封锚。 ④梁顶面明槽内已张拉的预应力钢束应加以保护,严禁在其上堆放物体或抛物撞击

序号	项目	内容
4	悬臂拼装合龙段施工	悬臂拼装合龙段施工工艺流程:合龙段起吊就位→合龙段临时锁定→湿接缝预应力管道连接→穿合龙预应力束→安装湿接缝模板→现浇湿接缝,养护,脱模→张拉预应力束→解除临时锁定

■高频考点:顶推法施工

序号	项目	内容
1	顶推施工分类	(1)按顶推动力装置的多少分为单点顶推和多点顶推。 (2)按动力装置的类别可分为步距式顶推和连续顶推。 (3)按施加水平力的方法可分水平+竖向千斤顶法和拉杆千斤顶法。 (4)按支承系统可分临时滑道支承装置顶推施工和永久支承装置顶推施工。 (5)按顶推方向可分单向顶推和双向(相对)顶推。 (6)按箱梁节段的成形方式可分为分段顶推(预制组装、分段顶推)和阶段顶推(逐段制梁、逐段顶推)
2	顶推法施工工序	预制场建设→制作模板与安装钢导梁→顶推设备安装→预制节段→张拉预应力筋→顶推预制节段→管道压浆(循环前述第四~第七工序)→顶推就位→放松临时预应力筋及拆除辅助设备→张拉后期预应力筋→管道压浆→落梁及更换支座→桥面工程→验收

■高频考点:钢箱梁安装

序号	项目	内容
1	钢桥架设	(1)主要方法 ①自行吊机整孔架设法:适用于架设短跨径的钢板梁。 ②门架吊机整孔架设法:适用于地面或河床无水、少水,现场能修建低路堤、栈桥、上铺轨道的条件。 ③浮吊架设法:适用于河水较深、备有大吨位浮吊的条件。 ④支架架设法:适用于桥下净空不高、水深较浅的条件,可用于架设各种跨径、各种类型的钢桥。 ⑤缆索吊机拼装架设法:适用于各种地形、地质、水文条件,可架设各类梁桥、拱桥、刚构桥和加劲钢梁等。

序号	项目	内容
1	钢桥架设	⑥转体架设法:适用于地形相宜、桥下有交通通行的条件,可用于中等跨径的梁桥。 ⑦顶推滑移架设法:适用于桥头路基或引桥上能够拼装钢梁的条件,宜于短距离纵向桥梁或横移法架梁以及横移更换旧梁,可架设单孔或多孔梁桥。 ⑧拖拉架设法:适用于河滩无水或水深较浅、易于建立支墩、桥头路基或引桥上能够拼装钢梁及平移梁的条件。 ⑨浮运架设法:适用于深水河流或滨海河流处,可架设各类大跨径钢桥。 ⑩浮运拖拉与浮运平转架设法:适用于深水河流或滨海河流处,可架设各类大跨径钢桥。 ⑪悬臂拼装架设法:适用于各类地形、水文、通航、墩高等条件,是架设钢桥的主要方法之一。 (2)基本作业程序 钢桥架设基本作业程序包括杆件预拼、杆件拼装、高强度螺栓栓接、工地焊接、顶落钢梁、墩面移梁与临时支座及其转换、钢梁定位与支座安装等工序
2	大节段钢箱梁架设	(1)安装大节段钢箱梁应制定专项施工方案,应根据大节段构件的构造特点、重力、作业环境条件和起重能力等因素综合考虑选择安装方法。 (2)安装前,应对施工中使用的各种临时设施、受力装置和临时受力结构,以及吊架、吊具和索具等进行专门设计和受力分析的计算验算。 (3)运输大节段钢箱梁的船舶,应按装载和运输条件下的各种工况,对船舶的强度进行核算和加固计算,并对船体进行必要的加固处理,同时应对船舶的稳定性进行安全验算。 (4)水上运输应符合相关规范规定,根据大节段钢箱梁的构造特点,在装载、固定、航行和抛锚定位等环节采取可靠措施保证水上运输的安全。 (5)施工前应对拟安装孔跨跨径、墩台顶面高程和纵横向轴线、支座安装情况等进行复核测量,确认各项误差在允许偏差范围内,且墩台满足规定的质量标准后方可进行安装

A10 隧道开挖

■高频考点：隧道主要开挖方法

序号	项目	内容
1	一般规定	（1）公路隧道的开挖方法主要有全断面法、台阶法、环形开挖预留核心土法、中隔壁法、交叉中隔壁法及双侧壁导坑法。 （2）应根据隧道长度、跨度、结构形式、掌子面稳定性、地质条件等选择适宜的开挖方法，并根据开挖方法选择配套的机械设备。 （3）当岩石强度小于等于80MPa时，可采用单臂掘进机开挖，当岩石强度小于等于40MPa时，可采用铣挖机开挖。 （4）开挖前应核实掌子面地质情况，结合地质超前预报结果，根据地质变化情况，及时调整开挖方式和支护参数，做好各工序的衔接
2	具体方法	（1）全断面法：按设计断面一次基本开挖成形的施工方法。 （2）台阶法：先开挖上半断面，待开挖至一定距离后再同时开挖下半断面，上下半断面同时并进的施工方法。台阶法分为二台阶法、三台阶法。台阶长度一般为3～5m。 （3）环形开挖预留核心土法：先开挖上台阶成环形，并进行支护，再分部开挖中部核心土、两侧边墙的施工方法。 （4）中隔壁法（CD法）：在软弱围岩大跨隧道中，先开挖隧道的一侧，施作中隔壁墙，然后再分部开挖隧道另一侧的施工方法。 （5）交叉中隔壁法（CRD法）：是一种在中隔壁法的基础上增加临时仰拱，更快地封闭初支的施工方法。 （6）双侧壁导坑法：先开挖隧道两侧的导坑，进行初期支护，再分部开挖剩余部分的施工方法

■**高频考点：隧道开挖的要求**

序号	项目	内容
1	全断面法施工要求	(1)宜采用机械化作业,各种机械设备应合理配套。 (2)应控制一次同时起爆的单段最大爆破药量。 (3)应根据掌子面围岩稳定情况、爆破振动、钻孔和出渣效率、超挖控制等确定循环进尺;Ⅲ级围岩宜控制在3m左右,Ⅰ、Ⅱ级围岩,使用气腿式凿岩机时可控制在4m左右,使用凿岩台车时可根据围岩稳定情况适当调整
2	台阶法施工要求	(1)台阶数量和台阶高度应综合考虑隧道断面高度、机械设备及围岩稳定性等因素确定。台阶开挖高度宜为2.5～3.5m。台阶数量可采用二台阶或者三台阶,不宜大于三个台阶。 (2)上台阶开挖每循环进尺,Ⅲ级围岩宜不大于3m;Ⅳ级围岩宜不大于2榀钢架间距;Ⅴ级围岩宜不大于1榀钢架间距。Ⅳ、Ⅴ级围岩下台阶每循环进尺宜不大于2榀钢架间距。下台阶单侧拉槽长度宜不超过15m。 (3)下台阶左、右侧开挖宜前后错开3～5m,同一榀钢架两侧不得同时悬空。 (4)下部施工应减少对上部围岩、支护的干扰和破坏。 (5)下台阶应在上台阶喷射混凝土强度达到设计强度的70%以后开挖
3	环形开挖留核心土法施工要求	(1)台阶开挖高度宜为2.5～3.5m。 (2)环形开挖每循环进尺,Ⅴ级围岩宜不大于1榀钢架间距,Ⅳ级围岩宜不大于2榀钢架间距。中下台阶每循环进尺不得大于2榀钢架间距。核心土面积不小于断面面积的50%。 (3)上台阶钢架施工时,应采取有效措施控制其下沉和变形。 (4)拱部超前支护完成后,方可开挖上台阶环形导坑;留核心土长度宜为3～5m,宽度宜为隧道开挖宽度的1/3～1/2。 (5)各台阶留核心土开挖每循环进尺宜与其他分部循环进尺相一致。 (6)核心土与下台阶开挖应在上台阶支护完成且喷射混凝土强度达到设计强度的70%后进行。下台阶左、右侧开挖应错开3～5m,同一榀钢架两侧不得同时悬空。 (7)仰拱施作应紧跟下台阶,及时闭合成稳固的支护体系

序号	项目	内容
4	中隔壁法施工要求	(1)各分部开挖时,周边轮廓应圆顺。开挖进尺不得大于1榀钢架间距。 (2)初期支护完成、强度达到设计规定后方可进行下一分部开挖。 (3)当开挖形成全断面时,应及时完成全断面初期支护闭合。 (4)临时支护拆除宜在仰拱施工前进行,一次拆除长度应与仰拱浇筑长度相适用。临时支护拆除后,及时浇筑仰拱、填充仰拱、施作拱墙二次衬砌
5	交叉中隔壁法施工要求	(1)各分部开挖时,周边轮廓应圆顺。开挖进尺不得大于1榀钢架间距。 (2)初期支护完成、强度达到设计规定后方可进行下一分部开挖。每个台阶底部均应按设计规定及时施作临时钢架或临时仰拱。 (3)当开挖形成全断面时,应及时完成全断面初期支护闭合。 (4)临时支护拆除宜在仰拱施工前进行,一次拆除长度宜与仰拱浇筑长度相适用。临时支护拆除后,应及时浇筑仰拱、填充仰拱、施作拱墙二次衬砌。 (5)临时支护拆除前后,应进行变形量测
6	双侧壁导坑法施工要求	(1)侧壁导坑开挖时,周边轮廓应圆顺。导坑跨度宜为整个隧道开挖宽度的1/3。 (2)导坑与中间土体同时施工时,导坑应超前30~50m。 (3)侧壁导坑开挖后,应及时施工初期支护并尽早形成封闭环。 (4)临时支护拆除宜在仰拱施工前进行,一次拆除长度宜与仰拱浇筑长度相适用。临时支护拆除后,应及时浇筑仰拱、填充仰拱、施作拱墙二次衬砌。 (5)临时支护拆除前后,应进行变形量测
7	仰拱部位开挖要求	(1)应控制仰拱到掌子面的距离。必要时,仰拱应紧跟掌子面。 (2)仰拱开挖时,应采取交通安全措施。 (3)仰拱开挖长度:土和软岩应不大于3m,硬岩应不大于5m。开挖后应及时施作仰拱初期支护、二次衬砌及填充。 (4)应做好排水措施,清除底面积水和松渣,严禁松渣回填

序号	项目	内容
8	开挖方法转换要求	(1)转换前应进行围岩级别核对,确认开挖方法和支护参数适用于前方围岩。 (2)分部断面变大、支护变弱应在较好的围岩段中进行。 (3)转换前应进行技术交底。 (4)转换应逐渐过渡。 (5)转换过程中各开挖分部应及时支护,及时闭合

■ **高频考点：小净距及连拱隧道施工**

序号	项目	内容
1	小净距隧道施工	小净距隧道是指隧道间的中间岩墙厚度小于分离式独立双洞的最小净距的特殊隧道布置形式。常用于洞口地形狭窄或有特殊要求的中、短隧道以及长或特长隧道洞口局部地段
2	连拱隧道施工	(1)连拱隧道主要适用于洞口地形狭窄,或对两洞间距有特殊要求的中、短隧道。连拱隧道按中墙形式不同分为整体式中墙和复合式中墙两种形式。 (2)连拱隧道开挖要求: ①应考虑其埋深浅、跨度大、地质条件复杂、受雨季地表水影响大的特点。 ②宜先贯通中导洞、浇筑中隔墙,然后依次开挖主洞。中隔墙顶与中导洞初支间应用混凝土回填密实。 ③主洞开挖时,左右两洞开挖掌子面错开距离宜大于30m。 ④中隔墙混凝土模板宜使用对拉拉杆。 ⑤中隔墙混凝土施工时应加强对预埋排水和止水设施的保护。 ⑥采用导洞施工时,应对导洞围岩情况认真观察记录,并及时反馈信息,根据围岩变化情况和监控量测资料及时调整设计与施工方案,导洞宽度宜大于4m

A11　隧道支护与衬砌

■高频考点：超前支护

序号	项目	内容
1	超前锚杆施工技术要点	（1）超前锚杆主要适用于地下水较少的软弱破碎围岩的隧道工程中，如土砂质地层、弱膨胀性地层、流变性较小的地层、裂隙发育的岩体、断层破碎带、浅埋无显著偏压的隧道等，也适宜于采用中小型机械施工。 （2）超前锚杆施工技术的要点是开挖掘进前，在开挖面顶部一定范围内，沿坑道设计轮廓线，向岩体内打入一排纵向锚杆（或型钢，或小钢管），以形成一道顶部加固的岩石棚，在此棚保护下进行开挖等作业，至一定距离后（在尚未开挖的岩体中必须保留一定的超前长度），重复上述步骤，如此循环前进。 （3）超前锚杆宜采用早强砂浆锚杆，锚杆可用不小于 $\phi22$ 的热轧带肋钢筋。其超前量、环向间距、外插角等参数应视具体的施工条件而定
2	管棚和超前小导管注浆施工技术要点	（1）管棚主要适用于围岩压力来得快、来得大，对围岩变形及地表下沉有较严格限制要求的软弱破碎围岩隧道，如土砂质地层、强膨胀性地层、强流变性地层、裂隙发育的岩体、断层破碎带、浅埋有显著偏压等围岩的隧道。此外，在一般无胶结的土及砂质围岩中，可采用插板封闭较为有效；在地下水较多时，则可利用钢管注浆堵水和加固围岩。 （2）管棚的配置、形状、施工范围、管棚间隔及断面等应根据地质条件、周边环境、隧道开挖面、埋深以及开挖方法等因素来决定。管棚钢管直径一般为 $\phi70\sim180mm$，习惯上称直径大于 $\phi89mm$ 的管棚为大管棚，直径小于 $\phi89mm$ 的为中管棚。管棚按长度可分为短管棚（长度小于 10m 的小钢管）和长管棚（长度为 $10\sim40m$，直径较粗的钢管），短管棚一次超前量小，基本上与开挖作业交替进行，占用循环时间较多，但钻孔安装或顶入安装较容易。长管棚一次超前量大，单次钻孔或打入长钢管的作业时间较长，但减少了安装钢管的次数，减小了与开挖作业之间的干扰。钻孔时如出现卡钻或塌孔，应注浆后再钻，有些土质地层则可直接将钢管顶入。

序号	项目	内容
2	管棚和超前小导管注浆施工技术要点	（3）超前小导管注浆不仅适用于一般软弱破碎围岩，也适用于地下水丰富的松软围岩。但超前小导管注浆对围岩加固的范围和强度是有限的，对围岩条件特别差而变形又严格控制的隧道施工，超前小导管注浆常常作为一项主要的辅助措施，与管棚结合起来加固围岩。 （4）超前小导管注浆是在开挖掘进前，先用喷射混凝土将开挖面和5m范围内的坑道封闭，然后沿坑道周边打入带孔的纵向小导管并通过小导管向围岩注浆，待浆液硬化后，在坑道周围形成了一个加固圈，在此加固圈的防护下即可安全地进行开挖。小导管一般采用直径$\phi32\sim50mm$钢管，常用$\phi42mm$钢管，管长一般$3\sim5m$。 （5）自进式注浆锚杆（又称迈式锚杆）是将超前锚杆与超前小导管注浆相结合的一种超前措施，它是在小导管的前端安装了一次性钻头，从而将钻孔和顶管同时完成，缩短了导管安装时间，尤其适用于钻孔易坍塌的地层
3	预注浆加固围岩施工技术要点	（1）预注浆方法是在掌子面前方的围岩中将浆液注入，从而提高了地层的强度、稳定性和抗渗性，形成了较大范围的筒状封闭加固区，然后在其范围内进行开挖作业。 （2）预注浆一般可超前开挖面$30\sim50m$，可以形成有相当厚度的和较长区段的筒状加固区，从而使得堵水的效果更好，也使得注浆作业的次数减少，它更适用于有压地下水及地下水丰富的地层中，也更适用于采用大中型机械化的施工。 （3）预注浆加固围岩有洞内超前注浆、地表超前注浆和平导超前注浆三种方式。对于浅埋隧道，可以从地表向隧道所在区域打辐射状或平行状钻孔注浆；对于深埋长大隧道，可设置平行导坑，由平行导坑向正洞所在区域钻孔注浆

■高频考点：初期支护——喷射混凝土

序号	项目	内容
1	喷射混凝土工艺方法	喷射混凝土工艺有干喷法、潮喷法和湿喷法。 （1）干喷法是将水泥、砂、石在干燥状态下拌和均匀，用压缩空气送至喷嘴并与压力水混合后进行喷射的方法。因喷射速度大、粉尘污染、回弹情况较严重、质量不稳定，很多地方已禁止使用干喷法施工。

序号	项目	内容
1	喷射混凝土工艺方法	(2)潮喷法是将集料预加少量水,使之呈潮湿状,再加水泥拌和,送至喷嘴处并与压力水混合后进行喷射的方法。与干喷法相比,上料、拌和及喷射时的粉尘少,潮喷混凝土强度可达到 C20。 (3)湿喷法是将水泥、砂、石和水按比例拌和均匀,用湿喷机压送至喷嘴进行喷射的方法。湿喷法的粉尘和回弹量少,喷射混凝土的质量容易控制,但对喷射机械要求较高,机械清洗和故障处理较麻烦。目前施工现场湿喷法使用的较多
2	喷射混凝土材料规定	(1)应选用硅酸盐水泥或普通硅酸盐水泥。有特殊要求时,可采用特种水泥。采用特种水泥时应进行现场试验,强度指标满足设计要求。 (2)粗集料应采用坚硬耐久的碎石或卵石,粒径不宜大于 12mm。细集料应采用坚硬耐久的中砂或粗砂,细度模数宜大于 2.5,集料级配宜采用连续级配。 (3)外加剂应符合现行《混凝土外加剂应用技术规范》GB 50119—2013 的相关规定。 (4)应选择速凝效果好,对喷射混凝土强度和收缩影响小的速凝剂,其初凝时间应不大于 3min,终凝时间应不大于 12min。 (5)应根据水泥品种、水胶比等通过试验确定速凝剂掺量
3	喷射混凝土作业规定	(1)宜采用湿喷法。 (2)应直接喷在围岩面上,与围岩密贴,受喷面不得填塞杂物。 (3)应按初喷和复喷混凝土分别进行,复喷混凝土可分层多次施作。 (4)应分段、分片、分层由下而上顺序进行喷射,拱部喷射混凝土应对称作业。 (5)初喷混凝土厚度宜控制在 20~50mm,岩面有较大凹洼时,可结合初喷找平。 (6)复喷根据喷射混凝土设计厚度、喷射部位和钢架、钢筋网设置情况,可采用一次作业或分层作业。拱顶每次复喷不宜大于 100mm。边墙每次复喷厚度不宜大于 150mm。复喷最小厚度不宜小于 50mm。 (7)后一层应在前一层喷射混凝土终凝后进行,若终凝后初喷混凝土表面已蒙上粉尘时,后一层喷射混凝土作业前,受喷面应吹洗干净。

序号	项目	内容
3	喷射混凝土作业规定	(8)未掺入速凝剂的混合料存放时间不宜大于2h。 (9)喷射喷嘴宜垂直岩面,喷枪头到受喷面的距离宜为0.6～1.5m。喷射机工作压力宜根据混凝土塌落度、喷射距离、喷射机械、喷射部位确定,可先在0.2～0.7MPa之间选择,并根据现场试喷效果调整。 (10)不得挂模喷射。 (11)混凝土回弹物不得重新作喷射混凝土材料
4	喷射混凝土养护规定	(1)喷射混凝土与下一循环爆破作业间隔时间应符合规范要求。 (2)喷射混凝土终凝2h后,应进行养护,养护时间不应小于7d。 (3)隧道内环境日均温度低于+5℃时不得洒水养护
5	冬期施工规定	(1)喷射混凝土作业区的气温不宜低于+5℃。 (2)结冰的层面上不得进行喷射混凝土作业。 (3)喷射混凝土强度未达到6MPa前不得受冻。 (4)喷射混凝土拌和条件应符合冬期施工方案要求。喷射混凝土在洞内拌合时,喷射混凝土材料应提前运进洞内

■高频考点：锚杆

序号	项目	内容
1	锚杆钻孔规定	(1)锚杆孔宜采用锚杆钻孔机或(多臂)钻孔台车钻孔。 (2)钻孔前应按设计布置要求,标出钻孔位置,钻孔数量不得少于设计数量。 (3)系统锚杆钻孔方向应为设计开挖轮廓线方向,垂直偏差不宜大于20°。 (4)局部锚杆应与岩层层面或主要结构面成大角度相交。 (5)锚杆钻孔直径应大于锚杆杆体直径15mm。 (6)钻孔深度应满足设计要求,与设计锚杆长度允许偏差为±50mm
2	砂浆锚杆安装施工规定	(1)锚杆外露端应加工120～150mm的螺纹,锚杆前端应削尖。 (2)应配有止浆塞、垫板和螺母等配件。 (3)锚杆砂浆应拌和均匀、随拌随用,已初凝的砂浆不得使用。

序号	项目	内容
2	砂浆锚杆安装施工规定	(4)锚杆孔灌浆时,灌浆管应插至距孔底 50～100mm 处,随砂浆的灌入缓慢匀速拔出。 (5)灌浆后应及时插入锚杆杆体,锚杆杆体插到设计深度时,孔口应有砂浆流出。孔口无砂浆流出或杆体插不到设计深度时,应将杆体拔出,清孔,重新安装。 (6)应及时安装止浆塞。 (7)砂浆终凝后应及时安装垫板、螺母,垫板应紧贴岩面,垫板与岩面不平整接触时,应用砂浆填实。螺母应拧紧
3	药包锚杆安装规定	(1)药包应进行泡水检验。 (2)不应使用受潮结块的药包。 (3)药包砂浆的初凝时间应不小于 3min,终凝时间应不大于 30min。 (4)药包宜在清水中浸泡,随用随泡。 (5)药包宜采用专用工具推入钻孔内,并防止中途药包纸破裂。 (6)锚杆插到设计深度时,孔口应有浆液溢出。孔口无浆液流出或杆体插不到设计深度时,应将杆体拔出,清孔,重新安装。 (7)锚杆应安装垫板并拧紧螺母
4	中空锚杆安装规定	(1)中空锚杆应有锚头、止浆塞、中空杆体、垫板、螺母等配件。 (2)插入中空锚杆后,应安装止浆塞。止浆塞应留有排气孔。 (3)应对锚杆中孔吹气或注水疏通。 (4)待排气孔出浆后,方可停止注浆。 (5)浆体终凝后应安装垫板、拧紧螺母
5	锁脚锚杆安装规定	(1)应在钢架安装就位后立即施工。 (2)安装位置应在钢架连接钢板以上 100～300mm,采用型钢钢架时设于钢架两侧;采用格栅钢架时设在钢架主筋之间。 (3)锁脚锚杆方向应符合设计规定。 (4)锁脚锚杆杆体可采用螺纹钢或钢管,采用钢管时管内应注满砂浆。 (5)锁脚锚杆外露头与型钢钢架焊接时,可采用 U 形钢筋辅助焊接。

序号	项目	内容
5	锁脚锚杆安装规定	（6）上部台阶锁脚锚杆砂浆强度达到设计强度70％时，方可进行下一台阶开挖。 （7）锚杆孔内注浆应密实饱满、浆体强度不应低于 M20。 （8）在围岩破碎、地下水发育地段，开挖支护后，沿初期支护表面径向设注浆管，径向注浆加固地层，一般注浆管长度 3～5m，注浆管可代替系统锚杆

■**高频考点：钢支撑**

序号	项目	内容
1	一般规定	（1）钢支撑承载能力大，常常用于软弱破碎或土质隧道中，多与锚杆、喷射混凝土等共同使用。 （2）钢支撑按其材料组成可分为钢拱架和格栅钢架。 （3）"大拱脚"、围岩破碎、侧压力较大地段，可适当加大钢支撑拱脚，以提高拱脚承载力
2	钢拱架	（1）钢拱架是工字钢或钢轨制造而成的刚性拱架。这种钢拱架的刚度和强度大，可作临时支撑并单独承受较大的围岩压力，也可设于混凝土内作为永久衬砌的一部分。 （2）钢拱架的最大特点是架设后能够立即承载，因此多设在需要立即控制围岩变形的场合，在Ⅴ、Ⅵ级软弱破碎围岩中或处理塌方时使用较多。 （3）钢拱架与围岩间的空隙难以用喷射混凝土紧密充填，与喷射混凝土粘结也不好，导致钢拱架附近喷射混凝土易出现裂缝
3	格栅钢架	（1）格栅钢架是由钢筋经冷弯成形后焊接而成，其断面形状有圆形、门形、三边形、四边形等。格栅钢架断面有 3 根和 4 根主筋组成的两种形式。4 根主筋式的每根钢筋相同，在等高情况下，其抗弯和抗扭惯性矩大于 3 根主筋式。主筋直径不宜小于 22mm，并宜采用 20MnSi 或 A3 钢制成钢筋；断面高度应与喷射混凝土厚度相适应，一般为 120～180mm；主筋和联系钢筋的连接方式较多，接头形式一般由连接板焊于主筋端部，通过螺栓将两段钢架连接板紧密地连在一起的螺栓连接板接头，以及套管螺栓直接套在主筋上，将两段钢架连接在一起的套管螺栓接头。

序号	项目	内容
3	格栅钢架	(2)格栅钢架能够很好地与喷射混凝土一起与围岩密贴,喷射混凝土能够充满格栅钢架及其围岩的空隙,且能和锚杆、超前支护结构连成一体,支护效果好

■高频考点：模筑混凝土衬砌

序号	项目	内容
1	一般规定	(1)单层现浇整体式混凝土衬砌常用于Ⅱ、Ⅲ级围岩中。复合式衬砌中的二次衬砌,除了起饰面和增加安全度的作用外,也承受了在其施工后发生的外部水压,软弱围岩的蠕变压力,膨胀性地压或者浅埋隧道受到的附加荷载等。 (2)模筑混凝土的材料和级配,应符合隧道衬砌的强度和耐久性要求,同时必须重视其抗冻、抗渗和抗侵蚀性。衬砌混凝土施工前,应对隧道内地下水进行水质化验,当地下水具有中等及以上腐蚀性时,应采用防腐混凝土衬砌。 (3)模筑混凝土衬砌的施工技术要点如下:衬砌施工顺序,目前多采用由下到上、先墙后拱的顺序对称连续浇筑。在隧道纵向,则需分段进行,分段长度一般为8～12m。在全断面开挖成形或大断面开挖成形的隧道衬砌施工中,则应尽量使用金属模板台车灌注混凝土整体衬砌
2	衬砌施工的准备工作	(1)整体移动式模板台车 ①整体移动式模板台车采用大块曲模板、机械或液压脱模、背附式振捣设备集装成整体,在轨道上行走,有的设有自行设备,能缩短立模时间,墙拱连续浇筑,加快施工速度。 ②模板台车的长度即一次模筑段长度,应根据施工进度要求、混凝土生产能力和浇筑技术要求以及曲线隧道的曲线半径等条件来确定。 整体移动式模板台车的生产能力大,可配合混凝土输送泵联合作业。 (2)衬砌模板 衬砌模板应符合下列规定: ①混凝土衬砌模板及支架必须具有足够的强度、刚度和稳定性,模板不凹凸,支架不偏移、不扭曲。保证混凝土成型规整,满足多次重复使用,不变形。

序号	项目	内容
2	衬砌施工的准备工作	②浇筑混凝土前应将模板内的杂物、积水和钢筋上的油污清除干净;钢模板应涂隔离剂,木模板应用水湿润;模板接缝不应漏浆。 ③在涂刷模板隔离剂时,不应污染钢筋。 ④挡头板应按衬砌断面制作,定位准确、安装牢固,挡头板与岩壁间隙应嵌堵紧密。施工缝挡头板应设预留槽成型条,并满足止水产品要求。 (3)主洞模板 主洞模板应满足下列要求: ①隧道主洞模筑混凝土衬砌施工宜采用全断面衬砌模板台车。 ②全断面衬砌模板台车支架应有足够的强度和稳定性,便于整体移动、准确就位。 ③衬砌模板应表面光滑,接缝严密,有足够的刚度。 ④全断面衬砌模板台车模板应留振捣窗,振捣窗间距纵向不宜大于 3m,横向不宜大于 2.5m,振捣窗不宜小于0.45m×0.45m,振捣窗周边应加强,防止周边变形,窗门应平整、严密、不漏浆。 ⑤全断面衬砌模板台车就位应以隧道中线为准,按路线方向垂直架设。 ⑥顶模设置通气孔、注浆管。 (4)特殊洞室模板 特殊洞室模板应满足下列要求: ①对车行横洞、人行横洞、紧急停车带等特殊洞室,宜采用移动式模架和拼装模板施工。 ②采用拼装模板时,应采用先墙后拱或全断面浇筑,不得采用先拱后墙浇筑。 ③采用拼装模板时,拱、墙模板拱架的间距,应根据衬砌地段的围岩情况、隧道宽度、衬砌厚度及模板长度确定。 ④架设拱、墙支架和模板安装时,应位置准确,连接牢固,严防移位。围岩压力较大时,拱架、墙架应增设支撑或缩小间距。 ⑤移动式模架或拼装模板重复使用时,应注意检查,如有变形应及时修整。 ⑥在拱架外缘应采用沿径向支撑与围岩顶紧,以防混凝土浇筑时拱架变形、移位。 ⑦拱架、支架应与隧道中线垂直方向架设。拱架的螺栓、拉杆、斜撑等应安装齐全。拱架(包括模板)高程应预留沉落量,施工中应随时测量、调整

序号	项目	内容
3	混凝土施工	(1)混凝土配合比 ①混凝土拌制前,应测定砂、石含水率,根据测试结果调整施工配合比材料用量。 ②衬砌采用防水混凝土的配合比和集料级配应经试验确定,可采用防水水泥或掺加增强密实性的外加剂。 ③冬期施工的混凝土可掺加引气剂。 (2)混凝土搅拌 衬砌混凝土应采用强制式混凝土搅拌机搅拌。 (3)混凝土运输 ①混凝土拌合物在运输过程中,应保持均匀性,不应产生分层、离析、撒落及混入杂物等现象;如出现分层、离析现象,应对混凝土拌合物进行二次快速搅拌。 ②严禁在运输过程中向混凝土拌合物中加水。 ③混凝土拌合物运送到浇筑地点后,应按规定检测其坍落度。 (4)混凝土浇筑 ①混凝土浇筑应采用输送泵送料入模、均匀布料;混凝土入模温度应控制在5～32℃。 ②混凝土应从两侧边墙向拱顶、由下向上依次分层对称连续浇筑,两侧混凝土浇筑高差不应大于1.0m,同一侧混凝土浇筑面高差不应大于0.5m。 ③拱、墙混凝土应一次连续浇筑,不得采用先拱后墙浇筑,不得先浇矮边墙。 (5)混凝土振捣 ①宜采用附着式和插入式振捣相结合的方式振捣。 ②振捣不应使模板、钢筋和预埋件移位。 (6)混凝土养护 ①混凝土养护时间不得少于7d。 ②掺加引气剂或引气型减水剂时,混凝土养护时间不得少于14d。 ③隧道内空气湿度不小于90%时,可不进行洒水养护
4	仰拱衬砌、仰拱回填和垫层施工	(1)仰拱混凝土衬砌应先于拱墙混凝土衬砌施工,超前距离应根据围岩级别、施工机械作业环境要求确定,一般不宜大于拱墙衬砌浇筑循环长度的2倍。 (2)仰拱初期支护喷射混凝土及仰拱填充混凝土不得与仰拱衬砌混凝土一次浇筑。 (3)仰拱衬砌混凝土应整幅一次浇筑成型,不得左右半幅分次浇筑,一次浇筑长度不宜大于5.0m。

序号	项目	内容
4	仰拱衬砌、仰拱回填和垫层施工	(4)仰拱和仰拱填充混凝土应在其强度达到 2.5MPa 后方可拆模。 (5)仰拱、仰拱填充和垫层混凝土浇筑宜采用插入式振捣器振捣密实。 (6)仰拱填充和垫层混凝土强度达到设计强度 100%后方可允许运渣车辆通行

■高频考点：公路隧道施工安全步距要求与隧道逃生、救援规定

序号	项目	内容
1	公路隧道施工安全步距要求	隧道安全步距是指隧道仰拱或二次衬砌到掌子面的安全距离,安全步距主要由隧道围岩级别决定。公路隧道施工安全步距的要求如下: (1)仰拱与掌子面的距离,Ⅲ级围岩不得超过 90m,Ⅳ级围岩不得超过 50m,Ⅴ级及以上围岩不得超过 40m。 (2)软弱围岩及不良地质隧道的二次衬砌应及时施作,二次衬砌距掌子面的距离Ⅳ级围岩不得大于 90m,Ⅴ级及以上围岩不得大于 70m
2	隧道逃生与救援规定	(1)隧道施工应配备应急救援机械设备、监测仪器、堵漏和清洗消毒材料、交通工具、个体防护设备、医疗设备和药品、生活保障和救援物资等,应进行定期检查、维护和更新。不得挪用救援物资及救援设备。 (2)必须事先规划逃生路线,并在隧道适当位置设置避难、急救场所,避难处应准备足够数量的逃生设备、救护器械和生活保障品等。 (3)隧道内交通道路及开挖作业等重要场所必须设置安全应急照明和应急逃生标志,并安装有应急照明装置的报警系统装置,应急照明应有备用电源并保证光照度符合要求。 (4)隧道施工应建立兼职救援队伍。 (5)隧道通风、供水及供电设备应纳入正常工序管理并设专人负责。施工过程中应加强通风效果检测,供水供电管道、线路应通畅,同时应设置备用设备和备用电源。 (6)软弱围岩隧道开挖掌子面至二次衬砌之间应设置逃生通道,随开挖进尺不断前移,逃生通道距离开挖掌子面不得大于 20m。逃生通道的刚度、强度及抗冲击能力应满足安全要求,逃生通道内径不宜小于 0.8m。 (7)长、特长及高风险隧道应设报警系统及逃生设备、临时急救器械和应急生活保障品等

A12　公路建设市场管理

■**高频考点：《公路工程设计施工总承包管理办法》的主要规定**

序号	项目	内容
1	总承包单位选择及合同要求	（1）总承包单位由项目法人依法通过招标方式确定。项目法人负责组织公路工程总承包招标。公路工程总承包招标应当在初步设计文件获得批准并落实建设资金后进行。 （2）总承包单位应当具备以下要求： ①同时具备与招标工程相适应的勘察设计和施工资质，或者由具备相应资质的勘察设计和施工单位组成联合体。 ②具有与招标工程相适应的财务能力，满足招标文件中提出的关于勘察设计、施工能力、业绩等方面的条件要求。 ③以联合体投标的，应当根据项目的特点和复杂程度，合理确定牵头单位，并在联合体协议中明确联合体成员单位的责任和权利。 ④总承包单位（包括总承包联合体成员单位，下同）不得是总承包项目的初步设计单位、代建单位、监理单位或以上单位的附属单位。 （3）总承包招标文件的编制应当使用交通运输部统一制定的标准招标文件。在总承包招标文件中，应当对招标内容、投标人的资格条件、报价组成、合同工期、分包的相关要求、勘察设计与施工技术要求、质量等级、缺陷责任期工程修复要求、保险要求、费用支付办法等作出明确规定。 （4）总承包招标应当向投标人提供初步设计文件和相应的勘察资料，以及项目有关批复文件和前期咨询意见。 （5）总承包投标文件应当结合工程地质条件和技术特点，按照招标文件要求编制。 （6）招标人应当合理确定投标文件的编制时间，自招标文件开始发售之日起至投标人提交投标文件截止时间止，不得少于60d。 （7）项目法人和总承包单位应当在招标文件或者合同中约定总承包风险的合理分担。除项目法人承担的风险外，其他风险可以约定由总承包单位承担。

序号	项目	内容
1	总承包单位选择及合同要求	（8）总承包费用或者投标报价应当包括相应工程的施工图勘察设计费、建筑安装工程费、设备购置费、缺陷责任期维修费、保险费等。总承包采用总价合同，除应当由项目法人承担的风险费用外，总承包合同总价一般不予调整。项目法人应当在初步设计批准概算范围内确定最高投标限价
2	总承包管理	（1）项目法人应当依据合同加强总承包管理，督促总承包单位履行合同义务，加强工程勘察设计管理和地质勘察验收，严格对工程质量、安全、进度、投资和环保等环节进行把关。项目法人对总承包单位在合同履行中存在过失或偏差行为，可能造成重大损失或者严重影响合同目标实现的，应当对总承包单位法人代表进行约谈，必要时可以依据合同约定，终止总承包合同。 （2）总承包单位应当按照合同规定和工程施工需要，分阶段提交详勘资料和施工图设计文件，并按照审查意见进行修改完善。施工图设计应当符合经审批的初步设计文件要求，满足工程质量、耐久和安全的强制性标准和相关规定，经项目法人同意后，按照相关规定报交通运输主管部门审批。施工图设计经批准后方可组织实施。 （3）项目法人根据建设项目的规模、技术复杂程度等要素，依据有关规定程序选择社会化的监理开展工程监理工作。监理单位应当依据有关规定和合同，对总承包施工图勘察设计、工程质量、施工安全、进度、环保、计量支付和缺陷责任期工程修复等进行监理，对总承包单位编制的勘察设计计划、采购与施工的组织实施计划、施工图设计文件、专项技术方案、项目实施进度计划、质量安全保障措施、计量支付、工程变更等进行审核。 （4）工程永久使用的大宗材料、关键设备和主要构件可由项目法人依法招标采购，也可由总承包单位按规定采购。招标人在招标文件中应当明确采购责任。由总承包单位采购的，应当采取集中采购的方式，采购方案应当经项目法人同意，并接受项目法人的监督。 （5）总承包工程应当按照招标文件明确的计量支付办法与程序进行计量支付。当采用工程量清单方式进行管理时，总承包单位应当依据交通运输主管部门批准的施工图设计文件，按照各分项工程合计总价与合同总价一致的原则，调整工程量清单，经项目法人审定后作为支付依据；工程实施中，按照清单及合同条款约定进行计量支付；项目完成后，总承包单位应当根据调整后最终的工程量清单编制竣工文件和工程决算。

序号	项目	内容
2	总承包管理	(6)总承包工程实施过程中需要设计变更的,较大变更或者重大变更应当依据有关规定报交通运输主管部门审批。一般变更应当在实施前告知监理单位和项目法人,项目法人认为变更不合理的有权予以否定。任何设计变更不得降低初步设计批复的质量安全标准,不得降低工程质量、耐久性和安全度。设计变更引起的工程费用变化,按照风险划分原则处理。其中,属于总承包单位风险范围的设计变更(含完善设计),超出原报价部分由总承包单位自付,低于原报价部分,按第(5)条规定支付。属于项目法人风险范围的设计变更,工程量清单与合同总价均调整,按规定报批后执行。项目法人应当根据设计变更管理规定,制定鼓励总承包单位优化设计、节省造价的管理制度

■高频考点:《公路工程施工分包管理办法》的主要规定

序号	项目	内容
1	管理职责	(1)发包人应当按照《公路工程施工分包管理办法》规定和合同约定加强对施工分包活动的管理,建立健全分包管理制度,负责对分包的合同签订与履行、质量与安全管理、计量支付等活动监督检查,并建立台账,及时制止承包人的违法分包行为。 (2)除承包人设定的项目管理机构外,分包人也应当分别设立项目管理机构,对所承包或者分包工程的施工活动实施管理。项目管理机构应当具有与承包或者分包工程的规模、技术复杂程度相适应的技术、经济管理人员,其中项目负责人和技术、财务、计量、质量、安全等主要管理人员必须是本单位人员
2	分包的条件	(1)承包人可以将适合专业化队伍施工的专项工程分包给具有相应资格的单位。不得分包的专项工程,发包人应当在招标文件中予以明确。分包人不得将承接的分包工程再进行分包。 (2)承包人对拟分包的专项工程及规模,应当在投标文件中予以明确。未列入投标文件的专项工程,承包人不得分包。但因工程变更增加了有特殊性技术要求、特殊工艺或者涉及专利保护等的专项工程,且按规定无须再进行招标的,由承包人提出书面申请,经发包人书面同意,可以分包

序号	项目	内容
3	合同管理	（1）承包人有权依据承包合同自主选择符合资格的分包人。任何单位和个人不得违规指定分包。 （2）承包人和分包人应当按照交通运输主管部门制定的统一格式依法签订分包合同，并履行合同约定的义务。分包合同必须遵循承包合同的各项原则，满足承包合同中的质量、安全、进度、环保以及其他技术、经济等要求。承包人应在工程实施前，将经监理审查同意后的分包合同报发包人备案。 （3）承包人应当建立健全相关分包管理制度和台账，对分包工程的质量、安全、进度和分包人的行为等实施全过程管理，按照《公路工程施工分包管理办法》规定和合同约定对分包工程的实施向发包人负责，并承担赔偿责任。分包合同不免除承包合同中规定的承包人的责任或者义务。 （4）分包人应当依据分包合同的约定，组织分包工程的施工，并对分包工程的质量、安全和进度等实施有效控制。分包人对其分包的工程向承包人负责，并就所分包的工程向发包人承担连带责任
4	行为管理	（1）承包人未在施工现场设立项目管理机构和派驻相应人员对分包工程的施工活动实施有效管理，并且有下列情形之一的，属于转包： ①承包人将承包的全部工程发包给他人的。 ②承包人将承包的全部工程肢解后以分包的名义分别发包给他人的。 ③法律、法规规定的其他转包行为。 （2）有下列情形之一的，属于违法分包： ①承包人未在施工现场设立项目管理机构和派驻相应人员对分包工程的施工活动实施有效管理的。 ②承包人将工程分包给不具备相应资格的企业或者个人的。 ③分包人以他人名义承揽分包工程的。 ④承包人将合同文件中明确不得分包的专项工程进行分包的。 ⑤承包人未与分包人依法签订分包合同或者分包合同未遵循承包合同的各项原则，不满足承包合同中相应要求的。 ⑥分包合同未报发包人备案的。 ⑦分包人将分包工程再进行分包的。

序号	项目	内容
4	行为管理	⑧法律、法规规定的其他违法分包行为。 （3）按照信用评价的有关规定，承包人和分包人应当互相开展信用评价，并向发包人提交信用评价结果。发包人应当对承包人和分包人提交的信用评价结果进行核定，并且报送相关交通运输主管部门。交通运输主管部门应当将发包人报送的承包人和分包人的信用评价结果纳入信用评价体系，对其进行信用管理。 （4）发包人应当在招标文件中明确统一采购的主要材料及构、配件等的采购主体及方式。承包人授权分包人进行相关采购时，必须经发包人书面同意。 （5）为确保分包合同的履行，承包人可以要求分包人提供履约担保。分包人提供担保后，如要求承包人同时提供分包工程付款担保的，承包人也应当予以提供。 （6）分包人有权与承包人共同享有分包工程业绩。分包人业绩证明由承包人与发包人共同出具。分包人以分包业绩证明承接工程的，发包人应当予以认可。分包人以分包业绩证明申报资质的，相关交通运输主管部门应当予以认可。劳务合作不属于施工分包。劳务合作企业以分包人名义申请业绩证明的，承包人与发包人不得出具

A13　投标报价编制

■高频考点：投标报价的计算方式

序号	项目	内容
1	投标报价的组成	投标报价的组成主要有直接费、措施费、企业管理费、利润、规费、税金和风险费等
2	标价的计算	投标报价计算有工料单价计算法和综合单价计算法两种
3	标价分析	标价分析评估可从以下几个方面进行： （1）标价的宏观审核。 （2）标价的动态分析。 （3）标价的盈亏分析

A14 公路工程质量数据统计分析方法及应用

■高频考点：路基工程质量检验——实测项目

序号	项目	内容
1	土方路基	压实度(△)、弯沉值(△)、纵断高程、中线偏位、宽度、平整度、横坡、边坡
2	填石路基	压实度(△)、弯沉值(△)、纵断高程、中线偏位、宽度、平整度、横坡、边坡坡度和平顺度
3	砌体、片石混凝土挡土墙	(1)浆砌挡土墙实测项目:砂浆强度(△)、平面位置、墙面坡度、断面尺寸(△)、顶面高程、表面平整度。 (2)干砌挡土墙实测项目:平面位置、墙面坡度、断面尺寸(△)、顶面高程、表面平整度。 (3)片石混凝土挡土墙实测项目:混凝土强度(△)、平面位置、墙面坡度、断面尺寸(△)、顶面高程、表面平整度

注：对结构安全、耐久性和主要使用功能起决定性作用的检查项目为关键项目，叙述以"△"标识（以下同）。关键项目的合格率不得低于95%（机电工程为100%）；有规定极值的检查项目，任一单个检测值不应突破规定极值，否则该检查项目为不合格；一般项目，合格率应不低于80%。

■高频考点：路面工程质量检验——实测项目

序号	项目	内容
1	基层和底基层	(1)稳定土基层和底基层实测项目有:压实度(△)、平整度、纵断高程、宽度、厚度(△)、横坡、强度(△)。 (2)级配碎(砾)石基层和底基层实测项目有:压实度(△)、弯沉值、平整度、纵断高程、宽度、厚度(△)、横坡
2	水泥混凝土面层	弯拉强度(△)、板厚度(△)、平整度、抗滑构造深度、横向力系数 SFC、相邻板高差、纵横缝顺直度、中线平面偏位、路面宽度、纵断高程、横坡、断板率
3	沥青混凝土面层和沥青碎(砾)石面层	矿料级配(△)、沥青含量(△)、马歇尔稳定度、压实度(△)、平整度、弯沉值、渗水系数、摩擦系数、构造深度、厚度(△)、中线平面偏位、纵断高程、宽度及横坡

■高频考点：桥梁工程质量检验——实测项目

序号	项目	内容
1	桥梁总体	桥面中线偏位、桥面宽(含车行道和人行道)、桥长、桥面高程
2	钻孔灌注桩	混凝土强度(△)、桩位、孔深(△)、孔径、钻孔倾斜度、沉淀厚度、桩身完整性(△)
3	混凝土扩大基础	混凝土强度(△)、平面尺寸、基础底面高程、基础顶面高程、轴线偏位
4	钢筋加工及安装	受力钢筋间距(△)，箍筋、构造钢筋、螺旋筋间距，钢筋骨架尺寸，弯起钢筋位置、保护层厚度(△)
5	预应力筋加工和张拉	(1)钢丝、钢绞线先张法实测项目：镦头钢丝同束长度相对差、张拉应力值(△)、张拉伸长率(△)、同一构件内断丝根数不超过钢丝总数的百分数、预应力筋张拉后在横断面上的坐标、无粘结段长度。 (2)后张法实测项目：管道坐标、管道间距(包含同排和上下层)、张拉应力值(△)、拉伸长率(△)、断丝滑丝数
6	承台等大体积混凝土结构	混凝土强度(△)、平面尺寸、结构高度、顶面高程、轴线偏位和平整度
7	混凝土墩、台	(1)现浇墩、台身实测项目：混凝土强度(△)、断面尺寸、全高竖直度、顶面高程、轴线偏位(△)、节段间错台、平整度、预埋件位置。 (2)现浇墩、台帽或盖梁实测项目：混凝土强度(△)、断面尺寸、轴线偏位、顶面高程、支座垫石预留位置、平整度
8	就地浇筑梁、板	混凝土强度(△)、轴线偏位、梁(板)顶面高程、断面尺寸(△)、长度、与相邻梁段间错台、横坡、平整度
9	预制和安装梁、板	(1)梁、板或梁段预制实测项目：混凝土强度(△)、梁长度、断面尺寸(△)、平整度、横系梁及预埋件位置、横坡、斜拉索锚面。 (2)梁、板安装实测项目：支座中心偏位、梁、板顶面高程，相邻梁、板顶面高差

序号	项目	内容
10	悬臂施工梁	(1)悬臂浇筑梁的实测项目:混凝土强度(△)、轴线偏位、顶面高程、断面尺寸(△)、合龙后同跨对称点高程差、顶面横坡、平整度、相邻梁段间错台。 (2)悬臂拼装梁的实测项目:合龙段混凝土强度(△)、轴线偏位、顶面高程、合龙后同跨对称点高程差、相邻梁段间错台
11	混凝土桥面铺装	(1)水泥混凝土桥面铺装实测项目:混凝土强度(△)、厚度、平整度、横坡、抗滑构造深度。 (2)沥青混凝土桥面铺装实测项目:压实度(△)、厚度、平整度、渗水系数、横坡、抗滑构造深度

■**高频考点:隧道工程质量检验——实测项目**

序号	项目	内容
1	隧道总体质量检验	车行道宽度、内轮廓宽度、内轮廓高度(△)、隧道偏位、边坡或仰坡坡度
2	喷射混凝土	喷射混凝土强度(△)、喷层厚度、喷层与围岩接触状况(△)

■**高频考点:交通安全设施质量检验——实测项目**

序号	项目	内容
1	交通标志	标志面反光膜逆反射系数(△)、标志板下缘至路面净空高度、柱式标志板、悬臂式和门架式标志立柱的内边缘距土路肩边线距离、立柱竖直度、基础顶面平整度、标志基础尺寸
2	交通标线	标线线段长度、标线宽度、标线厚度(△)、标线横向偏位、标线纵向间距、逆反射亮度系数(△)、抗滑值
3	波形梁钢护栏	波形梁板基底金属厚度(△)、立柱基底金属壁厚(△)、横梁中心高度(△)、柱中距、立柱竖直度、立柱外边缘距土路肩边线距离、立柱埋置深度、螺栓终拧扭矩
4	混凝土护栏	护栏断面尺寸、钢筋骨架尺寸、横向偏位、基础厚度、护栏混凝土强度(△)、混凝土护栏块件之间的错位

序号	项目	内容
5	隔离栅和防落物网	高度、刺钢丝的中心垂度、立柱中距、立柱竖直度、立柱埋置深度
6	轮廓标	安装角度、反射器中心高度、柱式轮廓标竖直度
7	防眩设施	安装高度(△)、防眩板设置间距、竖直度、防眩网网孔尺寸

A15　公路工程标后预算编制

■高频考点：标后预算编制方法

序号	项目	内容
1	直接费	(1)人工费的计算 ①人工费是指直接从事建筑安装的生产工人开支的各项费用。生产工人主要指钢筋工、混凝土工、辅助工、普工等。人工费的测算方法根据项目经理部的管理模式确定。 ②如果采取内部班组承包形式或者劳务分包形式的，可以根据市场行情和合同谈判情况，测算分包单价。 人工费＝承包(分包)单价×承包(分包)工程量 ③如果项目经理部自己组织施工的，可按施工组织设计配备的生产工人数量、辅助生产工人数量和计划工期，结合其月平均工资和工资附加费进行测算。 人工费＝(月平均工资＋工资附加费)×用工数量×计划工期(月) (2)材料费计算 ①材料费是指施工过程中耗用的构成工程实体的各种原材料、辅助材料、构(配)件零件、半成品、成品的用量以及周转材料摊销量，根据工程所在地的材料市场价格确定，材料预算价格由材料原价、运杂费、场外运输损耗、采购及保管费组成，其中材料原价、运杂费按不含增值税(可抵扣进项税额)的价格确定。 ②具体计算公式为： 工程实体材料费用＝Σ(工程实体各种材料消耗×相应材料单价)

序号	项目	内容
1	直接费	钢筋、钢绞线、型钢、管钢等材料消耗量＝设计图纸的设计工程量×（1＋经验损耗率） 混合料中各种原材料消耗量＝设计图纸的设计工程量×工地实验室的生产配合比中该材料所占的比率×（1＋经验损耗率） 经验损耗率可以根据施工过的同类项目的历史经验数据确定。 材料单价＝（材料采购单价＋运杂费）×（1＋场外运输损耗率）×（1＋采购及保管费率）－包装品回收价值 周转材料摊销费＝周转材料设计数量×单价×摊销率×计划使用时间 周转材料设计数量按照实施性施工组织设计中某单项工程设计用量（如模板设计、平台设计、脚手架设计等）计算。 周转材料单价＝（材料的采购原价＋运杂费）×（1＋采购及保管费率） 周转材料摊销率按企业财务部门规定计算。 如周转材料为租赁的，则周转材料费按租赁合同的租金计算，一般计算式为： 租金＝数量×租赁单价×租赁时间 （3）机械费的计算 根据施工组织设计提供的机械设备配备情况，分租赁和自有两种情况计算机械费用。 ①自有机械 自有机械总费用＝∑某种机械型号的（不变费用＋可变费用） 机械设备种类、数量和计划使用时间按实施性施工组织设计进行计算。 不变费用包括折旧费、检修费、维护费和安拆辅助费。 折旧费＝设备原值×年折旧率×使用时间（年） 其中年折旧率按企业财务部门规定进行测算。检修费、维护费和安拆辅助费根据经验数据计算。 可变费用包括：燃油费、电费、机驾人员工资及其他费用等。可按以下方法计算： 燃油费包括汽油、柴油、重油和煤，根据各机械设备的吨·公里耗油量或小时耗油量测算总耗油量，或以经验数据测算总耗油量，再乘以各燃油料的市场单价计算。

序号	项目	内容
1	直接费	电费根据机械设备铭牌标注的额定功率和预计使用时间计量用电量,再乘以电的单价得到。 机驾人员工资总额＝(月平均工资＋工资附加费)×人数×时间 养路费机车船使用税按实际缴纳计算。 ②租赁机械 根据租赁合同确定计算方法。 A. 如果租赁合同约定机驾人员工资、油料、维修等使用费由项目经理部承担,则: 机械租赁费＝∑[(机械租赁单价＋使用费)×租赁数量×租赁时间] B. 如果租赁合同约定机驾人员工资油料维修等使用费由出租方承担,则: 机械租赁费＝∑(机械租赁单价×租赁数量×租赁时间)
2	设备购置费	设备购置费是为满足公路初期运营、管理需要购置的构成固定资产标准的设备和虽低于固定资产标准但属于设计明确列入设备清单的设备费用,包括渡口设备,隧道照明、消防、通风的动力设备,公路监控、收费、通信、路网运行监测、供配电及照明设备等
3	措施费	措施费是指直接费以外施工过程中发生的直接用于工程的费用。其内容包括冬期施工增加费、雨期施工增加费、夜间施工增加费、特殊地区施工增加费、行车干扰工程施工增加费、施工辅助费、工地转移费等内容。编制标后预算时,应根据项目可能遇到的实际情况,并结合实施性施工组织设计中的相关内容进行估算,也可以参考企业的相关费用定额进行计算
4	专项费用	专项费用包括施工场地建设费和安全生产费
5	现场管理费	现场管理费是指企业在现场为组织和管理工程施工所需要的费用,是企业管理费中的一部分

A16 公路工程施工项目安全管理措施

■高频考点：路基工程施工安全管理措施

序号	项目	内容
1	路基挖方工程	(1)取土场(坑)： ①取土场(坑)的边坡、深度等应满足设计要求,且不得危及周边建(构)筑物等既有设施的安全。 ②取土场(坑)底部应平顺并设有排水设施,取土场(坑)周围应设置警示标志和安全防护设施,宜设置夜间警示和反光标识。 ③地面横向坡度陡于1∶10的区域,取土坑应设在路堤上侧。 ④取土坑与路基间的距离应满足路基边坡稳定的要求,取土坑与路基坡脚间的护坡道应平整、密实,表面应设1%～2%向外倾斜的横坡。 (2)路堑开挖： 应采取保证边坡稳定的措施,边坡有防护要求的应开挖一级防护一级,且应自上而下开挖,不得掏底开挖、上下同时开挖、乱挖超挖。开挖应按施工方案执行,并应符合下列规定： ①宜按规定监测土体稳定性。 ②应采取临时排水措施。 ③应及时排除地表水,清除不稳定孤石。 (3)路基高填方路堤施工规定： ①路堤预留宽度应符合设计要求。 ②应及时施作边坡临时排水设施。 ③作业区边缘应设置明显的警示标志。 ④应进行位移监测。 (4)靠近结构物处挖土应采取安全防护措施。路基范围内暂时不能迁移的结构物应预留土台,并应设警示标志
2	特殊路基	(1)滑坡地段路基 ①路基施工应加强对滑坡区内其他工程和设施的保护。滑坡区内有河流时,施工不得使河流改道或压缩河道。 ②滑坡影响范围应设安全警示标志,根据现场情况设置围挡等防护措施。

序号	项目	内容
2	特殊路基	③滑坡影响范围内不得设置临时生产、生活设施或停放机械、堆放机具等。 ④施工前应先做好截、排水设施，并应随开挖随铺砌。施工用水不得浸入滑坡地段。 ⑤滑坡体上开挖路基和修筑抗滑支挡构筑物时，应分段跳槽开挖，不得大段拉槽开挖，并随挖、随砌、随填、随夯；开挖与砌筑时应加强支撑和临时锚固，并监测其受力状态；采用抗滑桩挡土墙共同支挡时，应先做抗滑桩后做挡土墙。 ⑥冰雪融化期不得开挖滑坡体，雨后不得立即施工，夜间不得施工。 （2）崩塌与岩堆地段 ①施工前应对影响范围进行评估，并应对既有建（构）筑物和交通设施等采取相应的安全防护或迁移措施。 ②施工前应先清理危岩，并根据现场情况修建拦截建（构）筑物等防护措施。防治工程应及时配套完成。 ③刷坡时应明确刷坡范围，并设置围挡和警示标志。 ④爆破开挖时应采取控制爆破技术，并加强现场防护及爆破后的检查。 （3）岩溶地区 ①施工前应根据洞穴的位置和分布情况，设置明显的警示标志和防护设施。 ②洞内存在有害气体和物质未排除前人员不得进入。不稳定洞穴应采取临时支撑等安全措施。 ③应先疏导、引排对路基稳定有影响的岩溶水、地面水。 ④注浆处理时，应观测注浆压力和周边情况，发现异常应及时采取相应措施。 （4）采空区 ①施工前应在施工现场对采空区塌陷影响范围进行标识，并设置警示标志，规定作业人员和施工机械作业范围。 ②路基边沟及排水沟底部，应采取防止地表水渗漏到采空区内的措施。 （5）沿江、河、水库 ①沿河、沿溪地区的高填方、半挖半填、拓宽路段的新老交界面应按设计要求采取保证路基稳定的措施，峡谷地段宜采用石质填料。 ②汛期应采取防洪措施。

序号	项目	内容
2	特殊路基	(6)雪崩区 在同一个雪崩区,防雪工程应自雪崩源头开始施工。上一个单项工程未完成时,相邻的下一个单项工程不得施工。 (7)泥石流地区 泥石流地区施工取土和弃土应避开泥石流影响
3	路堑高边坡施工风险控制措施	(1)在施工前进行实地调查,及早发现老滑坡、潜在滑坡等新情况,完善设计方案和工程措施;在施工过程中及时监测、掌握地质信息,避免边坡失稳事故发生。 (2)开挖前做好坡顶截水沟、临时排水沟,坡顶和各级平台不得有积水。开挖中遇到地下水出露时,必须先做好排水后开挖。 (3)在滑坡体上开挖土方应按照从上向下开挖一级加固一级的顺序施工,对滑坡体加固可按照从滑体边缘向滑体中部逐步推进加固、分段跳槽开挖施工,当开挖一级边坡仍不能保证稳定时应分层开挖分层、加固。 (4)有加固工程的土质边坡在开挖后应在1周内完成加固,其他类型边坡开挖后应尽快完成加固工程,不能及时完成加固的应暂停开挖。 (5)人员不在机械作业范围内交叉施工,上方机械挖方施工下方不得有人。挖土机的铲斗不能从运土车驾驶室顶上越过。不得用铲斗载人。 (6)施工车辆保证良好状况;合理确定土方装、运顺序和行驶路线;人车不混行;维修加固运土便道;大风、大雨、浓雾、雷电时应暂停施工。 (7)高边坡上作业人员应系安全带,施工人员身体不适、喝酒后不得上高边坡作业。 (8)边坡上施工机械,应与边缘保持足够的安全距离。出现不稳定现象(如裂缝、局部塌方)时,及时撤离。下雨、停工休息时机械撤到安全区域停放妥当。 (9)爆破器材运输保管施工操作等应按有关规定严格执行,雷雨季节应采用非电起爆法。 (10)采取浅孔少装药、松动爆破等飞石少的方法,放炮前设专人警戒,定时爆破,不得用石块覆盖炮孔,爆破后15min后才能进入现场,按规定检查和处理盲炮,检查处理危石

序号	项目	内容
4	预应力锚固施工风险控制措施	（1）锚索钻孔注浆后，要立即施工外部框架等结构，及时张拉，对边坡形成有效锚固作用。 （2）钻孔后要清孔，锚索入孔后1h内注浆。采用二次注浆加大锚固力。正式施工前应进行锚固力基本试验，对锚固力较小的地层应加大钻孔孔径和锚固段长度。 （3）钻机机手与配合人员之间要分工明确，协调配合，防止机械旋转部分挤、夹、绞伤手指。 （4）切割机安放稳固，由专人操作，戴安全帽、防护镜。切割时前方不得站人，外露旋转部分要安装防护罩。 （5）锚索张拉时，千斤顶后区域严禁站人。 （6）钻机施工平台脚手架采用钢管和扣件搭设，脚手架立杆应置于稳定的岩土体上，立杆底部应水平并支垫木板防滑。 （7）脚手架高度在10～15m时，应设置一组（4～6根）缆风索，每增高10m再增加1组，缆风索的地锚应牢固。 （8）经常检查脚手架完好性，发现扣件松动、钢管损坏、架子整体变形等不安全状况时要立即停止施工，加固完善后再施工。 （9）混凝土模板用钢管加固，与边坡岩体连接牢固，施工时下方不得站人。 （10）风管、送浆泵应架空，地面摆放时应避免车辆碾压和落石砸破

■高频考点：路面工程施工安全管理措施

序号	项目	内容
1	沥青混凝土路面	（1）封层、透层、粘层施工应符合下列规定： ①喷洒前应做好检查井、闸井、雨水口的安全防护。 ②洒布机具洒布沥青时，喷头不得朝外，喷头10m范围内不得站人，不得逆风作业。 （2）沥青储存地点应配备灭火器、消防砂等消防设施，并应设置警示标志。 （3）沥青脱桶、导热油加热沥青作业应采取防火、防烫伤措施。 （4）沥青混合料拌和作业应符合下列规定： ①拌和作业开机前应警示，拌合机前不得站人，拌和过程中人员不得跨越皮带或调整皮带运输机。

序号	项目	内容
1	沥青混凝土路面	②拌合机点火失效时,应关闭喷燃器油门,并应通风清吹后再行点火。 ③拌和过程中人员不得在石料溢流管、升起的料斗下方站立或通行。 ④沥青罐内检查不得使用明火照明。 ⑤沥青拌合站应配备灭火器、消防砂等消防设施。 (5)整平和摊铺作业应临时封闭交通,设明显警示标志,下承层内的各类检查井口应稳固封盖,辅助作业人员应面向压路机方向作业,设备之间应保持安全距离。 (6)碾压作业应符合下列规定: ①多台压路机同时作业时,各机械之间应保持安全距离。 ②作业人员应在行驶机械后方清除轮上黏附物。 ③碾压区内人员不得进入,确需人员进入的应安排专人监护
2	水泥混凝土路面	(1)混凝土拌和前应确认搅拌、供料、控制等系统运行正常。 (2)维修、保养或检查清理搅拌系统、供料系统应封闭下料门、切断电源、锁定安全保护装置,悬挂"严禁合闸"安全警示标志,并派专人看守。 (3)混凝土浇筑过程中应检查模板、支架、钢筋骨架的稳定、变形情况。发现异常,应立即停止作业,并应整修加固。 (4)混凝土养护应符合下列规定: ①覆盖养护时,预留孔洞周围应设置安全护栏或盖板,并应设置安全警示标志,不得随意挪动。 ②洒水养护时,应避开配电箱和周围的电气设备。 (5)摊铺作业布料机与振平机应保持安全距离。 (6)切缝、刻槽作业范围应设警戒区

■高频考点:高处作业安全管理措施

序号	项目	内容
1	安全防护技术措施	在进行高处作业时,除了满足前面提到的高空作业相关要求以外,还应该结合工程特点,制定各种相应的安全防护技术措施,主要包括:

序号	项目	内容
1	安全防护技术措施	(1)高处作业应符合《建筑施工高处作业安全技术规范》JGJ 80—2016 的有关规定。 (2)高处作业不得同时上下交叉进行。 (3)高处作业下方警戒区设置应符合《高处作业分级》GB/T 3608—2008 的有关规定。 (4)高处作业人员不得沿立杆或栏杆攀登。高处作业人员应定期进行体检。 (5)高处作业场所临边应设置安全防护栏杆
2	安全网规定	安全网质量应符合《安全网》GB 5725—2009 的规定，并应符合下列规定： (1)安全网安装应系挂安全网的受力主绳。安装和使用安全网不得系挂网格绳。安装完毕应进行检查、验收。 (2)安全网安装或拆除应根据现场条件采取防坠落安全措施。 (3)作业面与坠落高度基准面高差超过 2m 且无临边防护装置时，临边应挂设水平安全网。作业面与水平安全网之间的高差不得超过 3.0m，水平安全网与坠落高度基准面的距离不得小于 0.2m
3	安全带规定	安全带使用除应符合《坠落防护 安全带》GB 6095—2021 的规定外，还应符合下列规定： (1)安全带应定期检验，使用前还应进行检查。织带磨损、灼伤、酸碱腐蚀或出现明显变硬、发脆以及金属部件磨损出现明显缺陷或受到冲击后发生明显变形的，应及时报废。 (2)安全带应高挂低用并扣牢在牢固的物体上。 (3)安全带的安全绳不得打结使用，安全绳上不得挂钩。 (4)缺少或不易设置安全带吊点的工作场所宜设置安全带母索。 (5)安全带的各部件不得随意更换或拆除。 (6)安全带的安全绳有效长度不应大于 2m，有两根安全绳的安全带，单根绳的有效长度不应大于 1.2m。 (7)严禁安全绳用作悬吊绳。严禁安全绳与悬吊绳共用连接器；新更换安全绳的规格及力学性能必须符合规定，并加设绳套

序号	项目	内容
4	吊篮	吊篮作业应符合《高处作业吊篮》GB/T 19155—2017的有关规定,且应使用专业厂家制作的定型产品,不得自行制作吊篮。 (1)高处作业吊篮安装拆卸工应按照有关规定经专业机构培训,并应取得相应的从业资格。 (2)登高梯上端应固定,吊篮和临时工作台应绑扎牢靠。 (3)吊篮和工作台的脚手板必须铺平绑牢,严禁出现探头板
5	其他	(1)高处作业场所的孔、洞应设置防护设施及警示标志。 (2)高处作业上下通道应根据现场情况选用钢斜梯、钢直梯、人行塔梯,各类梯子安装应牢固可靠。 (3)脚手架的强度、刚度和稳定性应能承受施工期间可能产生的各项荷载。 (4)高处作业现场所有可能坠落的物件均应预先撤除或固定。所存物料应堆放平稳,随身作业工具应装入工具袋,不得向下抛掷拆卸的物料。 (5)雨雪季节应采取防滑措施

■**高频考点:水上作业安全管理措施**

序号	项目	内容
1	施工准备	(1)应及时了解当地气象、水文、地质等情况,掌握施工区域附近的桥梁、隧道、大坝、架空高压线、水下线管、取水泵房、危险品库、水产品养殖区以及避风锚地、水上应急救援资源等情况。 (2)开工前,应根据施工需要设置安全作业区,并办理水上水下施工作业许可证,发布航行通告。 (3)水上作业人员应正确穿戴救生衣等个人安全防护用品
2	工程船舶	(1)工程船舶必须持有效的船检证书,船员必须持与其岗位相适应的适任证书,船员配置必须满足最低安全配员要求。 (2)工程船舶应按规定配备有效的消防、救生、堵漏和油污应急设施,制订安全技术措施和应急预案,并应按规定定期演练。施工船舶应安装船舶定位设备,保证有效的船岸联系。

序号	项目	内容
2	工程船舶	（3）工程船舶甲板、通道和作业场所应根据需要设有防滑装置。施工船舶楼梯、走廊等应保持通畅,梯口、应急场所应设有醒目的安全警示标志。 （4）工程作业船舶航行或停泊时,应按规定显示号灯或号型。 （5）在狭窄水道和来往船舶频繁的水域施工时,应设专人值守通信频道。 （6）遇雨、雾、霾等能见度不良天气时,工程船舶和施工区域应显示规定的信号,必要时应停止航行或作业。 （7）靠泊船舶上下人或两船间倒运货物,应搭设跳板、扶手及安全网。 （8）定位船及抛锚作业船,其锚链、锚缆滚滑区域不得站人,锚缆伸出的水域应设置警示标志
3	起重船作业规定	（1）作业前,人员应熟悉吊装方案,明确联系方式和指挥信号。 （2）吊装前,吊钩升降、吊臂仰俯、制动性能良好。安全装置应正常、有效
4	打桩船作业规定	（1）打桩架上的活动物件应放稳、系牢,打桩架上的工作平台应设有防护栏杆和防滑装置。 （2）穿越群桩的前缆应选择合适位置,绞缆应缓慢操作,缆绳两侧 10m 范围内不得有工程船舶或作业人员进入。 （3）桩架底部两侧悬臂跳板的强度和刚度应满足作业要求,跳板的移动和封固装置应灵活、牢固、有效。 （4）打桩船电梯笼必须设防坠落安全装置,笼内必须设置升降控制开关。桩锤检修或加油时,严禁启动吊锤卷扬机
5	其他规定	水中围堰(套箱)和水中作业平台应设置船舶靠泊系统和人员上下通道,临边应设置高度不低于 1.2m 的防护栏杆,挂设安全网和救生圈。四周应设置警示标志和夜间航行警示灯光信号,通航密集水域应配备警戒船和应急拖轮

■高频考点：特种设备安全管理措施

序号	项目	内容
1	一般规定	（1）特种设备生产、使用单位的主要负责人应当对本单位特种设备的安全和节能全面负责。 （2）特种设备使用单位应当在设备投入使用前或者投入使用后30d内到设备所在地市以上的特种设备安全监督管理部门办理特种设备使用登记。登记标志应当置于或者附着于该特种设备的显著位置
2	特种设备定期检验	（1）特种设备使用单位应在特种设备检验合格有效期届满前1个月向特种设备检验检测机构提出定期检验要求（各特种设备的检验日期可从检验报告、合格标志查看）。 （2）起重机械报检时，必须提供保养合同、有效的作业人员证件。 （3）特种设备检验合格后，携带使用证、检验合格标志、检验报告、保养合同、保养单位的保养资质到有关主管部门办理年审换证手续
3	特种设备安全培训	（1）特种设备使用单位应当对特种设备作业人员进行特种设备安全、节能教育和培训，保证特种设备作业人员具备必要的特种设备安全、节能知识。 （2）特种设备的作业人员包括：设备的安装、维修保养、操作等人员
4	特种设备使用的相关记录	（1）特种设备日常使用状态记录（特种设备运行记录）。 （2）特种设备维护保养记录。 （3）特种设备检查记录。 （4）特种设备运行故障和事故记录。 （5）定期检验整改记录
5	特种设备现场安全管理	（1）悬挂使用登记证。特种设备使用登记证（可使用复印件）置于特种设备旁边。 （2）安全标志、标识的张贴： ①警示标志、安全注意事项。 ②禁用标志。特种设备停用后，应将设备的电源断开，在设备显眼的地方张贴"禁止使用"的标志。 （3）纳入本单位安全管理重点监控的特种设备，应在设备明显位置，标注"重点监控特种设备"。 （4）将特种设备管理制度、责任制、操作规程张贴到相应的部门、工作岗位、特种设备使用场所。

序号	项目	内容
5	特种设备现场安全管理	(5)设备安全运行情况： ①特种设备的安全附件在校验有效期内，并灵敏、可靠；特种设备在许可条件下使用，无异常情况出现。 ②特种设备作业人员持有效证件上岗(随身携带副证以备检查)，对设备运行情况及时进行记录(查验设备运行记录)，无违章作业现象。 (6)设备环境情况。设备的工作环境应整洁、明亮、通畅，符合安全环保、节能降耗的使用要求

■**高频考点：其他安全管理措施**

序号	项目	内容
1	触电事故预防管理措施	(1)施工现场应根据工程规模、场地特点、负荷性质、用电容量、供电条件等编制临时用电组织设计，经审核批准后实施。 (2)施工现场临时安装的电气设备必须符合安全用电要求，并配备专业电工管理，其他人员不得擅自接电、拉线。 (3)施工现场临时用电应实行三级配电，设置逐级回路保护，并符合《建设工程施工现场供用电安全规范》GB 50194—2014的规定。用电设备应满足"一机、一闸、一漏"的要求。 (4)配电箱、开关箱要合理设置，动力开关与照明开关箱应分别设置，并定期维修检查，避免不良环境因素损害和引发电气火灾，其装设位置应避开污染介质、外来物体撞击、强烈振动、高温、潮湿、水溅以及易燃易爆物等
2	机械伤害事故预防管理措施	(1)机械设备应按其技术性能的要求正确使用。缺少安全装置或安全装置已失效的机械设备不得使用。 (2)按规范要求对机械进行验收，验收合格后方可使用。 (3)机械操作工持证上岗，工作期间坚守岗位，按操作规程操作，遵守劳动纪律。 (4)机械设备应按时进行保养，当发现有漏保、失修或超载带病运转等情况时，机械应停止使用。处在运行和运转中的机械，严禁对其进行维修、保养或调整等作业

序号	项目	内容
3	中毒事故预防管理措施	（1）人工挖孔桩中，要进行毒气试验和配备通风设施。 （2）严禁现场焚烧有害有毒物质。 （3）工人生活设施符合卫生要求，不吃腐烂、变质食品。炊事员持健康证上岗。暑伏天要合理安排作息时间，防止中暑、脱水现象的发生
4	火灾事故预防管理措施	（1）施工现场必须设置足够的消防设备。 （2）预防监控措施： ①室外 220V 灯具距地面不得低于 3m，室内 220V 灯具距地面不得低于 2.5m。普通灯具与易燃物距离不宜小于 300mm；聚光灯等高热灯具与易燃物距离不宜小于 500mm，且不得直接照射易燃物。达不到规定安全距离时，应采取隔热措施。 ②存放易燃气体、易燃物仓库内的照明装置一定要采用防爆型设备，导线敷设、灯具安装、导线与设备连接均应满足有关规范要求
5	暴风雨预防管理措施	（1）项目部应每日了解天气情况，合理组织施工，避免降雨时在不良地段及其影响区域施工，下雨时停止在不良地质及影响范围内施工，人员应撤至安全位置。降雨后应加强对施工现场的检查巡视。 （2）施工现场由暴风雨引起伤亡事故的主要环节有：强风高处作业（阵风六级、风速 10.8～13.8m/s 以上）；基础土方施工由于无排（降）水措施导致土方边坡失稳。 （3）预防监控措施： ①基础土方施工应根据实际情况设置有效的排（降）水措施。 ②六级以上大风严禁登高作业，塔式起重机、施工电梯等应按规定安装接地保护和避雷装置
6	吊装系统倾覆管理措施	（1）梁板吊装施工需进行技术交底，加强施工作业人员的安全意识。 （2）梁板吊装系统严格按设计图纸进行施工，保证架桥机的安全性能。 （3）起吊荷载不超过设计荷载。 （4）加强现场检查，发现有安全隐患时立即处理排除

A17 公路工程施工项目事故隐患排查治理

■高频考点：安全生产事故隐患排查的目标及内容

序号	项目	内容
1	"两项达标"	(1)施工人员管理达标:施工人员用工登记、施工安全培训记录、安全技术交底记录、施工意外伤害责任保险等都要符合有关规定。 (2)施工现场安全防护达标:施工现场安全防护设施和作业人员安全防护用品都要按照规定实行标准化管理
2	"四项严禁"	(1)严禁在泥石流区、滑坡体、洪水位下等危险区域设置施工驻地。 (2)严禁违规进行挖孔桩作业,钻孔确有困难的不良地质区,设计单位要进行专项安全设计并按设计变更规定,经批准后实施。 (3)严禁长大隧道无超前预报和监控量测措施施工。 (4)严禁违规立体交叉作业
3	"五项制度"	(1)施工现场危险告知制度。按照《公路水运工程安全生产监督管理办法》,施工单位应当建立健全安全生产技术分级交底制度,明确安全技术分级交底的原则、内容、方法及确认手续。分项工程实施前,施工单位负责项目管理的技术人员应当按规定对有关安全施工的技术要求向施工作业班组、作业人员详细说明,并由双方签字确认。在施工场所应设置明显安全警示标志,在无法封闭施工的工地,还应当悬挂当日施工现场危险告示,以告知路人和社会车辆。 (2)施工安全监理制度。 (3)专项施工方案审查制度。施工单位应当依据风险评估结论,对风险等级较高的分部分项工程编制专项施工方案,并附安全验算结果,经施工单位技术负责人签字后报监理工程师批准执行。必要时,施工单位应当组织专家对专项施工方案进行论证、审核。 (4)设备进场验收登记制度。翻模、滑(爬)模等自升式架设设施,以及自行设计、组装或者改装的施工挂(吊)篮、移动模架等设施在投入使用前,施工单位应当组织有关单位进行验收,或者委托具有相应资质的检验检测机构进行验收。验收合格后方可使用。

序号	项目	内容
3	"五项制度"	(5)安全生产费用保障制度。公路水运工程安全生产专项费用根据《企业安全生产费用提取和使用管理办法》(财资〔2022〕136号)规定,不得低于建筑安装工程造价1.5%的比例计取,且不得作为竞争性报价。根据安全生产实际需要,可适当提高安全费用提取标准

■高频考点：安全生产事故隐患排查治理职责、方式和记录

序号	项目	内容
1	安全生产事故隐患排查治理职责	(1)项目施工单位是隐患排查治理的责任主体,应建立相应的工作机制,并层层落实责任人。项目施工单位的主要负责人对隐患排查治理工作全面负责。 (2)项目施工单位应定期组织开展安全生产隐患排查。公路水运工程中的深基坑、高支模、长大隧道或地质不良隧道、水(海)上作业、大型起重吊装作业以及爆破作业等技术难度大、风险高、参与人员多的施工环节应实施动态排查。对确认存在重大隐患的,在施工现场应设立风险告知牌,并对一线作业人员进行风险告知。重大隐患经项目监理单位确认后应向项目建设单位备案。项目监理、建设单位应及时主动向具有项目管辖权的交通运输主管部门报告。 (3)施工单位法定代表人、项目经理是安全生产事故隐患排查治理的第一责任人,对管理范围内安全生产事故隐患排查治理工作全面负责
2	安全生产事故隐患排查方式	(1)安全生产事故隐患排查一般采取日常安全生产检查、综合安全检查、专项安全检查等方式进行。 (2)出现下列情况时,应及时进行事故隐患排查: ①与安全生产相关的法律法规、标准规范发生变更或公布新的法律、法规、标准规范。 ②组织机构发生大的调整。 ③作业条件、设备设施、工艺技术等发生改变。 ④相关方进入、撤出。 ⑤发生事故。 ⑥重大自然灾害、极端天气、重大节假日、大型活动。 ⑦其他应当进行专项安全隐患排查的情形

序号	项目	内容
3	安全生产事故隐患排查记录	(1)对排查出的事故隐患应向责任单位下发隐患整改通知书,明确整改要求和时限。 (2)对排查出的事故隐患应分类登记,重大事故隐患现场应悬挂醒目标示牌向社会公示,并报地方县级人民政府安全监督管理部门备案

■**高频考点:事故隐患整改与验收评估**

序号	项目	内容
1	事故隐患整改	(1)一般事故隐患 由项目负责人组织相关人员立即整改。 (2)重大事故隐患 重大事故隐患应当根据需要停止使用相关设备、设施,局部停产停业或者全部停产停业。 ①必须由项目负责人组织编制"重大事故隐患治理方案"。 ②必要时应当组织专家对重大事故隐患整改治理方案进行论证,必须经项目负责人批准并进行安全技术交底后实施。 ③项目专职安全员对重大事故隐患治理过程实施全过程监督管理,必要时施工单位安全部门或技术质量部门或设备管理部门派人对重大事故隐患治理过程加强监督管理
2	验收与评估	(1)重大事故隐患治理完成后,应当组织相关技术人员或者专家或者具有相应资质的专业机构进行验收。 (2)验收人员应当对以下重大事故隐患治理完成情况进行验收,并出具结论性意见: ①与隐患整改治理方案的符合性。 ②整改过程记录(文字、图片及录像)的真实性。 ③是否产生新的隐患及等级。 (3)结论性意见应明确隐患是否消除或是已降为可接受

A18 应急管理

■**高频考点：应急管理规定**

序号	项目	内容
1	突发事件	突发事件是指突然发生,造成或者可能造成较大人员伤亡、财产损失、生态环境破坏和严重社会危害,需要采取应急处置措施予以应对的自然灾害、事故灾难、公共卫生事件和社会安全事件
2	应急管理体系	包括应急管理组织体系、应急预案体系、应急管理制度体系、应急管理信息化建设体系、应急培训演练体系、应急队伍建设体系、应急保障体系等
3	管理职责	(1)施工项目应建立应急救援组织领导机构、专(兼)职应急救援队伍,并定期组织训练。 (2)施工项目应开展应急知识教育培训,提高应急工作能力。 (3)施工项目主要负责人接到事故报告后,应当立即启动相应应急预案,迅速采取有效措施组织抢救,防止事故扩大,减少人员伤亡和财产损失
4	应急救援组织	(1)施工项目建立的专(兼)职应急救援队伍应定期组织训练,确保救援人员具备相应的应急救援能力。 (2)特大型、结构复杂、采用新技术新工艺等高风险桥梁,以及特长隧道、不良地质隧道、瓦斯隧道等高风险隧道,大型设备、设施、人员密集等场所应当建立专门的应急救援队伍
5	应急预案体系	公路工程项目生产安全事故应急预案体系一般由项目综合应急预案、合同段专项应急预案与现场处置方案组成。建设单位应组织项目参建单位,根据项目组织管理体系、建设规模和风险特点等科学、合理地确定公路工程项目应急预案体系
6	应急准备	(1)施工项目应建立预警机制,接收气象、水利、自然资源等机构发布的气象、海况、地质、水文等预警信息,及时对预警信息进行分析研判并传达给项目相关部门及人员。

序号	项目	内容
6	应急准备	（2）施工项目应有计划地开展应急宣传教育与培训工作，使从业人员熟悉应急管理要求及紧急避险措施。 （3）施工项目应开展应急资源调查，配备必要的应急救援设备、物资及器材，建立使用档案，并定期维护保养
7	预案编制	（1）建设单位应根据工程项目施工安全生产的特点与风险评估结论，编制项目综合应急预案。 （2）施工单位应结合合同段施工安全风险评估结论，编制合同段施工专项应急预案或现场处置方案，宜结合特定场所、重点岗位风险特点编制应急处置卡。 （3）建设单位和施工单位编制的应急预案应与上级单位、项目属地负有安全生产监督管理职责的交通运输管理部门和应急管理部门等相关单位的应急预案保持衔接
8	应急响应	（1）响应分级。针对事故危害程度、影响范围和单位控制事态的能力，将事故分为不同的等级。按照分级负责的原则，明确应急响应级别。 （2）响应程序。根据事故的大小和发展态势，明确应急指挥、应急行动、资源调配、应急避险、扩大应急等响应程序
9	应急预案备案	施工单位应在应急预案公布之日起 20 个工作日内，按照分级属地原则，向县级以上人民政府应急管理部门和其他负有安全生产监督管理职责的部门进行备案，并依法向社会公布
10	应急培训	施工单位应当组织开展应急预案、应急知识、自救互救和避险逃生技能的培训活动，使有关人员了解应急预案内容，熟悉应急职责、应急处置程序和措施
11	应急演练	施工单位应当制定应急预案演练计划，根据事故风险特点，应当至少每半年组织一次生产安全事故应急预案演练，并将演练情况报送所在地县级以上地方人民政府负有安全生产监督管理职责的部门
12	应急评估	（1）施工单位应当建立应急预案定期评估制度，对预案内容的针对性和实用性进行分析，并对应急预案是否需要修订作出结论。施工单位应当每 3 年进行一次应急预案评估。 （2）应急预案评估可以邀请相关专业机构或者有关专家、有实际应急救援工作经验的人员参加。必要时可以委托安全生产技术服务机构实施

A19 公路工程"两区三厂"建设

■**高频考点：办公区、生活区建设**

序号	项目	内容
1	驻地选址	(1)满足安全、实用、环保的要求,以工作方便为原则,具备便利的交通条件和通电、通水、通信条件。 (2)用地合法,周围无塌方、滑坡、落石、泥石流、洪涝等自然灾害隐患,无高频、高压电源及油、气、化工等其他污染源。 (3)离集中爆破区 500m 以外,不得占用独立大桥下部空间、河道、互通匝道区及规划的取、弃土场。 (4)进场前组织相关人员按照施工、安全和环保的要求进行现场查勘,编制选址方案
2	场地建设	(1)可自建或租用沿线合适的单位或民用房屋,但应坚固、安全、实用、美观,并满足工作和生活需求,自建房还应安装拆卸方便且满足环保要求。 (2)自建房屋最低标准为活动板房,建设宜选用阻燃材料,搭建不宜超过两层,每组最多不超过 10 栋,组与组之间的距离不小于 8m,栋与栋之间的距离不小于 4m,房间净高不低于 2.6m。驻地办公区、生活区应采用集中供暖设施,严禁电力取暖。 (3)宜为独立式庭院,四周设有围墙,有固定出入口。有条件的,可在出入口设置保卫人员。 (4)办公、生活用房建筑面积和场地面积应满足办公和生活需要。 (5)办公区、生活区及车辆、机具停放区等布局应科学合理,分区管理,合理规划人车路线,尽可能减少不同区域间的互相干扰。区内场地及主要道路应做硬化处理,排水设施完善,庭院适当绿化,环境优美整洁,生活、生产污水和垃圾集中收集处理
3	硬件实施	(1)项目部一般设项目领导办公室、各职能部门办公室、档案室、试验室、会议室等。 (2)项目部驻地办公用房面积应满足办公需要。 (3)驻地办公用房应实用、美观、隔热、通风、防潮,各室功能应满足要求

序号	项目	内容
4	其他要求	(1)驻地内消防设施应满足有关规定,在适当位置设置临时室外消防水池和消防沙池,配置相应的消防安全标识和消防安全器材,并经常检查、维护、保养。 (2)驻地内应设置消防通道,并保证消防车道的畅通,禁止在车道上堆物、堆料或挤占消防通道。 (3)驻地内使用的电气设备和临时用电应符合规定。 (4)生活污水排放应进行规划设计,设置多级沉淀池,通过沉淀过滤达到排放标准。厕所污水应通过集中独立管道进入化粪池,封闭处理。 (5)驻地内应设置一个大型垃圾堆积池,容积不小于3m×2m×1.5m,将各种垃圾集中存放,定期按环保要求处置。 (6)驻地内应设有必要的防雷设施,在条件允许情况下驻地应设置报警装置和监控设施

■高频考点:预制厂布设

序号	项目	内容
1	预制梁厂布设	(1)场地选址 ①以方便、合理、安全、经济、环保及满足工期为原则,结合施工合同段所属预制梁板的尺寸、数量、架设要求以及运输条件等情况进行综合选址。 ②应满足用地合法,周围无塌方、滑坡、落石、泥石流、洪涝等地质灾害。无高频、高压电源及其他污染源;离集中爆破区500m以外;不得占用规划的取、弃土场。 ③原则上不宜设在主线征地范围内。若确实存在用地困难等特殊情况需要将预制场设于主线征地范围内时,应报项目建设单位审批。 (2)场地布置形式 预制场的布置取决于现场的面积、地形、工程规模、安装方法、工期及机械设备情况等,条件不同,布置方法差异较大。以下是预制场的几种布置形式: ①路基外预制场。该类型预制场比较普遍,制梁区使用大型门式起重机,在路基外设置预制场。 ②路基上预制场。在其他地方设置预制场困难时,可将预制场设在路基上。要求桥头引道上有较长的平坡,并且路基比较宽(一般应大于24m),布置时首先要留足桥头架桥机的拼装场地,并偏向一侧设置梁区,以便留出道路。

序号	项目	内容
1	预制梁厂布设	③桥上预制场。桥梁施工在城市市区内时,现场没有预制场地,若在城外预制梁片,运梁十分困难,可考虑在桥墩之间拼装支架,制作安装 2～3 孔主梁,然后把施工完成的跨径部分作为预制场,并依次使预制场扩展出去。要求预制台座可活动,大梁安装采用跨墩门式起重机较方便。 (3)场地建设 ①场地建设前,施工单位应将梁场布置方案报监理工程师审批,方案内容应包含各类型梁板的台座数量、模板数量、生产能力、存梁区布置及最大存梁能力等。 ②宜采用封闭式管理,场地内应按办公区、生活区、构件加工区、制梁区和存梁区、废料处理区等科学合理设置,功能明确,标识清晰。生活区应与其他区隔开,生活用房按照驻地建设相关标准建设。 ③各项目预制场应统筹设置,建设规模和设备配备应结合预制梁板的数量和预制工期相适应。 ④场内路面宜做硬化处理,主要运输道路应采用不小于 200mm 厚的 C20 混凝土硬化,基础不好的道路应增设碎石掺石屑垫层。场内不允许积水,四周设置砖砌排水沟,并采用 M7.5 砂浆抹面。 ⑤预制梁场应尽量按照"工厂化、集约化、专业化"的要求规划、建设,每个预制梁场预制的梁板数量不宜少于 300 片。若个别受地形、运输条件限制的桥梁梁板需单独预制,规模可适当减小,但钢筋骨架定位胎膜、自动喷淋养护等设施仍应满足施工生产要求。 ⑥预制梁场钢筋加工、混凝土拌和应尽量使用合同段既有的钢筋加工场、拌合站。 ⑦预制梁板钢筋骨架应统一采用定位胎膜进行加工,并设置高强度砂浆垫块,确保钢筋保护层。 ⑧设置自动喷淋养护设备,预制梁板采用土工布包裹喷淋养护(北方地区应根据气候情况采用蒸汽保湿养护),养护水应循环使用。 (4)预制梁板台座布设 ①预制梁板的台座强度应满足张拉要求,台座尽量设置于地质较好的地基上,在不良地基路段,应先进行地基处理。为防止发生张拉台座不均匀沉降、开裂事故,影响预制梁板的质量,先张法施工的张拉台座不得采用重力式台座,应采用钢筋混凝土框架式台座。

序号	项目	内容
1	预制梁厂布设	②底模宜采用通长钢模,不得采用混凝土底模。推荐使用不锈钢底模板,钢板厚度不小于 6mm,并确保钢板平整、光滑,防止粘结造成底模"蜂窝""麻面",底模钢板应采取防止变形措施。 ③存梁区台座混凝土强度等级不低于 C20,台座尺寸应满足使用要求。用于存梁的枕梁应设在离梁两端面各 500～800mm 处,且不影响梁片吊装。支垫材质应采用承载力足够的非刚性材料,且不污染梁底。 ④梁板预制完成后,移梁前应对梁板喷涂统一标识和编号,标识内容包括预制时间、张拉时间、施工单位、梁体编号、部位名称等。 ⑤空心板、箱梁最多存放层数应符合设计文件和相关技术规范要求。设计文件无规定时,空心板叠层不得超过 3 层,小箱梁和 T 梁堆叠存放不得超过 2 层。预制梁存放时(特别是叠层存放)应采取支撑等措施确保安全稳定。 (5)其他要求 ①场站临时用电应符合《建筑与市政工程施工现场临时用电安全技术标准》JGJ/T 46—2024 的有关规定。 ②场站消防设施应满足《建设工程施工现场消防安全技术规范》GB 50720—2011 的有关规定,配置相应的消防安全标识和消防安全器材,并经常检查、维护、保养。 ③施工机械设备产生的废水、废油及污水应经过处理后排放,不得直接排入河流、湖泊或其他水域中,不得排入饮用水源附近的土地中。 ④预制梁场内标识、标牌设置明确,标识清晰
2	小型构件预制厂布设	(1)场地选址 ①小型构件预制场选址应以方便、合理、安全、经济及满足工期为原则,结合合同段工程量及运输条件综合选址。 ②应满足用地合法,周围无塌方、滑坡、落石、泥石流、洪涝等地质灾害。无高频、高压电源及其他污染源;离集中爆破区 500m 以外;不得占用规划的取、弃土场。 (2)场地建设 ①宜采用封闭式管理,场地内应按构件生产区、存放区、养护区、废料处理区等科学合理设置,功能明确,标识清晰。 ②预制场的建设规模应结合小型构件预制数量和预制工期等参数来规划,场地面积一般不小于 2000m^2。

序号	项目	内容
2	小型构件预制厂布设	③场内路面宜做硬化处理,主要运输道路应采用不小于200mm厚的C20混凝土硬化,基础不好的道路应增设碎石掺石屑垫层,场内不允许积水,四周宜设置砖砌排水沟,并采用M7.5砂浆抹面。 ④生产区根据合同段设计图纸确定的预制构件的种类设置生产线,同时配备小型拌合站1座(尽可能利用既有拌合站)。 ⑤养护区采用自动喷淋养护系统结合土工布覆盖对构件进行养护,确保构件处于湿润状态。 ⑥成品按不同规格分层堆码,堆码高度应保证安全,预制件养护期不得堆码存放,以防损伤。运输过程中应采取措施防止缺边掉角。 (3)其他要求 ①小型构件预制应选用振动台振捣,振动台电机功率应经过现场试验,对振动台的性能进行分析与比选,确定振动台的电动机功率,一般为1.2~1.5kW,振动台数量根据预制构件生产数量确定。 ②模板应使用钢模或高强度塑料模具,入模前应进行拼缝检查。对拼缝达不到要求的,辅以双面胶或泡沫剂。应选用优质隔离剂,保证混凝土外观。在周转间隙应有覆盖措施,防止雨淋、生锈、被污染

■高频考点:钢筋加工厂布设

序号	项目	内容
1	场地选址	(1)每个项目部原则上只设置1座大型钢筋加工厂,对合同段内的钢筋进行集中加工。对于线路较长的项目,综合考虑钢筋运输成本、加工成本、进度效益及系统成本,进行比选,确定钢筋加工厂的规模、数量和位置,建设数量宜控制在1~3个。 (2)钢筋加工厂选址应交通便利,尽量靠近公路和钢筋用量较集中的大型桥梁或预制场位置,并根据钢筋原材料进料路线方向和钢筋加工品的配送距离等,进行综合经济比较,以系统成本最低原则确定钢筋加工厂位置。 (3)应满足用地合法,周围无塌方、滑坡、落石、泥石流、洪涝等地质灾害。无高频、高压电源及其他污染源;离集中爆破区500m以外;不得占用规划的取、弃土场

序号	项目	内容
2	场地建设	(1)钢筋加工场内应进行区域划分,设立原材料堆放区、钢筋下料区、制作区、半成品堆放区、成品堆放区,分区转序清晰。 (2)钢筋厂进口设置在端部,出口设置在半成品堆放区域;采用全封闭大门。 (3)钢筋加工厂四周全部封闭;围挡与房顶留 0.5～1.0m 的通风口;房顶及侧墙宜增设透明采光顶;围挡四周还可多设窗户,以提高通风,窗户底高在 1.6m 以上,防止偷盗;炎热地区应增设通风设备。 (4)钢筋加工厂内应设一条不小于 4.5m 宽的通道。棚内场地应碾压密实,采用不小于 100mm 厚的 C20 水泥混凝土进行硬化;场区内道路的基础应碾压密实,设置不小于 200mm 厚的碎石或石灰改善土,采用不小于 200mm 厚的 C20 水泥混凝土进行硬化;钢筋原材堆放位置应设置混凝土加强肋;纵向每 18m 设一条预留槽用于预埋电线;若采用门式起重机,应在距离钢筋厂边缘 0.5m 左右增设龙门轨道基础。 (5)加工厂内原材料及半成品、成品的堆放应符合下列规定: ①钢筋、钢绞线、型钢等钢材必须存放在仓库或防雨棚内,地面做硬化处理,并垫高不小于 300mm,下部支点应以保证钢材不变形为原则;严禁与潮湿地面接触,不得与酸、盐、油类等物堆放一起。 ②钢筋、钢绞线、型钢等钢材应按不同品种、等级、牌号、规格及生产厂家分批验收,分别堆放,设立识别标识。 ③半成品、成品应按使用、安装次序进行分类、分批存放,堆高不超过 1200mm 并按规定做好标识。小件(散件)材料及配件宜存放于箱、盒内
3	其他要求	(1)厂内主电线全部地下埋设;每台设备设置专用空开;应设置足够的消防设施。 (2)厂内围挡粘贴钢筋加工图、钢筋加工与运输流程图、设备操作规程、安全标识牌、文明宣传标语、质量宣传标语等安全文明标识牌。 (3)钢筋厂外围四周设置环形排水设施;屋顶屋檐宽在 0.3m 以上,防止厂内飘雨。 (4)钢筋加工厂应单独配置不低于 315kV 的变压器。

序号	项目	内容
3	其他要求	(5)钢筋加工设备配置时应优先采用数控加工设备,设备配置与钢筋加工厂的规模相匹配,满足钢筋加工精度要求和高峰期进度要求,每台设备均应悬挂操作流程和标识标牌。 ①数控钢筋弯曲机,用于大批量高精度钢筋骨架的加工,数量及性能综合考虑钢筋加工任务与弯曲要求确定,原则上配置1台。 ②数控钢筋弯箍机,用于大批量高精度箍筋的加工,原则上配置1台。 ③自动焊数控弯圆机,用于大批量高精度钢筋笼加强圈加工,原则上配置1台。 ④其他钢筋加工设备:钢筋笼滚焊机、钢筋调直切断机、砂轮切割机、钢筋切断机、钢筋弯曲机、直螺纹滚丝机、电动抛光打磨机、交流弧焊机、钢筋弯弧机、箍筋弯曲机等,用于钢筋下料、制作加工,配置数量及性能应综合考虑下料钢筋的直径及高峰期加工钢筋数量确定。 (6)钢筋运输设备配置包括起重设备、运输汽车,起重设备必须采购具有出厂合格证,并经过特种设备检验登记后,方能投入使用。 ①门式起重机或桥式起重机,用于厂内的原材料、半成品及成品的转移,配置的规格及数量按钢筋场地尺寸、钢筋加工任务量、材料运输要求等综合确定,加工任务1万t以上应设置两台。 ②运输汽车,用于钢筋加工半成品或成品运输,运输汽车的性能及数量要求根据运输钢筋的尺寸、重量、批次等综合确定

■高频考点：拌合厂（站）设置

序号	项目	内容
1	拌合站选址	(1)应满足用地合法,周围无塌方、滑坡、落石、泥石流、洪涝等地质灾害。无高频、高压电源及其他污染源;离集中爆破区500m以外;不得占用规划的取、弃土场。 (2)拌合站选址应根据本合同段的主要构造物分布、运输、通电和通水条件等特点综合选址,尽量靠近主体工程施工部位,做到运输便利,经济合理,并远离生活区、居民区,尽量设在生活区、居民区的下风向

序号	项目	内容
2	场地建设	(1)拌合站应根据工程实际情况集中布置,宜采用封闭式管理,四周设置围墙,入口设置彩门和值班室。 (2)拌合站建设应综合考虑施工生产情况,合理划分拌和作业区、材料计量区、材料库、运输车辆停放区、试验区、集料堆放区及生活区,内设洗车池(洗车台)、污水沉淀池和排水系统。生活区应与其他区隔离,生活用房按照"驻地建设"相关标准建设。 (3)拌合站场地面积、搅拌机组配置及产能应满足生产、施工需求和工程进度要求。 (4)场地(含堆料区、加工区)应做硬化处理,主要运输道路应采用不小于200mm厚的C20混凝土硬化,基础不好的道路应增设碎石掺石屑垫层,场内排水宜按照中间高四周低的原则预设不小于1.5%的排水坡度,四周宜设置砖砌排水沟,并采用M7.5砂浆抹面。 (5)拌合站各罐体宜连接成整体,安装缆风绳和避雷设施,每一个罐体应喷涂成统一的颜色,并绘制项目名称及施工单位的名称,两者竖向平行绘制
3	原材料堆放要求	(1)凡用于工程的砂石料应按级配要求,不同粒径、不同品种分场存放,每区醒目位置设置材料标识牌,并采用不小于300mm厚的混凝土或厚度不小于600mm的浆砌片石隔墙等构造物分隔,隔墙高度应确保不串料(一般不小于2.5m),储料仓预留一定空间,方便装载机上料。 (2)水泥混凝土路面面层储料场应用混凝土进行硬化处理,路面基层储料场可用水稳材料进行硬化处理。料场底应高于外部地面,修筑成向外顺坡(不小于3%),并在料场口设置排水沟,防止料场积水。 (3)水泥混凝土路面面层储料场应搭设顶棚,防止太阳直接照晒或雨淋,顶棚宜采用轻型钢结构,高度应满足机械设备操作空间(一般不宜小于7m),并满足受力、防风、防雨、防雪等要求,路面基层、底基层储料场地中细集料堆放区宜搭设防雨大棚,防止石料雨淋。 (4)所有拌合机的集料仓应搭设防雨篷,并设置隔板,隔板高度不宜小于100cm,确保不串料
4	拌合设备要求	(1)混凝土拌和应采用强制式拌合机,单机生产能力不宜低于90m³/h。拌合设备应采用质量法自动计量,水、外掺剂计量应采用全自动电子称量法计量,禁止采用流量或人工计量方式,保证工作的连续性、自动性,且具备电脑控制及打印功能。减水剂罐体应加设循环搅拌水泵。

116

序号	项目	内容
4	拌合设备要求	（2）水稳拌和应采用强制式拌合机,设备具备自动计量功能,一般设自动计量补水器加水。 （3）沥青混合料采用间歇式拌合机,配备计算机及打印设备。 （4）拌合站计量设备应通过当地有关部门标定后方可投入生产,使用过程中应不定期进行复检,确保计量准确。 （5）拌合站应根据拌合机的功率配备相应的备用发电机,确保拌合站有可靠的电源使用
5	其他要求	（1）作业平台、储料仓、集料仓、水泥罐等涉及人身安全的部位均应设置安全防护装置,传动系统裸露的部位应有防护装置和安全检修保护装置。 （2）每次拌和作业完成后,及时清洗机具,清理现场,做到场地整洁。 （3）邻近居民区施工产生的噪声应符合《建筑施工场界环境噪声排放标准》GB 12523—2011 的规定。 （4）应根据需要设置机动车辆、设备冲洗设施、排水沟及沉淀池。施工污水处理达标后方可排入市政污水管网或河流。 （5）砂石料场底部、上料台、上料输送带下部废料应经常性清理并保持清洁,严禁装载机铲料时铲底。地面应定期洒水,对粉尘源进行覆盖遮挡。 （6）水泥、粉煤灰等材料进料时,应保证材料罐顶的密封性能,预留通气孔应设有降尘措施;当粉尘较大时,应暂时停止上料,待处理完后方可继续。 （7）沥青混合料拌合站推荐设置碎石加工除尘与石灰水循环水洗,确保细集料洁净、无杂质。 （8）纤维材料、抗车辙剂、抗剥落剂等外加剂必须采用仓库存放,地面设置架空垫层,高度为离地面 30cm,以免受潮

B 级 知 识 点

(应知考点)

B1　路基季节性施工

■高频考点：路基雨期施工技术

序号	项目	内容
1	雨期施工地段的选择	（1）雨期路基施工地段一般应选择砂类土、碎砾石和岩石地段以及路堑的弃方地段。 （2）低洼地段和高填深挖地段的土质路基，重黏土、膨胀土及盐渍土地段不宜在雨期施工；平原地区排水困难及沿河路段，不宜安排雨期施工
2	雨期施工路基排水规定	（1）雨期施工应综合规划、合理设置现场防排水系统，及时引排地面水。重点解决防排水问题，要把临时排水和永久排水衔接好，把水引入沿线桥涵及排水沟渠，形成完整的排水系统，保证雨期施工场地不被淹没，不积水。 （2）路堤填筑的每一层表面应设 2%～4% 的排水横坡。 （3）在已填路堤路肩处，应采取设置纵向临时挡水土埂、每隔一定距离设出水口和排水槽等措施，引排雨水至排水系统。 （4）雨期路堑宜分层开挖，每挖一层均应设置纵横排水坡及临时排水沟
3	雨期施工路基基底处理规定	（1）应在雨期前将基底处理好，孔洞、坑洼处填平夯实，整平基底，并设纵横排水坡。 （2）低洼地段，应在雨期前将原地面处理好，并将填筑作业面填筑到可能的最高积水位 0.5m 以上
4	雨期路堤施工规定	（1）填料应选用透水性好的碎石土、卵石土、砂砾、石方碎渣和砂类土等。利用挖方土作填料，含水率符合要求时，应随挖随填，及时压实。含水率过大，难以晾晒的土不得用作雨期施工填料。 （2）每一填筑层表面应做成 2%～4% 双向路拱横坡以利于排水，低洼地带或高出设计洪水位 0.5m 以下部位应选用透水性好、饱水强度高的填料分层填筑，并及时施作护坡、坡脚等防护工程。 （3）雨期填筑路堤需借土时，取土坑的设置应满足路基稳定的要求。 （4）路堤应分层填筑、及时碾压

序号	项目	内容
5	雨期挖方路基施工规定	(1)挖方边坡不宜一次挖到设计坡面,应预留一定厚度的覆盖层,待雨期过后再修整到设计坡面。 (2)雨期开挖路堑,当挖至路床顶面以上300~500mm时应停止开挖,并在两侧挖好临时排水沟,待雨期过后再施工。 (3)雨期开挖岩石路基,炮孔宜水平设置

■高频考点:路基冬期施工技术

序号	项目	内容
1	冬期界定	在季节性冻土地区,昼夜平均温度在−3℃以下且连续10d以上,或者昼夜平均温度虽在−3℃以上但冻土没有完全融化时,均应按冬期施工办理
2	路基工程可冬期进行的项目	(1)泥沼地带河湖冻结到一定深度后,可利用地基冻结后承载力提高的有利条件修筑施工便道,运输所需的机具、设备和材料。如需换土时,可趁冻结期挖去原地面的软土、淤泥层,换填合格的填料。 (2)含水率高的流动土质、流沙地段的路堑可利用冻结期开挖。 (3)河滩地段可利用冬期水位低,开挖基坑修建防护工程,但应采取加温保温措施,注意养护。 (4)岩石地段的路堑或半填半挖地段,可进行开挖作业
3	路基工程不宜冬期施工的项目	(1)高速公路、一级公路的土质路基和地质不良地区公路路堤不宜进行冬期施工。土质路堤路床以下1m范围内,不得进行冬期施工。半填半挖地段、填挖交界处不得在冬期施工。 (2)铲除原地面的草皮、挖掘填方地段的台阶。 (3)整修路基边坡。 (4)在河滩低洼地带将被水淹的填土路堤
4	冬期施工路基基底处理	(1)冻结前应完成表层清理,挖好台阶,并应采取保温措施防止冻结。 (2)填筑前应将基底范围内的积雪和冰块清除干净。 (3)对需要换填土地段或坑洼处需补土的基底,应选用适宜的填料回填,并及时进行整平压实。 (4)基底处理后应立即采取保温措施,防止冻结

序号	项目	内容
5	冬期填方路堤施工规定	(1)路堤填料应选用未冻结的砂类土、碎石、卵石土、石渣等透水性好的材料,不得用含水率大的黏质土。 (2)填筑路堤应按横断面全宽平填,每层松铺厚度应比正常施工减少 20% ~ 30%,且松铺厚度不得超过 300mm。当天填土应当天完成碾压。 (3)中途停止填筑时,应整平填层和边坡并进行覆盖防冻,恢复施工时应将表层冰雪清除,并补充压实。 (4)当填筑高程距路床底面 1m 时,碾压密实后应停止填筑,在顶面覆盖防冻保温层,待冬期过后整理复压,再分层填至设计高程。 (5)冬期过后应对填方路堤进行补充压实,压实度应符合相关规定。冬期填筑路堤一般采取薄层、快填、快压、连续作业的方法,迅速填每一层,争取使土不冻或少冻
6	冬期施工开挖路堑表层冻土的方法	(1)爆破冻土法:当冰冻深度达 1m 以上时可用此法炸开冻土层。炮孔深度取冻土深度的 0.75~0.9 倍,炮孔间距取冰冻深度的 1~1.3 倍并按梅花形交错布置。 (2)机械破冻法:1m 以下的冻土层可选用专用破冻机械,如冻土犁、冻土锯和冻土铲等,予以破碎清除。 (3)人工破冻法:当冰冻层较薄,破冻面积不大,可用日光暴晒法、火烧法、热水开冻法、水针开冻法、蒸汽放热解冻法和电热法等方法胀开或融化冰冻层,并辅以人工撬挖
7	冬期挖方路基施工应符合的规定	(1)挖方边坡不得一次挖到设计线,应预留一定厚度的覆盖层,待到正常施工季节时再修整到设计坡面。 (2)路基挖至路床顶面以上 1m 时,完成临时排水沟后应停止开挖,待冬期过后再施工

B2 路基改(扩)建施工

■**高频考点:路基改(扩)建施工基本规定**

序号	项目	内容
1	一般规定	(1)不中断交通路基拓宽施工时,应采取交通管制和安全防护措施。

序号	项目	内容
1	一般规定	（2）施工前应截断流向拓宽作业区的水源，开挖临时排水沟。施工期间应在水流汇集的路肩外侧设置拦水带，根据水流情况在拓宽路基中合理设置临时急流槽与泄水口。 （3）拓宽路堤的填料宜与老路基相同，或选用水稳性好的砂砾、碎石等填料。路床应采用水稳性好的粗粒土或无机结合料稳定材料填筑
2	一般路堤拓宽施工要求	（1）拓宽路堤填筑前，应拆除原有排水沟、隔离栅等设施。拓宽部分的基底清除原地表土应不小于0.3m，清理后的场地应进行平整压实。老路堤坡面，清除的法向厚度应不小于0.3m。 （2）拓宽路基的地基处理应符合设计和施工规范有关规定。 （3）上边坡的既有防护工程宜与路基开挖同步拆除，下边坡的防护工程拆除时应采取措施保证既有路堤的稳定。 （4）既有路堤的护脚挡土墙及抗滑桩可不拆除。路肩式挡土墙路基拼接时，上部支挡结构物应予拆除，宜拆除至路床底面以下。 （5）既有路基有包边土时，宜去除包边土后再进行拼接。 （6）从老路堤坡脚向上开挖台阶时，应随挖随填，台阶高度应不大于1.0m，宽度应不小于1.0m。 （7）拼接宽度小于0.75m时，可采取超宽填筑再削坡或翻挖既有路堤等措施。 （8）宜在新、老路基结合部铺设土工合成材料。 （9）拓宽路基应进行沉降观测，观测点应按设计要求设置。高路堤与陡坡路堤路段尚应进行稳定性监测
3	高路堤与陡坡路堤拓宽施工要求	（1）原坡脚支挡结构不宜拆除，结构物邻近处可用小型机具薄层夯实。 （2）老路底部设置有渗沟或盲沟时，应做好排水通道的衔接施工
4	挖方路基拓宽施工要求	（1）应在既有路基边缘设置防止飞石或落石的安全防护措施，并应设置警示标志。 （2）边通车边施工时，宜采用机械开挖或静力爆破方式进行开挖。 （3）采用爆破方式时，应按爆破施工方案组织施工，宜统一规定爆破时间段，爆破时应临时封闭交通

B3　支挡工程设置与施工

■**高频考点：支挡工程设置**

序号	项目	内容
1	挡土墙	（1）根据在路基横断面上的位置，挡土墙可分为路肩墙、路堤墙及路堑墙。当墙顶置于路肩时，称为路肩式挡土墙；若挡土墙支撑路堤边坡，墙顶以上尚有一定的填土高度，则称为路堤式挡土墙，又称坡脚式挡土墙；如果挡土墙用于稳定路堑边坡，称为路堑式挡土墙；设置在山坡上用于防止山坡覆盖层下滑的挡土墙，称为山坡挡土墙。 （2）根据所处环境条件可分为一般地区挡土墙、浸水地区挡土墙与地震地区挡土墙，还有用于整治滑坡的抗滑挡土墙。 （3）常见的挡土墙形式有：重力式、衡重式、悬臂式、扶壁式、加筋土式、锚杆和锚定板式及桩板式等。各类挡土墙的适用范围取决于墙址地形、工程地质、水文地质、建筑材料、墙的用途、施工方法、技术经济条件及当地的经验等因素
2	边坡锚固	（1）锚固边坡坡面形式有： ①框架（格子）梁。适用于风化较严重、地下水丰富、软质岩、土质边坡。 ②地梁。适用于软硬岩体相间、土质边坡。 ③单锚墩。适用于硬质岩、块状或整体性好的岩体。 注：框架（格子）梁和地梁，多雨地区梁宜做成截流沟式。 （2）锚杆分为预应力锚杆和非预应力锚杆，预应力锚杆可用于土质、岩质边坡加固。锚杆长度由锚固段、自由段及外露段组成，锚固段应设置在稳定岩土层中。 （3）非预应力普通水泥浆（砂浆）锚杆杆体由普通钢筋、垫板和螺母组成，适用于一般地层的加固工程
3	土钉支护	（1）土钉是指用于加固和稳定岩土体的细长筋体，置入岩土体中后依靠与周围岩土体之间的粘结力或摩擦力，在岩土体发生变形的条件下被动受力并主要承受拉力。 （2）土钉支护通常由土钉群、被加固的原位岩土体，混凝土或钢筋混凝土块、板、梁柱等连续或不连续的面层及必要的排水、防水系统组成。

序号	项目	内容
3	土钉支护	（3）土钉支护适用于可塑、硬塑或坚硬的黏性土，胶结或弱胶结的粉土、砂土和角砾，密实的填土、软岩和风化岩层等
4	抗滑桩	（1）抗滑桩是穿过滑坡体深入滑床的桩柱，用以支挡滑体的滑动力，可用于稳定边坡和滑坡、加固不稳定山体以及加固其他特殊路基。 （2）抗滑桩因其抗滑能力强、适用范围广、施工方便、对滑坡扰动相对小等优点而被广泛应用于边坡防护和滑坡治理中。 （3）抗滑桩类型较多，按埋入状态，分为埋入式抗滑桩和桩板式抗滑桩；按受力状态，可分为悬臂式抗滑桩和预应力锚索抗滑桩；按材料类型，可分为钢筋混凝土桩、钢桩；按截面形状，可分为圆形桩、矩形桩；按施工方法，可分为人工挖孔桩、钻孔桩、旋挖桩等。 （4）目前公路滑坡治理中使用最多的是矩形钢筋混凝土埋入式挖孔桩。当工程需要时，也常采用桩板式抗滑挡土墙，桩身能承受较大的弯矩

B4　路基地下水排水设置与施工

■高频考点：路基地下水排水设置与施工

序号	项目	设置
1	排水垫层	当黏质土地段地下水位埋深小于 0.5m 或粉质土地段地下水位埋深小于 1.0m 时，细粒土填筑的低路堤底部宜设置排水垫层和隔离层
2	隔离层	隔离层土工合成材料的作用是防止水分渗透进入隔离层的另一侧，工程应用较多，如中央分隔带防渗、路肩底部防渗、排水结构物防渗、坡面防渗、路基防渗等，采用形式有土工膜、复合土工膜、一布一膜或两布一膜
3	暗沟、暗管	路基基底范围有泉水外涌时，宜设置暗沟（管）将水引排至路堤坡脚外或路堑边沟内

序号	项目	设置
4	渗沟	有地下水出露的挖方路基、斜坡路堤、路基填挖交替地段，当地下水埋藏浅或无固定含水层时，为降低地下水位或拦截地下水，可在地面以下设置渗沟。具体如下： （1）填石渗沟通常为矩形或梯形，在渗沟的底部和中间用较大碎石或卵石（粒径30～50mm）填筑。 （2）管式渗沟适用于地下水引水较长、流量较大的地区。当管式渗沟长度在100～300m时，其末端宜设横向泄水管分段排除地下水。 （3）洞式渗沟适用于地下水流量较大的地段，洞壁宜采用浆砌片石砌筑，洞顶应用盖板覆盖，盖板之间应留有空隙，使地下水流入洞内，洞式渗沟的高度要求同管式渗沟。 （4）边坡渗沟用于疏干潮湿边坡和引排边坡上局部出露的上层滞水或泉水，并起支撑边坡作用。边波渗沟适用于坡度不陡于1∶1的土质路堑边坡，也常用于加固潮湿的容易发生表土坍塌的土质路堤边坡。 （5）支撑渗沟是指路堑边坡有可能滑动，在坡脚砌筑一个渗沟，此渗沟起排水和支撑坡体的作用
5	渗井	一般是在路基附近无河流、沟渠、洼地，地面水或浅层地下水无法排除，影响路基稳定，而距地面下不深之处有渗透性土层存在，且该土层水流方向背离路基，同时地面水流量不大的地区设置渗井
6	仰斜式排水孔	当坡面有集中地下水时，可设置仰斜式排水孔并将排出的水引入路堑边沟排除
7	排水隧洞	排水隧洞适用于截断和引排深层地下水，与渗井或渗管群联合使用，以排除具有多层含水层的复杂地层中的地下水。排水隧洞要埋入欲截引的主要含水层附近的稳定地层中

注：当地下水埋藏浅或无固定含水层时，可采用排水垫层、隔离层、暗沟、渗沟等。当地下水埋藏较深或存在固定含水层时，可采用仰斜式排水孔、渗井、排水隧洞等。

B5　路基地面水排水设置与施工

■高频考点：路基地面水排水设置与施工

序号	项目	设置
1	边沟	(1)挖方地段和填土高度小于边沟深度的填方地段均应设置边沟。路堤靠山一侧的坡脚应设置不渗水的边沟。 (2)为防止边沟漫溢或冲刷，在平原区和山岭重丘区，边沟应分段设置出水口，多雨地区梯形边沟每段长度不宜超过300m，三角形边沟不宜超过200m
2	截水沟	(1)无弃土堆时，截水沟的边缘离开挖方路基坡顶的距离，视土质而定，以不影响边坡稳定为原则。如是一般土质，至少应离开5m，对黄土地区不应小于10m并进行防渗加固。截水沟挖出的土，可在路堑与截水沟之间修成土台并夯实，台顶应筑成2%倾向截水沟的横坡。 (2)路基上方有弃土堆时，截水沟应离开弃土堆脚1～5m，弃土堆坡脚离开路基挖方坡顶不应小于10m，弃土堆顶部应设2%倾向截水沟的横坡。 (3)山坡上路堤的截水沟离开路堤坡脚至少2m，并用挖截水沟的土填在路堤与截水沟之间，修筑向沟倾斜坡度为2%的护坡道或土台，使路堤内侧地面水流入截水沟排出
3	排水沟	排水沟是把边沟、截水沟等沟槽及路基坡面汇集的水引向路基范围以外的自然水系
4	急流槽	急流槽是因边沟、截水沟、排水沟的出水口纵坡大，为防冲刷而设置的槽形断面的排水槽。为抵御流速大的水流冲刷，必须用浆砌片石、水泥混凝土预制块或水泥混凝土浇筑。急流槽可分进口、槽身、出口三个部分。急流槽底宜砌成粗糙面，用以消能和减小流速。急流槽进水口的喇叭形簸箕口，可以有效地汇集、引流入槽
5	跌水	跌水是在陡坡或深沟地段设置的沟底为阶梯形、水流呈瀑布跌落式通过的沟槽。跌水与急流槽构造物类似，主要区别是跌水槽底为阶梯形，适应的地形坡度较急流槽更陡

序号	项目	设置
6	蒸发池	在气候干旱地区或排水困难地段,利用沿线取土坑或专门开挖蒸发池来汇集路界地表水

注:地面排水设施的作用是拦截影响路基稳定的地面水,并排除到路基范围以外,防止地表水漫流、停积或下渗。一般包括边沟、截水沟、排水沟、跌水与急流槽、蒸发池等工程。

B6 路面沥青稳定基层施工

■**高频考点:路面沥青稳定基层(底基层)施工一般要求**

序号	项目	内容
1	分类	沥青稳定基层(底基层)又称柔性基层(底基层),包括热拌沥青碎石、贯入式沥青碎石、乳化沥青碎石混合料基层(底基层)等
2	适用范围	柔性基层、底基层可用于各级公路。 (1)热拌沥青碎石宜用于中等交通及其以上的公路基层、底基层。 (2)贯入式沥青碎石宜用于中、重交通的公路基层或底基层。 (3)热拌沥青碎石、贯入式沥青碎石可用于改建工程的调平层
3	施工一般要求	(1)按施工规范要求做好各项施工准备工作。 (2)按施工规范规定的步骤进行热拌沥青碎石的配合比设计,包括目标配合比设计阶段、生产配合比设计阶段、生产配合比验证阶段。 (3)热拌沥青碎石配合比采用马歇尔试验设计方法

■**高频考点:路面沥青稳定基层施工**

序号	项目	内容
1	热拌沥青碎石基层施工	(1)热拌沥青碎石的拌制 ①沥青混合料必须在沥青拌合厂拌制,可采用间歇式拌合机或连续式拌合机拌制。 ②拌合机拌制的沥青混合料应均匀一致,无花白料、结团成块或严重的粗细料分离现象,不符合要求时不得使用,并应及时调整。

序号	项目	内容
1	热拌沥青碎石基层施工	③沥青混合料出厂应逐车用地磅称重。 (2)热拌沥青混合料的运输 ①热拌沥青混合料应采用较大吨位的自卸汽车运输,车厢应清扫干净。为防止沥青与车厢板粘结,车厢侧板和底板可涂一薄层油水(柴油与水的比例可为1:3)混合料,但不得有余液积聚在车箱底部。 ②从拌合机向运料车上放料时,应每卸一斗混合料挪动一下汽车位置,以减少粗细集料的离析现象。 ③运料车应用篷布覆盖,用以保温、防雨、防污染。 (3)热拌沥青混合料的摊铺 ①铺筑沥青混合料前,应检查确认下层的质量。当下层质量不符合要求,或未按规定洒布透层、粘层、铺筑下封层时,不得铺筑沥青面层。 ②热拌沥青混合料应采用机械摊铺。 ③沥青混合料的摊铺温度应符合规范要求,并应根据沥青标号、黏度、气温、摊铺层厚度选用。 ④当高速公路和一级公路施工气温低于10℃、其他等级公路施工气温低于5℃时,不宜摊铺热拌沥青混合料。 ⑤沥青混合料的松铺系数应根据实际的混合料类型,由试铺试压方法或根据以往实践经验确定。 ⑥沥青混合料的松铺系数:机械摊铺为1.15~1.30,人工摊铺为1.20~1.45。 ⑦用机械摊铺的混合料,不应用人工反复修整。 ⑧可用人工作局部找补或更换混合料;摊铺不得中途停顿。摊铺了的沥青混合料应紧接碾压,如因故不能及时碾压或遇雨时,应停止摊铺。 (4)热拌沥青混合料的压实及成型 ①压实后的沥青混合料应符合压实度及平整度的要求,沥青混合料的分层压实厚度不得大于10cm。 ②应选择合理的压路机组合方式及碾压步骤,以达到最佳结果。沥青混合料压实宜采用钢筒式静态压路机与轮胎压路机或振动压路机组合的方式。压路机的数量应根据生产率决定。 ③沥青混合料的压实应按初压、复压、终压(包括成型)三个阶段进行。压路机应以慢而均匀的速度碾压,且碾压速度应符合规定。

序号	项目	内容
1	热拌沥青碎石基层施工	④初压在混合料摊铺后较高温度下进行,应采用轻型钢筒式压路机或关闭振动装置的振动压路机碾压2遍。压路机应从外侧向中心碾压。相邻碾压带应重叠1/3～1/2轮宽,最后碾压路中心部分,压完全幅为一遍。 ⑤复压紧接在初压后进行,复压宜采用重型轮胎压路机,也可采用振动压路机或钢筒式压路机。碾压遍数应经试压确定且不少于4～6遍,达到要求的压实度并无显著轮迹。 ⑥终压紧接在复压后进行。终压可选用双轮钢筒式压路机或关闭振动压路机碾压,不宜少于两遍且无轮迹。路面压实成型的终了温度应符合规范要求。 (5)接缝 ①在施工缝及构造物两端的连接处必须仔细操作,保证紧密、平顺。摊铺时采用梯队作业的纵缝应采用热接缝,施工时应将已铺混合料部分留下100～200mm宽暂不碾压,作为后摊铺部分的高程基准面,最后必须跨缝碾压,以消除缝迹。 ②半幅施工不能采用热接缝时,宜加设挡板或采用切刀切齐。铺另半幅前必须将缝边缘清扫干净,并涂洒少量粘层沥青。摊铺时应重叠在已铺层上50～100mm,摊铺后用人工将摊铺在前半幅上面的混合料铲走。碾压时先在已压实路面上行走,碾压新铺层100～150mm,然后压实新铺部分,再伸过已压实路面100～150mm,充分将接缝压实紧密
2	贯入式沥青碎石路面的施工步骤	(1)撒布主层集料时应避免颗粒大小不均,并检查松铺厚度。撒布后严禁车辆在铺好的集料层上通行。 (2)主层集料撒布后应采用6～8t钢筒式压路机进行初压,碾压速度宜为2km/h。碾压应自路边缘逐渐移向路中心,每次轮迹重叠约300mm,接着应从另一侧以同样方法压至路中心,才算作碾压一遍。然后检验路拱和纵向坡度,当不符合要求时,应调整找平再压至集料无显著推移为止。再用10～12t压路机进行碾压,每次轮迹重叠1/2左右,宜碾压4～6遍,直至主层集料嵌挤稳定且无显著轮迹为止。

序号	项目	内容
2	贯入式沥青碎石路面的施工步骤	（3）主层集料碾压完毕后,应立即应按规范要求浇洒第一层沥青,浇洒温度应根据沥青标号及气温情况选择。当采用乳化沥青贯入时,为防止乳液下漏过多,可在主层集料碾压稳定后,先撒布一部分上一层嵌缝料,再浇洒主层沥青。乳化沥青在常温下洒布,当气温偏低需要加快破乳速度时,可将乳液加温后洒布,但乳液温度不得超过60℃。 （4）主层沥青浇洒后立即均匀撒布第一层嵌缝料,嵌缝料撒布后应立即扫匀,不足处应找补。当使用乳化沥青时,石料撒布必须在乳液破乳前完成。 （5）嵌缝料扫匀后立即用8～12t钢筒式压路机进行碾压,轮迹重叠1/2左右,宜碾压4～6遍,直至稳定为止。碾压时随压随扫,使嵌缝料均匀嵌入。因气温过高出现碾压过程中发生较大推移现象时,应立即停止碾压,待气温稍低时再继续碾压。 （6）浇洒第二层沥青,撒布第二层嵌缝料,然后碾压,再浇洒第三层沥青。 （7）撒布封层料。施工要求应与撒布嵌缝相同。 （8）最后碾压,宜采用6～8t压路机碾压2～4遍

B7　沥青路面结构及类型

■高频考点：沥青路面结构组成

序号	项目	内容
1	面层	是直接承受车轮荷载反复作用和自然因素影响的结构层,可由1～3层组成。表面层应根据使用要求设置抗滑耐磨、密实稳定的沥青层;中面层、下面层应根据公路等级、沥青层厚度、气候条件等选择适当的沥青结构层
2	基层	是设置在面层之下并与面层一起将车轮荷载的反复作用传递到底基层、垫层、土基,起主要承重作用的层次。基层材料的强度指标应有较高的要求。基层视公路等级或交通量的需要可设置一层或两层。当基层较厚需分两层施工时,可分别称为上基层、下基层

序号	项目	内容
3	底基层	是设置在基层之下,并与面层、基层一起承受车轮荷载反复作用且起承重作用的层次。底基层材料的强度指标要求可比基层材料略低。底基层视公路等级或交通量的需要可设置一层或两层。底基层较厚需分两层施工时,可分别称为上底基层、下底基层
4	垫层	是设置在底基层与土基之间的结构层,起排水、隔水、防冻、防污等作用

注:沥青路面结构层可由面层、基层、底基层、垫层组成。

■高频考点：沥青路面分类

序号	项目	内容
1	按技术品质和使用情况分类	(1)沥青混凝土路面:沥青混凝土路面适用于各级公路面层。 (2)沥青碎石路面:热拌沥青碎石适宜用于三、四级公路。中粒式、粗粒式沥青碎石宜用作沥青混凝土面层下层、连接层或整平层。 (3)沥青贯入式:沥青贯入式适用于三、四级公路,也可作为沥青混凝土面层的连接层。 (4)沥青表面处治:一般用于三、四级公路,也可用作沥青路面的磨耗层、防滑层
2	按组成结构情况分类	(1)密实—悬浮结构:工程中常用的 AC—I 型沥青混凝土就是这种结构的典型代表。 (2)骨架—空隙结构:当工程中使用的沥青碎石混合料(AM)和排水沥青混合料(OGFC)是典型的骨架空隙型结构。 (3)密实—骨架结构:沥青玛瑞脂碎石混合料(SMA)是一种典型的骨架密实型结构
3	按矿料级配分类	(1)密级配沥青混凝土混合料:代表类型有沥青混凝土、沥青稳定碎石。 (2)半开级配沥青混合料:代表类型有改性沥青稳定碎石,用 AM 表示。 (3)开级配沥青混合料:代表类型有排水式沥青磨耗层混合料,以 OGFC 表示;另有排水式沥青稳定碎石基层,以 ATPCZB 表示。 (4)间断级配沥青混合料:代表类型有沥青玛瑞脂碎石混合料(SMA)

序号	项目	内容
4	按矿料粒径分类	(1)砂粒式沥青混合料:矿料最大粒径等于或小于4.75mm(圆孔筛5mm)的沥青混合料,也称为沥青石屑或沥青砂。 (2)细粒式沥青混合料:矿料最大粒径为9.5mm或13.2mm(圆孔筛10mm或15mm)的沥青混合料。 (3)中粒式沥青混合料:矿料最大粒径为16mm或19mm(圆孔筛20mm或25mm)的沥青混合料。 (4)粗粒式沥青混合料:矿料最大粒径为26.5mm或31.5mm(圆孔筛30~40mm)的沥青混合料。 (5)特粗式沥青混合料:矿料的最大粒径等于或大于37.5mm(圆孔筛45mm)的沥青混合料
5	按施工温度分类	(1)热拌热铺沥青混合料:沥青与矿料经加热后拌和,并在一定温度下完成摊铺和碾压施工过程的混合料。 (2)常温沥青混合料:采用乳化沥青或稀释沥青在常温下(或者加热温度很低)与矿料拌和,并在常温下完成摊铺和碾压过程的混合料

B8　水泥混凝土路面用料要求

■高频考点:水泥混凝土路面用料要求

序号	项目	内容
1	水泥	(1)极重、特重、重交通荷载等级公路面层水泥混凝土应采用旋窑生产的道路硅酸盐水泥、硅酸盐水泥、普通硅酸盐水泥,中、轻交通荷载等级公路面层水泥混凝土可采用矿渣硅酸盐水泥。高温期施工宜采用普通型水泥,低温期施工宜采用早强型水泥。 (2)选用水泥时应对拟采用厂家水泥进行混凝土配合比对比试验,根据所配制的混凝土弯拉强度、耐久性和工作性,选择适宜的水泥品种、强度等级。 (3)采用滑模摊铺机铺筑时,宜选用散装水泥。高温期施工时,散装水泥的入罐最高温度不宜高于60℃;低温期施工时,水泥进入搅拌缸前的温度不宜低于10℃

序号	项目	内容
2	掺合料	(1)使用道路硅酸盐水泥或硅酸盐水泥时,可在混凝土中掺入适量粉煤灰;使用其他水泥时,不应掺入粉煤灰。 (2)面层水泥混凝土可单独或复配掺用符合规定的粉状低钙粉煤灰、矿渣粉或硅灰等掺合料,不得掺用结块或潮湿的粉煤灰、矿渣粉或硅灰。不得掺用高钙粉煤灰或Ⅲ级及Ⅲ级以下低钙粉煤灰。粉煤灰进货应有等级检验报告。 (3)掺加于面层水泥混凝土中的矿渣粉、硅灰,其质量应满足相关规定。使用矿渣硅酸盐水泥时不得再掺加矿渣粉。高温期施工时不宜掺用硅灰。 (4)各种掺合料在使用前,应进行混凝土配合比试配检验与掺量优化试验,确认面层水泥混凝土弯拉强度、工作性、抗磨性、抗冰冻性、抗盐冻性等指标满足设计要求
3	粗集料与再生粗集料	(1)粗集料应使用质地坚硬、耐久、干净的碎石、破碎卵石或卵石。极重、特重、重交通荷载等级公路面层混凝土用的粗集料质量不应低于Ⅱ级,中、轻交通荷载等级公路面层混凝土可使用Ⅲ级粗集料。 (2)中、轻交通荷载等级公路面层水泥混凝土可使用再生粗集料,其质量应符合相关规定。再生粗集料可单独或掺配新集料后使用,但应通过配合比试验验证,确定混凝土性能满足设计要求,并符合下列规定: ①有抗冰冻、抗盐冻要求时,再生粗集料不应低于Ⅱ级;否则可使用Ⅲ级再生粗集料。再生粗集料不得用于裸露粗集料的水泥混凝土抗滑表层。 ②不得使用出现碱活性反应的混凝土为原料破碎生产的再生粗集料。 (3)粗集料与再生粗集料应根据混凝土配合比的公称最大粒径分为2~4个单粒级的集料,并掺配使用。粗集料与再生粗集料的合成级配及单粒级级配范围宜符合相关要求。不得使用不分级的统料
4	细集料	(1)细集料应采用质地坚硬、耐久、洁净的天然砂或机制砂,不宜使用再生细集料。使用天然砂或机制砂时,应符合各自对应的质量标准。极重、特重、重交通荷载等级公路面层水泥混凝土用的天然砂质量不应低于Ⅱ级,中、轻交通荷载等级公路面层混凝土可使用Ⅲ级天然砂。

序号	项目	内容
4	细集料	(2)天然砂的级配范围宜符合相关规定。面层水泥混凝土使用的天然砂细度模数宜在 2.0~3.7。 (3)机制砂宜采用碎石作为原料,并用专用设备生产。极重、特重、重交通荷载等级公路面层水泥混凝土用机制砂的质量标准不应低于Ⅱ级,中、轻交通荷载等级公路面层水泥混凝土可使用Ⅲ级机制砂。 (4)机制砂的级配范围宜符合相关规定。面层水泥混凝土使用的机制砂细度模数宜在 2.3~3.1。 (5)细集料的使用尚应满足下列规定:配筋混凝土路面及钢纤维混凝土路面中不得使用海砂;细度模数差值超过 0.3 的砂应分别堆放,分别进行配合比设计;采用机制砂时,外加剂宜采用引气高效减水剂或聚羧酸高性能减水剂
5	水	(1)符合现行《生活饮用水卫生标准》GB 5749—2022 的饮用水可直接作为混凝土搅拌和养护用水。非饮用水应进行水质检验,并符合规范规定。 (2)还应与蒸馏水进行水泥凝结时间与水泥胶砂强度的对比试验;对比试验的水泥初凝与终凝时间差均不应大于 30min,水泥胶砂 3d 和 28d 强度不应低于蒸馏水配制的水泥胶砂 3d 和 28d 强度的 90%。 (3)养护用水可不检不溶物质含量和其他杂质,其他指标应符合规范规定
6	外加剂	(1)外加剂品种主要有:普通减水剂、高效减水剂、早强减水剂、缓凝高效减水剂、缓凝减水剂、引气减水剂、引气高效减水剂、引气缓凝高效减水剂、早强高效减水剂、引气早强高效减水剂、早强剂、缓凝剂、引气剂、阻锈剂等。其产品质量应符合相应技术指标。外加剂产品出厂报告中应标明其主要化学成分和使用注意事项。面层水泥混凝土的各种外加剂应经有相应资质的检测机构检验合格,并提供检验报告后方可使用。 (2)外加剂产品应使用工程实际采用的水泥、集料和拌和用水进行试配,检验其性能,确定合理掺量。外加剂复配使用时,不得有絮凝现象,应使用工程实际采用的水泥、集料和拌和用水进行试配,确定其性能满足要求后方可使用。 (3)各种可溶外加剂均应充分溶解为均匀水溶液,按配合比计算的剂量加入。采用非水溶的粉状外加剂时,应保证其分散均匀、搅拌充分、不得结块。

134

序号	项目	内容
6	外加剂	(4)滑模摊铺施工的水泥混凝土面层宜采用引气高效减水剂;高温施工混凝土拌合物的初凝时间短于 3h 时,宜采用缓凝引气高效减水剂;低温施工混凝土拌合物终凝时间长于 10h 时,宜采用早强引气高效减水剂。 (5)有抗冰冻、抗盐冻要求时,各级公路水泥混凝土面层及暴露结构物混凝土应掺入引气剂;无抗冻要求地区的二级及以上公路水泥混凝土面层宜掺入引气剂。 (6)处在海水、海风、氯离子环境或冬季撒除冰盐的路面或桥面钢筋混凝土、钢纤维混凝土中可掺用或复配阻锈剂,阻锈剂产品的质量标准、检验方法及应用技术应符合相关规定
7	钢筋	(1)水泥混凝土、钢筋混凝土及连续配筋混凝土面层所用钢筋、钢筋网、传力杆、拉杆等应符合国家和行业现行相关标准的规定。 (2)钢筋不得有裂纹、断伤、刻痕、表面油污和锈蚀;配筋混凝土路面与桥面用钢筋宜采用环氧树脂涂层或防锈漆涂层等保护措施。传力杆应无毛刺,两端应加工成圆锥形或半径为 2~3mm 的圆倒角。 (3)胀缝传力杆应在一端设置镀锌钢管帽或塑料套帽,套帽厚度不应小于 2mm,并应密封不透水,套帽长度宜为 100mm,套帽内活动空隙长度宜为 30mm。 (4)传力杆钢筋采取喷塑、镀锌、电镀或涂防锈漆等防锈措施,防锈层不得局部缺失。拉杆钢筋应在中部不小于 100mm 范围内采取涂防锈漆等防锈措施
8	纤维	(1)用于公路混凝土路面和桥面水泥混凝土的钢纤维除应满足《纤维混凝土应用技术规程》JGJ/T 221—2010 要求外,尚应符合下列规定: ①钢纤维抗拉强度不宜低于 600 级。 ②钢纤维应进行有效的防锈蚀处理。 ③钢纤维的几何参数及形状精度应满足相关规定。钢丝切断型钢纤维或波形、带倒钩的钢纤维不应使用。 (2)钢纤维表面不应沾染油污及妨碍水泥粘结及凝结硬化的物质,结团、粘结连片的钢纤维不得使用。 (3)用于面层水泥混凝土的玄武岩短切纤维的外观应为金褐色,匀质、表面无污染,二氧化硅含量应在 48%~60%。其表面浸润剂应为亲水型。玄武岩纤维、玄武岩短切纤维的规格、尺寸及其精度应符合相关规定。

序号	项目	内容
8	纤维	(4)用于面层水泥混凝土的合成纤维可采用聚丙烯腈（PANF）、聚丙烯（PPF）、聚酰胺（PAF）和聚乙烯醇（PVAF）等材料制成的单丝纤维或粗纤维，其质量应符合相关规定，且实测单丝抗拉强度最小值不得小于450MPa
9	接缝材料	(1)高速公路、一级公路胀缝板宜采用塑胶板、橡胶（泡沫）板或沥青纤维板；其他等级公路也可采用浸油木板。聚氨酯类常温施工式填缝料质量应符合相关规定。聚氨酯类填缝料中不得掺入炭黑等无机充填料。 (2)硅酮类、聚氨酯类常温施工式填缝料可用于各等级公路水泥混凝土面层；橡胶沥青、改性沥青类填缝料可用于二级及二级以下公路，不宜用于高速公路和一级公路；道路石油沥青类填缝料可用于三、四级公路，不宜用于二级公路，不得用于高速公路和一级公路。 (3)严寒及寒冷地区宜采用低模量型填缝料，其他地区宜采用高模量型填缝料。橡胶沥青应根据当地所处的气候区划选用四类中适宜的一类。严寒、寒冷地区宜使用70号石油沥青或 SBS 类 I-C；炎热、温暖地区宜使用50号石油沥青或 SBS 类 I-D。 (4)填缝背衬垫条应具有弹性良好、柔韧性好、不吸水、耐酸碱腐蚀及高温不软化等性能。背衬垫条可采用橡胶条、发泡聚氨酯、微孔泡沫塑料等制成，其形状宜为可压缩圆柱形，直径宜比接缝宽度大 2～5mm
10	夹层与封层材料	(1)沥青混凝土夹层用材料、热沥青表处与改性乳化沥青稀浆封层用材料应符合现行《公路沥青路面施工技术规范》JTG F40—2004 的规定。 (2)封层用薄膜材料的质量、规格与外观应符合相关规定
11	养护材料	(1)水泥混凝土面层用养护剂应采用由石蜡、适宜高分子聚合物与适量稳定剂、增白剂等经胶体磨制而成的水乳液，不得采用以水玻璃为主要成分的养护剂。养护剂宜用白色胶体乳液，不宜用无色透明的乳液。养护剂的质量应符合相关规定。 (2)高速公路、一级公路水泥混凝土面层应使用满足一级品要求的养护剂，其他等级公路可使用满足合格品要求的养护剂

136

序号	项目	内容
11	养护材料	（3）水泥混凝土面层用节水保湿养护膜应由高分子吸水保水树脂和不透水塑料面膜制成，其质量应符合相关规定。 （4）高温期施工时，宜选用白色反光面膜的节水保湿养护膜；低温期施工时，宜选用黑色或蓝色吸热面膜的产品

B9　预应力混凝土工程施工

■高频考点：预应力材料及预应力管道

序号	项目	内容
1	一般规定	（1）预应力材料必须保持清洁，在存放和搬运过程中应避免机械损伤和有害的锈蚀。如进场后需长时间存放，必须安排定期的外观检查。 （2）保管预应力钢筋和金属管道的仓库应干燥、防潮、通风良好、无腐蚀气体和介质；室外存放时间宜不超过6个月，不得直接堆放在地面上，必须采取垫以枕木并用苫布覆盖等有效措施，防止雨露和各种腐蚀性气体、介质的影响。 （3）锚具、夹具和连接器均应专人保管。存放、搬运时均应妥善保护，避免锈蚀、沾污、遭受机械损伤或散失。临时性防护措施应不影响安装操作的效果和永久性防锈措施的实施。 （4）预应力筋锚具、夹具和连接器应具有可靠的锚固性能、足够的承载能力和良好的使用性，能保证充分发挥预应力筋的强度，安全地实现预应力张拉作业，并应符合现行国家标准《预应力筋用锚具、夹具和连接器》GB/T 14370—2015的要求。 （5）预应力筋锚具应按设计要求采用并满足分级张拉、补张拉以及放松预应力的要求。 （6）夹具应具有良好的自锚、松锚和安全重复使用性能，主要锚固零件应具有良好的防锈性能，可重复使用的次数应不少于300次。需敲击才能松开的夹具，必须保证其对预应力筋的锚固没有影响，且对操作人员的安全不造成危险。

序号	项目	内容
1	一般规定	（7）混凝土结构或构件中的永久性预应力筋连接器，应符合锚具的性能要求；用于先张法施工且在张拉后还需进行放张和拆卸的连接器，应符合夹具的性能要求。 （8）锚垫板应具有足够的强度和刚度，且宜设置锚具对中止口以及压浆孔或排气孔，压浆孔的内径宜不小于20mm。与后张预应力筋用锚具或连接器配套的锚垫板和局部加强钢筋，在规定的局部承压试件尺寸及混凝土强度下，应满足传力性能要求
2	锚具、夹具和连接器进场验收	锚具、夹具和连接器进场时，除应按出厂合格证和质量证明书核查锚固性能类别、型号、规格及数量外，还应按下列规定进行验收： （1）外观检查：应从每批产品中抽取2%且不少于10套样品，检查其外形尺寸、表面裂纹及锈蚀情况。外形尺寸应符合产品质保书所示的尺寸范围，且表面不得有裂纹及锈蚀。 （2）尺寸检验：应从每批产品中抽取2%且不少于10套样品，检验其外形尺寸。外形尺寸应符合产品质保书所示的尺寸范围。当有1个零件不符合规定时，应另取双倍数量的零件重新检验；如仍有1个零件不符合要求，则本批全部产品应逐件检验，符合要求者判定该零件尺寸合格。 （3）硬度检验：应从每批产品中抽取3%且不少于5套样品（对多孔夹片式锚具的夹片，每套抽取6片），对其中有硬度要求的零件进行硬度检验，每个零件测试3点，其硬度应符合产品质保书的规定。当有1个零件不合格时，则应另取双倍数量的零件重做检验；如仍有1个零件不合格，应对本批产品逐个检验，合格者方可使用或进入后续检验。 （4）静载锚固性能试验：应在外观检查和硬度检验均合格的同批产品中抽取样品，与相应规格和强度等级的预应力筋组成3个预应力筋—锚具组装件，进行静载锚固性能试验。如有1个试件不符合要求时，则应另取双倍数量的样品重做试验；仍有1个试件不符合要求，则该批锚具为不合格。 （5）对特大桥、大桥和重要桥梁工程中使用的锚具产品，应进行上述4项检查和检验；对锚具用量较小的一般中、小桥梁工程，如生产厂能提供有效的静载锚固性能试验合格的证明文件，则可仅进行外观检查和硬度检验。

序号	项目	内容
2	锚具、夹具和连接器进场验收	(6)进场检验时,同种材料、同一生产工艺条件下、同批进场的产品可视为同一验收批。锚具的每个验收批宜不超过 2000 套;夹具、连接器的每个验收批宜不超过 500 套;获得第三方独立认证的产品其验收批可扩大 1 倍。检验合格的产品,在现场的存放期超过 1 年时,再用时应进行外观检查
3	管道的进场检验规定	(1)进场时除应按合同检查出厂合格证和质量保证书,核对其类别、型号、规格及数量外,尚应对其外观、尺寸、集中荷载下的径向刚度、荷载作用后的抗渗漏及抗弯曲渗漏等进行检验。 (2)管道应按批进行检验。金属波纹管每批应由同一钢带生产厂生产的同一批钢带所制造的产品组成。 (3)检验时应先进行外观质量的检验,合格后再进行其他指标的检验。当其他指标中有不合格项时,应取双倍数量的试件对该不合格项进行复验;复验仍不合格时,则该批产品为不合格
4	其他规定	(1)预应力筋用锚具产品应配套使用,同一结构或构件中应采用同一生产厂的产品,工作锚不得作为工具锚使用。夹片式锚具的限位板和工具锚宜采用与工作锚同一生产厂的配套产品。 (2)在后张有粘结预应力混凝土结构或构件中,预应力筋的孔道宜由浇筑在混凝土中的刚性或半刚性管道构成,或采取钢管抽芯、胶管抽芯及金属伸缩套管抽芯等方法进行预留。设置于混凝土中的刚性或半刚性管道不应有漏浆现象,且应具有足够的强度和刚度,应能在浇筑混凝土重力的作用下保持原有的形状,并能按要求传递粘结应力。 (3)刚性管道应是壁厚不小于 2mm 的平滑钢管,且应具有光滑的内壁并可被弯曲成适当的形状而不出现卷曲或被压扁;半刚性管道应是波纹状的金属管或高密度聚乙烯塑料管,且金属波纹管宜采用镀锌钢带制作,壁厚宜不小于 0.3mm。 (4)波纹管在搬运时应采用非金属绳捆扎,或采用专用框架装载,不得抛摔或在地面上拖拉。波纹管存放时应远离热源及可能遭受各种腐蚀性气体、介质影响的地方,存放时间宜不超过 6 个月,室外存放时不得直接堆于地面,应支垫并遮盖

■高频考点：施加预应力

序号	项目	内容
1	机具及设备要求	(1)预应力筋张拉宜采用穿心式双作用千斤顶,整体张拉或放张宜采用具有自锚功能的千斤顶;千斤顶的额定张拉力宜为所需张拉力的1.5倍,且不得小于1.2倍。与千斤顶配套使用的压力表应选用防振型产品,其最大读数应为张拉力的1.5～2.0倍,标定精度应不低于1.0级。 (2)张拉用千斤顶与压力表应配套标定、配套使用,标定应在经国家授权的法定计量技术机构定期进行,标定时千斤顶活塞的运行方向应与实际张拉工作状态一致。当处于下列情况之一时,应重新进行标定: ①使用时间超过6个月。 ②张拉次数超过300次。 ③使用过程中千斤顶或压力表出现异常情况。 ④千斤顶检修或更换配件后。 (3)用作测量张拉力的测力传感器应按相关国家标准的规定每年送检一次
2	施加预应力的准备工作	(1)施工现场应具备经批准的张拉顺序、张拉程序和施工作业指导书。 (2)经培训掌握预应力施工知识和正确操作的施工人员,以及能保证操作人员和设备安全的防护措施。 (3)锚具安装正确,结构或构件混凝土已达到要求的强度和弹性模量(或龄期)。 (4)实施张拉前,应使千斤顶的张拉力作用线与预应力筋的轴线重合一致
3	张拉应力控制要点	(1)预应力筋张拉控制应力应符合设计要求。当施工中需要超张拉或计入锚圈口预应力损失时,可比设计要求提高5%,但任何情况下不得超过设计规定的最大张拉控制应力。 (2)预应力筋采用应力控制方法张拉时,应以伸长值进行校核,实际伸长值与理论伸长值的差值应符合设计要求,设计无规定时,实际伸长值与理论伸长值的差值应控制在±6%以内,否则应暂停张拉,待查明原因并采取措施予以调整后,方可继续张拉。 (3)预应力筋张拉控制应力的精度宜为±1.5%,预应力筋的锚固,应在张拉控制应力处于稳定状态下进行。

序号	项目	内容
3	张拉应力控制要点	(4)张拉锚固后,建立在锚下的实际有效预应力与设计张拉控制应力的相对偏差应不超过±5%,且同一断面中预应力束的有效预应力的不均匀度应不超过±2%。 (5)预应力筋张拉、锚固过程中及锚固完成后,均不得大力敲击或振动锚具。预应力筋锚固后需要放松时,对夹片式锚具宜采用专门的放松装置松开;对支撑式锚具可采用张拉设备缓慢地松开。 (6)预应力筋在实施张拉或放张作业时,应采取有效的安全防护措施,预应力筋两端的正面严禁站人和穿越。 (7)预应力筋张拉、锚固及放松时,均应填写施工记录。 (8)施加预应力时宜采用信息化数据处理系统对各项张拉参数进行采集

■高频考点:先张法

序号	项目	内容
1	墩式台座结构规定	(1)承力台座应进行专门设计,并应具有足够的强度、刚度和稳定性,其抗倾覆安全系数应不小于1.5,抗滑移系数应不小于1.3。 (2)锚固横梁应有足够的刚度,受力后挠度应不大于2mm
2	预应力筋的安装要求	预应力筋的安装宜自下而上进行,并应采取措施防止其被台座上涂刷的隔离剂污染。预应力筋与锚固横梁间的连接,宜采用张拉螺杆
3	先张法预应力筋的张拉规定	(1)张拉前应对台座、锚固横梁及各项张拉设备进行详细检查。 (2)同时张拉多根预应力筋时,应预先调整其初应力,使相互之间的应力一致,再整体张拉;张拉过程中,应使活动横梁与固定横梁始终保持平行,并抽查预应力筋的预应力值,其偏差的绝对值不得超过按一个构件全部预应力筋预应力总值的5%。 (3)预应力筋的张拉应符合设计要求,设计无规定时,其张拉程序按规定进行。 (4)张拉时,同一构件内预应力钢丝、钢绞线的断丝数量不得超过总数的1%,张拉热轧带肋钢筋不容许断筋。 (5)预应力筋张拉完毕后,其与设计位置的偏差应不大于5mm且不大于构件最短边长的4%,宜在4h内浇筑混凝土

序号	项目	内容
4	先张法预应力筋的放张规定	(1)预应力筋放张时构件混凝土的强度和弹性模量(或龄期)应符合设计规定;设计未规定时,混凝土的强度应不低于设计强度等级值的80%,弹性模量应不低于混凝土28d弹性模量的80%。当采用混凝土龄期代替弹性模量控制时应不少于5d。 (2)预应力筋放张之前,应将限制位移的侧模、翼缘模板或内模拆除。 (3)预应力筋的放张顺序应符合设计规定;设计未规定时,应分阶段、均匀、对称、相互交错地放张。放张后,预应力筋在构件端部的内缩值宜不大于1mm。 (4)多根整批预应力筋采用砂箱放张时,放砂速度应均匀一致;采用千斤顶放张宜分数次完成;单根钢筋采用拧松螺母的方法放张宜先两侧后中间,不得一次将一根预应力筋松完。 (5)预应力筋放张后,应采用机械切割的方式切断钢丝和钢绞线;螺纹钢筋可采用乙炔－氧气切割,但应采取必要措施防止高温对其产生不利影响。 (6)长线台座上预应力筋的切断顺序,应由放张端开始,依次向另一端切断
5	先张法预制梁板施工工艺流程	张拉台座准备→穿预应力筋、调整初应力→张拉预应力筋→钢筋骨架制作→立模→浇筑混凝土→混凝土养护→拆模→放松预应力筋→成品存放、运输

■高频考点：先张法预应力筋张拉程序

序号	预应力筋种类		张拉程序
1	钢丝、钢绞线	夹片式等具有自锚性能的锚具	低松弛预应力筋:0→初应力→σ_{con}(持荷5min锚固)
		其他锚具	0→初应力→$1.05\sigma_{con}$(持荷5min)→0→σ_{con}(锚固)
2	热轧带肋钢筋		0→初应力→$1.05\sigma_{con}$(持荷5min)→$0.9\sigma_{con}$→σ_{con}(锚固)

注:(1)表中σ_{con}为张拉时的控制应力值,包括预应力损失值。(2)超张拉数值超过设计或《公路桥涵施工技术规范》JTG/T 3650—2020规定的最大超张拉应力限值时,应按设计或规范规定的限制张拉应力进行张拉。(3)张拉热轧带肋钢筋时,为保证施工安全,应在超张拉并持荷5min后放张至$0.9\sigma_{con}$时安装模板、普通钢筋及预埋件等。

■**高频考点：后张法**

序号	项目	内容
1	金属或塑料管道构成后张预应力混凝土结构或构件孔道时的规定	采用金属或塑料管道构成后张预应力混凝土结构或构件的孔道时,应符合下列规定: 　　(1)管道的规格、尺寸应符合设计规定,其内横截面积应不小于预应力筋净截面积的 2 倍;对长度大于 60m 的管道,宜通过试验确定其面积比是否可以进行正常的压浆作业。 　　(2)应按设计规定的坐标位置安装并用定位钢筋固定管道,防止其在混凝土浇筑期间产生位移。管道与普通钢筋重叠时应移动普通钢筋,不得改变管道的设计坐标。固定各种成孔管道用的定位钢筋间距,钢管宜不大于1.0m;波纹管宜不大于 0.8m;位于曲线上的管道和扁平波纹管道应适当加密。定位后的管道应平顺且端部中心线应与锚垫板相垂直。 　　(3)管道接头处的连接宜采用大一级直径的同类管道,其长度宜为被连接管道内径的 5～7 倍。连接时不应使接头处产生角度变化及在混凝土浇筑期间发生管道转动或移位,并应缠裹紧密防止水泥浆的渗入。塑料波纹管应采用专用焊接机进行热熔焊接或采用具有密封性能的塑料结构连接器连接。采用真空辅助压浆工艺进行孔道压浆时,管道的所有接头应具有可靠的密封性能,并满足真空度要求。 　　(4)所有管道均应在每个顶点设排气孔及需要时在每个低点设排水孔,在每个顶点和两端设检查孔。压浆管、排气管和排水管应是最小内径为 20mm 的标准管或适宜的塑性管,管道之间的连接应采用金属或塑料结构扣件,长度应足以从管道引出结构物以外。 　　(5)管道安装完毕后,其端口应采取可靠措施临时封堵,防止水或其他杂物进入
2	胶管抽芯法制孔规定	(1)采用胶管抽芯法制孔时,胶管内应插入芯棒或充以压力水增加刚度;采用钢管抽芯法制孔时,钢管表面应光滑,焊接接头应平顺。 　　(2)抽芯时间应通过试验确定,以混凝土抗压强度达到0.4～0.8MPa 时为宜,抽拔时不得损伤结构混凝土。 　　(3)抽芯后,应采用通孔器或压气、压水等方法对孔道进行检查,如发现孔道堵塞或有残留物或与邻孔有串通,应及时处理

序号	项目	内容
3	预应力筋安装规定	(1)预应力筋可在浇筑混凝土之前或之后穿入孔道,穿束前应检查锚垫板和孔道,锚垫板位置应准确;孔道内应畅通、无水和其他杂物。 (2)宜将一根钢束中的全部预应力筋编束后整体穿入孔道中,整体穿时,束的前端宜设置穿束网套或特制的牵引头,应保持预应力筋顺直,且只能前后拖动,不得扭转。对钢绞线,可采用穿束机逐根将其穿入孔道内,但应保证其在孔道内不发生相互缠绕。 (3)混凝土浇筑及养护之前安装在孔道中,但设计文件或技术规范规定时限内未压浆的预应力筋,应采取防止锈蚀或其他防腐蚀措施,直至压浆。 (4)预应力筋安装后,应将管道端部开口密封防止湿气进入。采用蒸汽养护混凝土时,养护完成之前不应安装预应力筋。 (5)在安装有预应力筋的结构或构件附近进行电焊时,均应对全部预力筋、管道和附属构件进行保护,防止溅上焊渣或造成其他损坏。 (6)混凝土浇筑之前穿束的管道,预应力筋安装完成后,应进行全面检查,查出可能被损坏的管道。修复管道上所有非有意留的孔、开口或损坏之处,浇筑混凝土过程中随时检查预应力筋能否在管道内自由移动
4	安装锚具、夹具和连接器前工作	在安装锚具、夹具和连接器前,应擦拭干净并符合下列规定: (1)锚具和连接器的安装位置应准确,且与孔道对中。锚垫板上设置有对中止口时,应防止锚具偏出止口。安装夹片时,应使夹片的外露长度基本一致。 (2)安装螺母锚固的支撑式锚具时应逐个检查螺纹的配合情况,保证在张拉和锚固过程中能顺利旋合拧紧
5	预应力筋的张拉和锚固规定	(1)预应力张拉之前,宜对不同类型的孔道进行至少一个孔道的摩阻测试,通过测试所确定的 μ 值和 k 值宜用于对设计张拉控制应力的修正,对长度大于 60m 的孔道宜适当增加摩阻测试的数量。 (2)张拉时,结构或构件混凝土的强度、弹性模量(或龄期)应符合设计规定;设计未规定时,混凝土的强度应不低于设计强度等级值的 80%,弹性模量应不低于混凝土 28d 弹性模量的 80%,当采用混凝土龄期代替弹性模量控制时应不少于 5d。

序号	项目	内容
5	预应力筋的张拉和锚固规定	（3）预应力筋张拉顺序应符合设计规定；否则可采取分批、分阶段的方式对称张拉。 （4）预应力筋应整束张拉锚固。对扁平管道中平行排放的预应力钢绞线束，在保证各根钢绞线不会叠压时，可采用小型千斤顶逐根张拉，但应考虑逐根张拉时预应力损失对控制应力的影响。 （5）预应力筋张拉端的设置应符合设计要求；当设计未要求时，应符合下列规定： ①钢束长度小于 20m 的直线预应力筋可在一端张拉；曲线预应力筋或钢束长度大于或等于 20m 的直线预应力筋，应采用两端张拉。 ②同一截面有多束一端张拉的预应力筋时，张拉端宜分别交错设置在结构或构件的两端。 ③两端张拉预应力筋时宜同时张拉；或先在一端张拉锚固后，再在另一端补足预应力值进行锚固。 （6）两端张拉时，各千斤顶同步张拉力的允许误差宜为±2%。 （7）张拉程序按设计文件或技术规范的要求进行。 （8）后张预应力筋断丝及滑丝不得超过规定的控制数。 （9）预应力筋在张拉控制应力达到稳定后方可锚固。对夹片式锚具，锚固后夹片顶面应平齐，其相互间的错位宜不大于 2mm，且露出锚具外的高度应不大于 4mm。锚固完毕并经检验确认合格后，方可切割端头多余的预应力筋，切割时应采用砂轮锯，严禁采用电弧进行切割并不得损伤锚具。 （10）切割后预应力筋的外露长度应不小于 30mm 且不小于 1.5 倍预应力筋直径。锚具应采用封端混凝土保护，当需长期外露时，应采取防止锈蚀的措施
6	预应力孔道压浆及封锚	（1）预应力筋张拉锚固后，孔道应尽早压浆并在 48h 内完成，否则应采取避免预应力筋锈蚀的措施。压浆用水泥浆的强度应符合设计规定。 （2）后张预应力孔道应采用专用压浆料或专用压浆剂配制的浆液进行压浆。所用原材料应符合下列规定： ①采用性能稳定、强度等级不低于 42.5 的低碱硅酸盐或低碱普通硅酸盐水泥，外加剂应与水泥具有良好的相容性，且不得含有氯盐、亚硝酸盐或其他对预应力筋有腐蚀作用的成分。减水剂应采用高效减水剂或高性能减水剂，且满足《混凝土外加剂》GB 8076—2008 中高效减水剂一等品的要求，其减水率应不小于 20%。

序号	项目	内容
6	预应力孔道压浆及封锚	②矿物掺合料的品种宜为Ⅰ级粉煤灰、粒化高炉矿渣粉或硅灰。膨胀剂宜采用钙矾石系或复合型膨胀剂,不得采用以铝粉为膨胀源的膨胀剂或总碱量0.75%以上的高碱膨胀剂。 ③水不应含有对预应力筋或水泥有害的成分,水中不得含有350mg/L以上的氯化物离子或任何一种其他有机物,宜采用符合国家卫生标准的清洁饮用水。 ④压浆材料中的氯离子含量应不超过胶凝材料总量的0.06%,比表面积应大于$350m^2/kg$,三氧化硫含量应不超过6.0%。 (3)压浆前应在工地试验室对压浆材料加水进行试配,各种材料的称量(均以质量计)应精确到±1%。经试配的浆液性能指标均应满足设计要求或《公路桥涵施工技术规范》JTG/T 3650—2020的有关规定后方可用于正式压浆。 (4)压浆前应对孔道、压浆设备进行清洁处理,确保其干净、无积水。 (5)压浆时,曲线孔道和竖向孔道应从最低点的压浆孔压入;水平直线孔道可从任意一端的压浆孔压入;结构或构件中按上下分层的孔道,应按先下后上的顺序进行压浆。同一孔道的压浆应连续进行并一次完成。压浆应缓慢、均匀地进行,不得中断,并应将所有最高点的排气孔依次打开和关闭,使孔道内排气通畅。 (6)浆液自拌制完成至压入孔道的延续时间宜不超过40min,且在使用前和压注过程中应连续搅拌,对因延迟使用所致流动度降低的水泥浆,不得通过额外加水增加其流动度。 (7)水平或曲线孔道的压浆压力宜为0.5~0.7MPa;超长孔道的最大压力宜不超过1MPa;竖向孔道的压浆压力宜为0.3~0.4MPa。压浆充盈度应达到孔道另一端饱满且排气孔排出与规定流动度相同的水泥浆为止,关闭出浆口后,宜有保持时间3~5min且压力不小于0.5MPa的稳压期。 (8)采用真空辅助压浆工艺时,压浆前应对孔道进行抽真空,真空度宜稳定在-0.10~-0.06MPa范围内。真空度稳定后,应立即开启孔道压浆端的阀门,同时启动压浆泵进行连续压浆。

146

序号	项目	内容
6	预应力孔道压浆及封锚	(9)压浆每一工作班应制作留取不少于 3 组尺寸为 40mm×40mm×160mm 的试件,标准养护 28d,进行抗压强度和抗折强度试验,作为质量评定依据。 (10)压浆过程中及压浆后 48h 内,结构或构件混凝土的温度及环境温度不得低于 5℃,否则应采取保温措施,并按冬期施工的要求处理。浆液中可适量掺用引气剂,但不得掺用防冻剂。当环境温度高于 35℃时,压浆宜在夜间进行。 (11)压浆完成后,及时对锚固端按设计要求进行封闭保护或防腐处理,需要封锚的锚具,应在压浆完成后对梁端混凝土凿毛并将其周围冲洗干净,设置钢筋网浇筑封锚混凝土;封锚应采用与结构或构件同强度的混凝土并严格控制封锚后的梁体长度。长期外露的锚具,应采取防锈措施。 (12)后张预制构件在孔道压浆不得安装就位;压浆完成且浆液强度达到规定的强度后方可移运和吊装。 (13)孔道压浆宜采用信息化数据处理系统对相关参数进行采集,并填写以下施工记录:压浆材料、配合比、压浆日期、搅拌时间、出机初始流动度、浆液温度、环境温度、压浆量、稳压压力及时间,采用真空辅助压浆工艺时尚应包括真空度

■高频考点：后张法预应力筋张拉程序

序号	锚具和预应力筋种类		张拉程序
1	夹片式等具有自锚性能的锚具	钢绞线束、钢丝束	低松弛力筋:0→初应力→σ_{con}(持荷 5min 锚固)
2	其他锚具	钢绞线束	0→初应力→1.05σ_{con}(持荷 5min)→σ_{con}(锚固)
		钢丝束	0→初应力→1.05σ_{con}(持荷 5min)→0→σ_{con}(锚固)
3	螺母锚固锚具	热轧带肋钢筋	0→初应力→σ_{con}(持荷 5min)→0→σ_{con}(锚固)

注:(1)表中 σ_{con} 为张拉时的控制应力,包括预应力损失值。(2)两端同时张拉时,两端千斤顶升降压、画线、测伸长等工作应基本一致。(3)超张拉数值超过设计或《公路桥涵施工技术规范》JTG/T 3650—2020 规定的最大超张拉应力限值时,应按设计或规范规定的限值进行张拉。

B10　桩基础施工

■高频考点：沉入桩

序号	项目	内容
1	一般规定	(1)沉入桩所用的基桩主要为预制钢筋混凝土桩、预应力混凝土桩和钢管桩。断面形式常见为实心方桩和空心管桩。施工方法主要有：锤击沉桩、振动沉桩、射水沉桩等。 (2)沉桩前应在陆域或水域建立平面测量与高程测量的控制网点,桩基础轴线的测量定位点应设置在不受沉桩作业影响处；应根据桩的类型、地质条件、水文条件及施工环境条件等确定沉桩的方法和机具,并妥善处理地上和地下的障碍物。 (3)沉桩顺序宜由一端向另一端进行,当基础尺寸较大时,宜由中间向两端或四周进行；如桩埋置有深浅,宜先沉深的,后沉浅的；在斜坡地带,应先沉坡顶的,后沉坡脚的。桩沉入过程中,应始终保持锤、桩帽和桩身在同一轴线上
2	锤击沉桩	(1)锤击沉桩的桩身混凝土强度应达到设计要求。 (2)桩锤的选择宜根据地质条件、桩身结构强度、单桩承载力、锤的性能并结合试桩情况确定,且宜选用液压锤和柴油锤。其他辅助装备应与所选用的桩锤相匹配。 (3)宜采用较低落距,且桩锤、送桩与桩宜保持在同一轴线上。 (4)沉桩过程若遇到贯入度剧变,桩身突然发生倾斜、移位或有严重回弹,桩顶出现严重裂缝、破碎、桩身开裂等情况,应暂停沉桩并查明原因,采取有效措施后方可继续沉桩。 (5)应考虑锤击振动对其他新浇筑混凝土结构物的影响,当结构物混凝强度未达到5MPa时,距结构物30m范围内,不得进行沉桩；锤击能量超过280kN·m时,应适当加大沉桩处与结构物的距离。 (6)锤击沉桩控制应根据地质情况、设计承载力、锤型、桩型和桩长综合考虑,并符合下列规定： ①设计桩尖土层为一般黏性土时,应以高程控制。桩沉入后,桩顶高程的允许偏差为(+100mm,0)。

序号	项目	内容
2	锤击沉桩	②设计桩尖土层为砾石、密实砂土或风化岩时,应以贯入度控制。当沉桩贯入度已达到控制贯入度,而桩端未达到设计高程时,应继续锤击贯入100mm或锤击30~50击,其平均贯入度应不大于控制贯入度,且桩端距设计高程宜不超过1~3m(硬土层顶面高程相差不大时取小值)。超过上述规定时,应会同监理和设计单位研究处理。 ③设计桩尖土层为硬塑状黏性土或粉细砂时,应以高程控制为主,贯入度作为校核。当桩尖已达到设计高程而贯入度仍较大时,应继续锤击使其贯入度接近控制值,如继续下沉,应考虑施工水位的影响;当桩尖距离设计高程较大,而贯入度小于控制值时,可按上述第②条执行。 (7)发生"假极限""吸入""上浮"现象的桩,应进行复打
3	振动沉桩	(1)选锤或换锤时,应验算振动上拔力对桩身结构的影响。振动沉桩机、机座、桩帽应连接牢固,与桩的中心轴线应保持在同一直线上。 (2)开始沉桩时宜利用桩自重下沉或射水下沉,待桩身入土一定深度确认稳定后,再振动下沉。单根沉桩作业宜一次完成,不宜中途停顿过久,避免土的阻力恢复导致下沉困难。 (3)振动沉桩应以设计规定或通过试桩验证的桩尖高程控制为主,以最终贯入度(mm/min)作为校核。当桩尖已达到设计高程,而与最终的贯入度相差较大时,应查明原因,会同监理和设计单位研究处理。 (4)沉桩过程如发生类似锤击沉桩第(4)条中的情况,或振动沉桩机振幅有异常现象时,应立即暂停沉桩,查明原因,采取有效措施后再恢复施工
4	射水沉桩	(1)在砂类土层、碎石类土层中,锤击沉桩困难时,可采用射水锤击沉桩,以射水为主,锤击配合;在黏性土、粉土中采用射水锤击沉桩时,应以锤击为主,射水配合;在湿陷性黄土中采用射水沉桩时,应按设计要求进行。 (2)射水锤击沉桩时应根据土质情况随时调节射水压力,控制沉桩速度。桩尖接近设计高程时应停止射水,改用锤击,保证桩的承载力。停止射水的桩尖高程,可根据沉桩试验确定的数据及施工情况决定,缺乏资料时,距设计高程不得小于2m。

序号	项目	内容
4	射水沉桩	（3）钢筋混凝土桩或预应力混凝土桩采用射水配合锤击沉桩时,宜采用较低落距锤击。 （4）采用中心射水法沉桩时,应在桩垫和桩帽上留有排水通道;采用侧面射水法沉桩时,射水管应对称设置。 （5）射水锤击沉桩就位后,应及时与邻桩或稳定结构夹紧固定,防止桩倾斜位移

■高频考点：钻孔灌注桩施工主要工序与要求

序号	项目	内容
1	施工平台	（1）钻孔前应先布置施工平台： ①桩位位于旱地时,可在原地适当平整并填土压实形成工作平台。 ②桩位位于浅水区时,宜采用筑岛法施工。 ③桩位位于深水区时,宜搭设钢制平台,当水位变动不大时,亦可采用浮式工作平台,但在水流湍急或潮位涨落较大的水域,不应采用浮式平台。 （2）各类施工平台的平面面积大小,应满足钻孔成桩作业的需要;其顶面高程应高于桩施工期间可能的最高水位1.0m以上,在受波浪影响的水域,尚应考虑波高的影响
2	主要工序	钻孔灌注桩施工的主要工序有：埋设护筒、制备泥浆、钻孔、清孔与成孔检查、钢筋笼制作与安装以及灌注水下混凝土等

■高频考点：钻孔施工方法

序号	项目	内容
1	正、反循环回旋钻机（含潜水钻）	（1）正、反循环回旋钻机（含潜水钻）钻孔时,宜根据成孔的不同阶段、不同地层及岩层坡面等情况,采取不同的钻进工艺。减压钻进时,钻机的主吊钩始终应承受部分钻具的重力,孔底承受的钻压应不超过钻具重力之和（扣除浮力）的80%。 （2）正循环回旋钻孔是利用钻具旋转切削土体钻进,泥浆泵将泥浆压进泥浆笼头,通过钻杆中心从钻头喷入钻孔内,泥浆挟带钻渣沿钻杆上升,从护筒顶部排浆孔排出至沉淀池,钻渣在此沉淀而泥浆流入泥浆池循环使用。

序号	项目	内容
1	正、反循环回旋钻机（含潜水钻）	其特点是钻进与排渣同时连续进行，在适用的土层中钻进速度较快，但需设置泥浆槽、沉淀池等，施工占地较多，且机具设备较复杂。 （3）反循环回旋钻孔则与正循环法不同，是把泥浆输入桩孔内，然后泥浆挟带钻渣从钻头的钻杆下口吸进，通过钻杆中心排出至沉淀池内。其钻进与排渣效率较高，但接长钻杆时装卸麻烦，钻渣容易堵塞管路。另外，因泥浆是从上向下流动，孔壁坍塌的可能性较正循环法的大，为此需用较高质量的泥浆
2	冲击钻	（1）冲击钻成孔灌注桩适用于黄土、黏性土或粉质黏土和人工杂填土层，特别适合于在有孤石的砂砾石层、漂石层、硬土层、岩层中使用。采用冲击钻机冲击成孔时，应小冲程开孔，并应使初成孔的孔壁坚实、竖直、圆顺，能起到导向的作用。待钻进深度超过钻头全高加冲程后，方可进行正常的冲击。冲击钻进过程中，应采取有效措施防止塌孔；掏取钻渣和停钻时，应及时向孔内补浆，保持水头高度。 （2）施工过程中应注意检查控制泥浆指标，不可马虎，并随时检查钻机、钢丝绳等，防止掉钻；每天根据钻渣判断地质情况，做好地质柱状图标识；钻孔过程控制应严谨，防止刃脚穿孔、塌孔、偏孔、十字孔、卡钻、埋钻、掉钻的事故发生
3	旋挖钻机	（1）旋挖钻机钻孔一般适用于黏土、粉土、砂土、淤泥质土、人工回填土及含有部分卵石、碎石的地层。对于具有大扭矩动力头和自动内锁式伸缩钻杆的钻机，可适用微风化岩层的钻孔施工。 （2）旋挖钻机是一种高度集成的桩基施工机械，采用一体化设计、履带式360°回转底盘及桅杆式钻杆，一般为全液压系统。旋挖钻机采用桶式钻斗，钻机就位后，调整钻杆垂直度，注入调制好的泥浆，然后进行钻孔。当钻斗下降到预定深度后，旋转钻斗并施加压力，将土挤入钻斗内，仪表自动显示桶满时，钻斗底部关闭，提升钻斗将土卸于堆放地点。钻进施工过程中应保证泥浆面始终不得低于护筒底部，保证孔壁稳定性。通过钻斗的旋转、削土、提升、卸土和泥浆撑护孔壁，反复循环直至成孔。

151

序号	项目	内容
3	旋挖钻机	（3）旋挖钻机特殊的桶型钻斗直接取土出渣，不需接长钻杆，钻孔时孔口注浆以保持孔内泥浆高度即可，因而能大大缩短成孔时间，提高施工效率。由于带有自动垂直度控制和自动回位控制，成孔垂直度和孔位等能得到保证。桶钻取土上提过程中对孔壁扰动较小，桶钻周边设有溢浆孔，溢出泥浆可起到护壁作用。 （4）采用旋挖钻机钻孔时，应根据不同的地质条件选用相应的钻头。钻进过程中应采取有效措施严格控制钻进速度，避免进尺过快造成坍孔埋钻事故。钻头的升降速度宜控制在 0.75～0.80m/s，在粉砂层或黏质砂土层中，升降速度应更加缓慢。泥浆初次注入时，应垂直向桩孔中间进行注浆

■高频考点：施工中易出现的问题及预防和处理方法

序号	项目	内容
1	浇筑混凝土时钢筋笼上浮	（1）原因分析 混凝土在进入钢筋笼底部时浇筑速度太快；钢筋笼未采取固定措施。 （2）防治措施 混凝土上升到接近钢筋笼下端时，应放慢浇筑速度，减小混凝土面上升的动能作用，以免钢筋笼被顶托而上浮。当钢筋笼被埋入混凝土中有一定深度时，再提升导管，减少导管埋入深度，使导管下端高出钢筋笼下端相当距离时再按正常速度浇筑。此外，浇筑混凝土前，应将钢筋笼固定在孔位护筒上，也可防止上浮
2	桩身混凝土质量差	是指桩身出现蜂窝、空洞、夹泥层或级配不均的现象。 （1）原因分析 ①灌注混凝土时或上部放钢筋笼时，孔壁土坍落在混凝土中，造成桩身夹泥。 ②混凝土配合比坍落度掌握不严，下料高度过大，混凝土产生离析，造成桩身级配和强度不均匀。 ③孔内无水干浇混凝土时未边灌边振捣，导致桩身混凝土不密实。 （2）防治措施 ①浇灌混凝土时或上部放钢筋笼时，不要碰撞土壁，以免土体坍落。

序号	项目	内容
2	桩身混凝土质量差	②认真控制混凝土的配合比和坍落度,浇灌时设置串筒下料,防止混凝土产生离析现象,使混凝土强度均匀。 ③干处浇灌混凝土时应边灌边振捣
3	断桩	是成桩后经探测,桩身局部没有混凝土,存在泥夹层或截面断裂的现象,是最严重的一种成桩缺陷,直接影响结构基础的承载力

■高频考点:挖孔桩施工

序号	项目	内容
1	适用范围	(1)在无地下水或有少量地下水且较密实的土层或风化岩层中,无法采用机械成孔或机械成孔非常困难且水文、地质条件允许的地区,可采用人工挖孔施工。 (2)岩溶地区和采空区、孔内空气污染物超过《环境空气质量标准》GB 3095—2012 规定的三级标准浓度限值且无通风措施、桩径或最小边宽度小于 1200mm 时,不得采用人工挖孔施工
2	通风检测	挖孔桩施工现场应配备气体浓度检测仪器,至少备用 1套通风设备。进入桩孔前应先通风 15min 以上,经检查确认孔内空气符合《环境空气质量标准》GB 3095—2012规定的三级标准浓度限值。人工挖孔作业时应持续通风
3	挖孔桩施工相关要求	(1)施工前应编制专项施工方案,并应对作业人员进行安全技术交底。 (2)挖孔作业前,应详细了解地质、地下水文等情况,因地制宜选择孔壁支护方式。孔壁支护不得占用桩径尺寸,采用混凝土护壁支护的桩孔,护壁混凝土的强度等级,当桩径小于或等于 1.5m 时不小于 C25,桩径大于1.5m 时应不小于 C30。挖孔作业时必须挖一节浇筑一节护壁,护壁的节段高度必须按专项施工方案执行,且不得超过 1m,护壁模板应在混凝土强度达到 5MPa 以上后拆除。严禁只挖、不及时浇筑护壁的冒险作业。护壁外侧与孔壁间应填实,不密实或有空洞时,应采取措施进行处理。

序号	项目	内容
3	挖孔桩施工相关要求	(3)桩孔直径应符合设计规定,孔口处应设置高出地面不小于300mm的护圈,并应设置临时排水沟,防止地表水流入孔内。挖孔过程中,应经常检查桩孔尺寸、平面位置和竖轴线倾斜情况,如偏差超出规定范围应随时纠正。 (4)施工时相邻两桩孔不得同时开挖,宜间隔交错跳挖。挖孔的弃土应及时转运,孔口四周作业范围内不得堆积弃土及其他杂物。 (5)孔深不宜超过15m,超过15m的桩孔内应配备有效的通信器材,作业人员在孔内连续作业不得超过2h;孔深超过30m的应配备作业人员升降设备。人工挖孔作业时,应始终保持孔内空气质量符合相关要求;孔深大于10m时或空气质量不符合要求时,孔内作业必须采取机械强制通风措施。 (6)桩孔内的作业人员必须戴安全帽、系安全带、穿防滑鞋,人员上下时必须系安全绳,安全绳必须系在孔口。作业人员应通过带护笼的直梯进出,人员上下不得携带工具和材料。作业人员不得利用卷扬机上下桩孔。孔口应设专人看守,孔内作业人员应检查护壁变形、裂缝、渗水等情况,并与孔口人员保持联系,发现异常应立即撤出。 (7)桩孔内应设防水带罩灯泡照明,电压应为安全电压,电缆应为防水绝缘电缆,并应设置漏电保护器。当需要设置水泵、电钻等动力设备时,应严格接地。 (8)桩孔内遇岩层需爆破作业时,应进行爆破的专门设计,宜采用浅眼松动爆破法,并严格控制炸药用量,在炮孔附近应对孔壁加强防护或支护。孔深大于5m时,必须采用导爆索或电雷管引爆。桩孔内爆破后应通风排烟15min,经检查确认无有害气体,施工人员方可进入孔内继续作业。 (9)挖孔达到设计高程并经确认后,应将孔底的松渣、杂物和沉淀泥土等清除干净。及时对桩孔孔位、孔径、孔深、倾斜度及孔底处理情况等进行检验。 (10)孔内无积水时,可按干施工法进行混凝土灌注,用插入式振动棒振捣密实;孔内有积水且无法排净时,宜按水下混凝土灌注的要求施工

B11　斜拉桥施工

■高频考点：索塔施工

序号	项目	内容
1	索塔的构造材料	主要有钢结构、混凝土结构、预应力混凝土结构等
2	索塔施工方法	(1)索塔可视其结构、体形、材料、设备和设计综合考虑选用合适的施工方法。裸塔宜用爬模法施工,横梁较多的高塔宜用劲性骨架挂模提升法施工。 (2)裸塔现浇施工主要采用翻模、滑模、爬模等方法。 ①翻模:应用较早,施工简单,能保证结构几何尺寸(包括复杂断面),外观整洁。但模板高空翻转,操作危险,沿海地区不宜用此法。 ②滑模:施工速度快,劳动强度小,但技术要求高,施工控制复杂,外观质量较差,易污染。一般倾斜度较大,预留孔道及埋件多的索塔不宜用此法。 ③爬模:爬模兼有滑模和翻模的优势,适用于斜拉桥一般索塔的施工。施工安全,质量可靠,修补方便。国内外大多采用此法

■高频考点：主梁施工

序号	项目	内容
1	混凝土主梁施工方法	主梁施工方法与梁式桥基本相同,大体分四种:悬臂法(悬臂拼装、悬臂浇筑)、支架法(临时支墩拼装、支架上现浇)、顶推法、平转法
2	混凝土主梁施工要点	(1)应严格按照预定的程序、方法和措施施工主梁。对飘浮或半飘浮体系的斜拉桥,主梁施工期间应使塔梁临时固结。悬臂施工主梁应保持两端施工荷载对称平衡,其最大不平衡荷载不得超过设计允许范围,并严格控制桥面上的各种临时施工荷载。 (2)采用悬臂浇筑法施工主梁时,除应符合"梁式桥施工"的"悬臂浇筑施工"有关规定外,尚应符合下列规定:

序号	项目	内容
2	混凝土主梁施工要点	①浇筑主梁 0 号及相邻梁段时,应设置经专门设计的可靠支架系统,其强度、刚度和稳定性应满足使用要求,同时应考虑变形、地基的不均匀沉降和日照温差等因素对支架系统的不利影响;施加在支架上的临时施工荷载应包括挂篮的重力。辅助跨梁段的现浇支架亦应符合上述规定。 ②挂篮应经专门设计,确保满足使用期的强度和稳定性要求,同时应考虑主梁在浇筑混凝土时抗风振的刚度要求。挂篮的全部构件制作完成后应进行检验和试拼,合格后再运至现场整体组装,并应按设计荷载及技术要求进行预压。挂篮预压时应测定其弹性挠度的变化、高程调整的性能及其他技术性能。 (3)主梁采用悬臂拼装法施工时,除应符合"梁式桥施工"的"节段预制拼装施工"有关规定外,尚应符合下列规定: ①梁段预制可采用长线法或短线法台座。预制台座的设计应考虑主梁成桥线形的影响,并保证预制梁段的截面尺寸能满足拼装的精度要求。预制梁段的混凝土端面应密实饱满,不得随意修补。 ②用于梁段拼装的非定型桥面悬臂吊机或其他起吊设备,应进行专门设计并宜委托具有相应资质的专业单位加工制造,加工完成后应进行出厂质量验收。起吊设备在现场组装后应进行试吊,确认安全后方可用于正式施工。 ③现浇 0 号及其相邻的梁段时,在现浇梁段和第一节预制安装梁段间宜设湿接头,湿接头结合面的梁段混凝土应进行凿毛并清洗干净。湿接头混凝土宜采用微膨胀低收缩混凝土,设计有规定时,应从其规定。 (4)钢主梁施工应符合下列规定: ①钢梁制造完成后应在工厂内进行试拼装和涂装,经质量检验合格后方可运至工地现场。钢构件上的吊点、导向件及临时匹配件宜按设计要求在工厂加工制造时设置。 ②钢梁的钢构件或梁段在运输过程中,应采取可靠的临时加固措施,避免受到损伤。在工地临时存放时,应对存放场地进行规划,存放场地应平整、稳固、排水良好,存放的钢构件或梁段应支离地面一定高度,基础应具有足够的强度,并应防止地基的不均匀沉降;同时应采取必要的防护措施,防止钢梁积水锈蚀和栓接板面损坏、污染。

156

序号	项目	内容
2	混凝土主梁施工要点	③钢梁架设安装采用的桥面悬臂吊机的前支点和后锚固点应严格按设计要求可靠设置,保证架设安装期的起吊安全。 ④钢梁安装施工前应编制详细的梁段吊装的施工工艺,并制定梁段间连接的工艺标准、焊接或栓接的工艺检验标准以及施工的安全技术规程。吊装前应核对各钢构件或梁段的起吊重量、验算钢构件或梁段起吊的稳定性,经试吊确认无误后方可正式起吊安装。 ⑤在支架上进行索塔附近无索区梁段安装时,应设置可调节梁段空间位置的装置,保证梁体在安装时的精确定位。 ⑥应采取必要措施减少钢箱梁安装时的接缝偏差,内、外腹板位置,高度方向和宽度方向的拼接错口宜不大于2mm。 (5)钢主梁合龙施工应符合下列规定: ①主梁合龙应按设计和施工控制的要求进行,应提前确定施工程序并进行相关计算,制定详细的施工工艺及各项保障措施。 ②合龙前最后若干个悬臂施工梁段的高程、线形、轴线偏差及索力应严格控制,使合龙口两侧主梁的自然相对偏差满足合龙的误差要求。 ③混凝土主梁和全焊钢主梁在合龙时,应按设计要求设置临时刚性连接,控制合龙口长度及主梁轴线与高程的变化;栓接钢主梁合龙时,应提前调整合龙口两侧钢主梁的姿态,并应对两侧钢主梁螺栓孔之间的间距进行控制。 ④主梁合龙施工期间,应严格控制桥面上的临时施工荷载,不得随意施加除合龙施工需要的其他附加荷载。 ⑤主梁中跨合龙后,应按设计要求的程序在规定时间内拆除梁端临时固结装置,保证结构体系的安全转换。边跨合龙应根据主梁的结构特点按本条的相关要求进行施工。 ⑥多塔斜拉桥主梁的合龙顺序应符合设计的规定

B12　隧道地质超前预报

■高频考点：隧道地质超前预报的内容与方法

序号	项目	内容
1	隧道地质超前预报的内容	（1）地层岩性预报，特别是对软弱夹层、破碎地层、煤层及特殊岩土的岩性预报。 （2）地质构造预报，特别是对断层、节理裂隙密集带、褶皱等影响岩体完整性的构造发育情况的预报。 （3）不良地质预报，特别是对岩溶、人为坑洞、瓦斯等发育情况的预报。 （4）地下水预报，特别是对岩溶管道水以及富水断层、富水褶皱轴及富水地层中的裂隙水等发育情况的预报
2	隧道地质超前预报方法	隧道地质超前预报方法主要有：地质调查法、超前钻探法、物理勘探法（TSP法、TGP法和TRT法）、超前导洞法、水力联系观测。 （1）地质调查法是隧道施工地质超前预报的基础，适用于各种地质条件隧道，调查内容应包括隧道地表补充地质调查和隧道内地质素描。 （2）物理勘探法适用于长、特长隧道或地质条件复杂隧道的地质超前预报，主要包括弹性波反射法、地质雷达法、陆地声呐法、红外探测法、瞬变电磁法、高分辨直流电法。 （3）TSP法适用于各种地质条件，对断层、软硬接触面等面状结构反射信号较为明显，每次预报的距离宜为100～150m，连续预报时，前后两次应重叠10m以上。 （4）地质雷达法适用于岩溶、采空区探测，也可用于探测断层破碎带、软弱夹层等不均匀地质体，岩溶不发育地段每次预报距离宜为10～20m，岩溶发育地段预报长度可根据电磁波波形确定，连续预报时，前后两次重叠不应小于5m。 （5）超前水平钻探每循环钻孔长度应不低于30m，连续预报时，前后两循环孔应重叠5～8m；可能发生突泥涌水的地段，超前钻探应设孔口管和出水装置，防止高压水突出；富含瓦斯的煤系地层或富含石油天然气地层应采用长短结合的钻孔方式进行探测。

158

序号	项目	内容
2	隧道地质超前预报方法	(6)富水构造破碎带、富水岩溶发育地段、煤系或油气地层、瓦斯发育区、采空区以及重大物探异常地段等地质复杂隧道和水下隧道必须采用超前钻探法预报、评价前方地质情况。 (7)超前导洞法可采用平行超前导洞法和隧道内超前导洞法,两座并行隧道可根据先行开挖的隧道预测后开挖隧道的地质条件。 (8)当隧道排水或突涌水对地下水资源或周围建(构)筑物产生重大影响时,应进行水力联系观测

■高频考点:隧道地质超前预报的分级与分类

序号	项目	内容
1	地质超前预报的分级	根据地质复杂程度,包括岩溶发育程度、涌水涌泥程度、断层稳定程度、地应力影响程度和瓦斯影响程度,地质预测预报分为 A、B、C 和 D 四个等级。 (1)A级地质超前预报方法采用地质分析法、弹性波反射法(地震波法、水平声波剖面法、陆地声呐法)、地质雷达法、高分辨直流电法、超前水平钻探法等进行综合预报。 (2)B级地质超前预报方法采用地质分析法、弹性波反射法(地震波法、水平声波剖面法、陆地声呐法)、辅以高分辨直流电法、地质雷达法,必要时进行超前水平钻孔。 (3)C级地质超前预报方法以地质分析法为主。对重要地质层界面、断层或物探异常地段宜采用弹性波反射法(地震波法、水平声波剖面法、陆地声呐法)进行探测,必要时采用超前水平钻孔。 (4)D级地质超前预报方法采用地质分析法,必要时补充其他方法
2	超前地质预报的分类	超前地质预报按预报长度可以分为以下三类: (1)短距离预报,预报长度小于 30m,可采用地质调查法、地质雷达法及超前钻探法。 (2)中距离预报,预报长度大于等于 30m,小于 100m,可采用地质调查法、弹性波反射法及超前钻探法等。 (3)长距离预报,预报长度大于等于 100m,可采用地质调查法、弹性波反射法及超前钻探法等

B13　隧道洞口、明洞施工

■高频考点：洞口工程

序号	项目	内容
1	洞口开挖与防护规定	(1)洞口边坡及仰坡应自上而下开挖,不得掏底开挖或上下重叠开挖。 (2)宜采用人工配合机械开挖,或者采用控制爆破措施减少对边仰坡及围岩的扰动。 (3)对边坡和仰坡以上可能滑塌的表土、灌木及山坡危石等的处理措施,应结合施工和运营阶段的隧道安全和环境保护等因素确定。 (4)临时防护应视地质条件、施工季节和施工方法等,及时采取喷锚等措施。 (5)应随时检查监测边坡和仰坡的变形状态
2	洞口截排水设施规定	(1)结合地形条件设置,具备有效拦截、排水顺畅的能力。 (2)不应冲刷路基面及桥涵锥坡等设施。 (3)洞口截、排水设施应在雨期和融雪期之前完成。 (4)截水沟迎水面不得高于原地面,回填应密实不易被水掏空。 (5)截水沟应采取防止渗漏和变形的措施
3	洞门墙施工规定	(1)洞门墙宜在洞口衬砌施工完成后及时施作。 (2)洞门墙基底虚渣、杂物、泥、水等应清除干净,地基承载力应符合设计规定。 (3)洞口砌筑两侧端墙砌筑和回填应对称进行。 (4)洞门墙背排水设施应与洞门墙同步施工

■高频考点：明洞工程

序号	项目	内容
1	明洞边墙基础施工规定	(1)基础开挖应核对地质条件,检测地基承载力,当地基不满足设计要求时,应及时上报监理、设计单位,并按设计单位提供的处理方案施工。 (2)偏压和单压明洞外边墙的基底,在垂直路线方向应按设计要求挖成一定坡度的斜坡,提高边墙抗滑力。 (3)基础混凝土灌注前必须排除坑内积水,边墙基础完成后应及时回填

序号	项目	内容
2	明洞回填施工规定	明洞回填施工应遵循对称均衡原则,并符合下列规定: (1)明洞拱背回填应在外模拆除、防水层和排水盲管施工完成后进行;人工回填时,拱圈混凝土强度应不小于设计强度的75%。机械回填时,拱圈混凝土强度应不小于设计强度。 (2)明洞两侧回填水平宽度小于1.2m的范围应采用浆砌片石或同级混凝土回填。 (3)回填材料不宜采用膨胀岩土。 (4)回填顶面0.2m可用耕植土回填。 (5)明洞土石回填应对称分层夯实,分层厚度不宜大于0.3m,两侧回填高差不应大于0.5m,回填到拱顶以上1.0m后,方可采用机械碾压。回填土压实度应符合设计规定。 (6)单侧设有反压墙的明洞回填应在反压墙施工完成后进行。 (7)回填时不得倾填作业。 (8)明洞回填时,应采取防止损伤防水层的措施。 (9)洞门顶排水沟砌筑在填土上时,应在夯实后砌筑

■高频考点:浅埋段工程

(1)浅埋段的开挖施工应遵循"管超前、严注浆、短开挖、强支护、早封闭、勤量测、速反馈、控沉陷"的原则。

(2)围岩自稳能力差的浅埋段,可选择地表降水、地表加固、管棚、超前小导管、预注浆等辅助工程措施。

(3)浅埋隧道应加强初期支护和减小爆破振动,及时施作初期支护,尽早施作二次衬砌。

B14 瓦斯地段施工

■高频考点:防止瓦斯事故的措施

序号	项目	内容
1	瓦斯隧道施工组织规定	(1)施工前应编制防治瓦斯的专项施工方案、地质超前预报方案、通风设计方案、瓦斯监测方案、应急预案和作业要点手册等。

序号	项目	内容
1	瓦斯隧道施工组织规定	(2)成立负责通风、瓦斯检测、防治处理瓦斯爆炸和煤与瓦斯突出、救护等的专门机构。高瓦斯工区及瓦斯突出工区应配备救护队。 (3)设置灭火器、消防水池、消防用沙等消防设施
2	瓦斯隧道钻爆作业规定	(1)工作面附近20m以内风流中瓦斯浓度必须小于1%,必须采用湿式钻孔,炮孔深度不应小于0.6m,装药前炮孔应清除干净。 (2)必须采用煤矿许用炸药和煤矿许用电雷管,严禁反向装药。 (3)爆破网络必须采用串联连接方式,不得并联或串并联。 (4)起爆电源必须使用防爆型起爆器,应安装在新鲜风流中,并与开挖面保持200m左右距离,同一开挖面不得同时使用两台及以上起爆器起爆。 (5)炮孔封泥不严或不足时,不得进行爆破,炮泥应采用黏土炮泥,严禁用煤粉、块状材料或其他可燃性材料作炮泥。 (6)揭煤爆破15min后,应由救护队员佩戴防毒面具或自救器到开挖工作面,查看爆破效果、检测瓦斯浓度、巡查通风及电路,如有煤尘超标、电路破损、通风死角、瞎炮残炮等危险情况必须立即处理,在确认安全后方可通知送电、开启局部风机。 (7)通风30min后,由瓦斯检测人员检测工作面、回风道瓦斯浓度,当瓦斯浓度小于1%、二氧化碳浓度小于1.5%时,解除警戒,允许施工人员进入作业面。 (8)隧道内各作业面应配备瓦斯检测仪,高瓦斯工点和瓦斯突出地段应配置高浓度瓦斯检测仪和自动检测报警断电装置,瓦斯隧道人员聚集处应设置瓦斯自动报警仪
3	瓦斯隧道通风规定	(1)编制全隧道和各工区的施工通风方案,并考虑工区贯通后的风流调整和防爆要求。 (2)应建立瓦斯通风、监控、检测的组织机构,系统地测定瓦斯浓度、风量风速及气象等参数。 (3)高瓦斯工区的施工通风宜采用巷道式,瓦斯隧道各掘进工作面必须独立通风,严禁任何两个工作面之间串联通风。

序号	项目	内容
3	瓦斯隧道通风规定	(4)按瓦斯绝对涌出量计算的风量,应将洞内各处的瓦斯浓度稀释到0.5%以下;巷道式通风的回风道瓦斯浓度应小于0.75%。 (5)防止瓦斯聚积的风速不宜小于1m/s,对瓦斯易聚积处应实施局部通风。 (6)施工期间应连续通风,因故障原因停风时,必须撤出人员、切断电源。恢复通风前,必须检测瓦斯浓度,符合规定后才可启动机器。 (7)瓦斯工区的通风机应设两路电源,电源的切换应在15min内完成,保证风机正常运转,必须有一套同等性能备用通风机,并保持良好的使用状态。 (8)应采用抗静电、阻燃的风管
4	严格执行有关制度	(1)瓦斯检查制度:指定专人定时和经常进行检查,测量风流和瓦斯含量,严格执行瓦斯允许浓度的规定。瓦斯检查手段可采用瓦斯遥测装置、定点报警仪和手持式光波干涉仪。 (2)动火管理制度:洞内严禁使用明火,严禁将火柴、打火机、手电筒及其他易燃品带入洞内。 (3)教育培训制度:进洞人员必须经过瓦斯知识和防止瓦斯爆炸的安全教育。抢救人员未经专门培训不准在瓦斯爆炸后进洞抢救。 (4)持证上岗制度:瓦斯检查人员须持特种作业人员证书,方可上岗进行监测工作

B15 交通安全设施主要构成与功能

■高频考点:各种交通安全设施的功能与构成

序号	项目	内容
1	交通标志	(1)交通标志是用图形符号、颜色、形状和文字向交通参与者传递特定信息,用于管理交通的设施,主要起到提示、诱导、指示等作用,使道路使用者安全、快捷到达目的地,促进交通畅通。 (2)它主要包括警告标志、禁令标志、指示标志、指路标志、旅游区标志、作业区标志等主标志以及附设在主标志下的辅助标志

序号	项目	内容
2	交通标线	(1)交通标线的主要作用是传递有关道路交通的规则、警告和指引交通。 (2)它是由施划或安装于道路上的各种线条、箭头、文字、图案、立面标记、实体标记、突起路标等构成的
3	护栏和栏杆	(1)护栏和护栏设置应体现宽容和适度防护的理念。护栏任何部分不得侵入公路建筑限界;路侧护栏宜设置在公路土路肩内;中央分隔带护栏应与中央分隔带内的构造物、地下管线相协调。 (2)路侧、中央分隔带内土基压实度不能满足护栏设置条件时(一般不宜小于90%),或路侧护栏立柱外侧土路肩保护层宽度小于规定宽度时,应采取加强措施
4	视线诱导设施	(1)视线诱导设施应能对驾驶人进行有效视线诱导,其结构形式和材料应尽可能降低误驶撞上的车辆和人员的伤害。 (2)视线诱导设施包括轮廓标、合流诱导标、线形诱导标、隧道轮廓带、警示桩、警示墩等
5	隔离栅	(1)隔离栅是将公路用地隔离出来,防止非法侵占公路用地的设施,应能有效阻止行人、动物误入需要控制出入的公路。其材料和结构形式应适应当地的气候和环境特点。 (2)它主要包括编织网、钢板网、焊接网、刺钢丝网、隔离墙以及常青绿篱等形式
6	防落网	(1)防落网应包括防落物网和防落石网。 (2)防落网应能阻止公路上的落物进入饮用水保护区、铁路、高速公路、需要控制出入的一级公路等建筑限界内,或阻止挖方路段落石进入公路建筑限界以内
7	防眩设施	(1)防眩设施的主要作用是避免对向车辆前照灯造成的眩目影响,保证夜间行车安全。 (2)防眩设施分为人造防眩设施和绿化防眩设施,人造防眩设施主要包括防眩板、防眩网等结构形式
8	避险车道	(1)货运车辆失控风险较高的路段需要设置避险车道。避险车道由引道、制动床、救援车道等构成。 (2)避险车道应设置相关的交通标志、标线、护栏、视线诱导等交通安全设施,宜设置照明、监控等管理设施
9	其他交通安全设施	其他交通安全设施包括防风栅、防雪栅、积雪标杆、限高架、减速丘、凸面镜等

164

B16　交通机电工程主要构成与功能

■高频考点：交通机电工程主要构成

序号	项目	内容
1	监控系统主要构成	(1)监控系统按其功能可分为九个子系统:交通(信号)监控子系统、视频监控子系统、调度(指令)电话子系统、火灾自动报警子系统、隧道通风控制子系统、隧道照明控制子系统、电力监控子系统、隧道紧急电话子系统、隧道广播子系统。 (2)其中交通(信号)监控、视频监控、调度(指令)电话、火灾自动报警、隧道紧急电话、隧道广播为独立的子系统,隧道通风控制、隧道照明控制、电力监控在逻辑构成上相对独立,在系统构成上则可以合在一起
2	全国联网收费系统	全国联网收费系统由收费公路联网结算管理中心(简称:部联网中心)、省(自治区或直辖市)联网结算管理中心(简称:省联网中心)、区域/路段中心、ETC门架和收费站等组成
3	通信系统主要构成	(1)高速公路通信系统主要由光纤数字传输系统、语音交换系统、会议电视系统、呼叫服务中心、紧急电话系统、有线广播系统、通信电源系统、光电缆工程及通信管道工程等组成。 (2)省高速公路通信中心的通信系统主要由光纤数字传输系统、语音交换系统、支撑网系统、会议电视系统、呼叫服务中心和通信电源系统等组成
4	供配电系统主要构成	通常公路供配电系统主要由10kV电源线路、变配电所、供配电线路、低压配电箱和接地系统等构成
5	照明系统构成	(1)公路照明系统一般由低压电源线、配电箱(包括低压开关)、低压配电线、灯杆、光源和灯具组成。 (2)照明方式可以分为一般照明、局部照明和混合照明;照明种类可以分为正常照明和应急照明

B17　交通机电工程主要设施施工技术要求

■高频考点：监控系统主要设施施工技术要求

序号	项目	内容
1	设备安装通用要求	（1）设备开箱检查必须由业主、承包方和监理共同参加。 （2）检查时要对其外观、型号、规格、数量、备品、备件等随机资料等做好详细记录，并签字认可。 （3）设备安装前要划线定位，核对地面水平，保持防静电地板的完好性。 （4）设备应按设计位置水平排列，方向正确，位置合理。 （5）室内布缆、布线，一般均在防静电地板下平行排列，不能交叉排列，每隔 $0.5\sim1.0\mathrm{m}$ 绑扎一处，电力电缆和信号电缆应分槽布设。 （6）对有静电要求的设备开箱检查、安装、插接件的插拔，必须穿防静电服或带防护腕，机架地线必须连接良好。 （7）设备配线如为焊接式时，焊点应牢固、饱满、光滑、均匀，如为螺丝固定时，应加焊线鼻子，螺丝紧固，焊接严禁使用带腐蚀剂焊剂。 （8）设备安装完毕后，应重点检查电源线、地线等配线正确无误，方可通电。 （9）本机调试应先进行通电试验，然后测试相关的各项技术指标及调试软件
2	主要外场设备基础安装要求	监控主要外场设备基础安装要求如下：基础采用明挖法施工；基础一般采用 C25 号混凝土现场浇筑，内部配钢筋，顶面一般应预埋钢地脚螺栓；基础的接地电阻必须 $\leqslant4\Omega$，防雷接地电阻必须 $\leqslant10\Omega$

■高频考点：收费系统设备施工技术要求

序号	项目	内容
1	车道系统设备施工技术要求	（1）出、入口车道设备数量、型号规格符合设计要求，部件及配件完整。 （2）车道内埋设抓拍和计数线圈的位置应为素混凝土板块，并保证没有板块接缝。

序号	项目	内容
1	车道系统设备施工技术要求	(3)ETC系统中,固定安装方式的RSE(路侧设备)支持户外安装,可采用路侧或者顶挂方式,宜采用顶挂安装方式,且吊装在车道正中,挂装高度不低于5.5m,通信区域宽度应可调整在3.3m范围内。ETC车道前方500m适当位置应设置预告标志和路面标记。 (4)称重及超限检测系统中,计重称台应埋设在一个板块的中心,不得设置在混凝土板块接缝处,安装后其平整度应符合车道平整度要求;车辆分离器设置位置应防止被车辆刮损;室外机柜位置不应影响收费员视线且便于维护;所有连接线缆均应穿钢管
2	收费站、区域/路段中心、省联网中心系统设备施工技术要求	(1)设备摆放要平稳,后部留有足够的空间散热。 (2)计算机电源线、控制线、信号线的接插头安装牢固,无漏接、错接现象。 (3)标志铭牌正确、完整、无误
3	收费视频监视系统的设备施工技术要求	(1)设备及配件数量、型号、规格符合要求,部件完整。 (2)设备基础混凝土表面应刮平,无损边、无掉角;机箱、立柱法兰及地脚螺栓规格符合设计要求,防腐措施得当,裸露金属基体无锈蚀。 (3)收费广场、车道以及收费亭内摄像机安装方法、高度符合设计要求,安装牢固、端正。 (4)车道至收费站内的传输线不允许有中间接头;电源、控制线路以及视频传输线路按规范要求连接到位
4	ETC门架系统的设备施工技术要求	(1)ETC门架系统由上、下行双方向门架组成,上、下行双方向门架宜背向错开布置,距离宜小于30m,同时距离不宜过远。 (2)省界ETC门架系统,上、下行方向可设置两个门架,同向两个门架最小间距应不小于500m。 (3)尽量避免5.8GHz相近频点干扰。 (4)ETC门架系统前方2km、1km和500m处应设置预告标志和路面标记

B18 公路工程施工单位安全生产责任

■高频考点：公路工程施工单位安全责任规定

序号	项目	内容
1	安全生产责任制度与体系	(1)施工单位应当建立健全全员安全生产责任制,明确各岗位的责任人员、责任范围和考核标准等内容,加强对安全生产责任制落实情况的监督考核。 (2)施工单位应当按照法律、法规、规章、工程建设强制性标准和合同文件组织施工,保障项目施工安全生产条件,对施工现场的安全生产负主体责任。施工单位主要负责人依法对项目安全生产工作全面负责。 (3)建设工程实行施工总承包的,由总承包单位对施工现场的安全生产负总责。分包单位应当服从总承包单位的安全生产管理,分包单位不服从管理导致生产安全事故的,由分包单位承担主要责任。 (4)施工单位应当书面明确本单位的项目负责人,代表本单位组织实施项目施工生产
2	项目负责人的项目安全生产工作职责	(1)建立项目全员安全生产责任制,加强安全标准化建设并实施相应的考核与奖惩。 (2)按规定配足项目专职安全生产管理人员。 (3)结合项目特点,组织制定并实施项目安全生产规章制度和操作规程。 (4)组织制定并实施项目安全生产教育和培训计划。 (5)保证本项目安全生产投入的有效实施。 (6)依据风险评估结论,完善施工组织设计和专项施工方案。 (7)组织建立并落实安全风险分级管控和隐患排查治理双重预防工作机制,督促、检查本项目安全生产工作,及时消除生产安全事故隐患整改情况。 (8)组织制定本合同段应急预案并定期组织演练。 (9)按要求及时、如实报告生产安全事故并合理组织自救
3	施工单位专职安全生产管理人员职责	(1)组织或参与拟订本项目安全生产规章制度、操作规程和生产安全事故应急预案。 (2)组织或参与本项目安全生产教育和培训,如实记录安全生产教育和培训情况。

序号	项目	内容
3	施工单位专职安全生产管理人员职责	（3）组织开展本项目危险源辨识和评估,督促落实本项目重大危险源的安全管理措施。 （4）组织或参与本项目应急救援演练。 （5）检查本项目的安全生产状况,及时排查事故隐患,提出改进安全生产管理的建议。 （6）制止和纠正违章指挥、强令冒险作业、违反操作规程的行为。 （7）督促落实本项目安全生产整改措施
4	危大工程安全管理	施工单位应当在施工组织设计中编制安全技术措施和施工现场临时用电方案,对下列达到一定规模的危险性较大的分部分项工程编制专项施工方案,并附具安全验算结果,经施工单位技术负责人、总监理工程师签字后实施,由专职安全生产管理人员进行现场监督: （1）基坑支护与降水工程。 （2）土方开挖工程。 （3）模板工程。 （4）起重吊装工程。 （5）脚手架工程。 （6）拆除、爆破工程。 （7）国务院建设行政主管部门或者其他有关部门规定的其他危险性较大的工程
5	消防与现场管理	（1）施工单位应当根据施工规模和现场消防重点建立施工现场消防安全责任制度,确定消防安全责任人,制定消防管理制度和操作规程,设置消防通道,配备相应的消防设施、物资和器材。 （2）施工单位对施工现场临时用火、用电的重点部位及爆破作业各环节应当加强消防安全检查
6	其他规定	（1）施工单位应当将专业分包单位、劳务合作单位的作业人员及实习人员纳入本单位统一管理。 （2）新进人员和作业人员进入新的施工现场或者转入新的岗位前,施工单位应当对其进行安全生产培训考核。 （3）施工单位采用新技术、新工艺、新设备、新材料的,应当对作业人员进行相应的安全生产教育培训,生产作业前还应当开展岗位风险提示

B19　公路工程项目施工安全风险评估

■高频考点：公路工程项目施工安全风险评估总体要求

（1）总体风险评估宜在项目施工招标完成。

（2）专项风险评估包括施工前专项风险评估、施工过程专项风险评估和风险控制预期效果评价等环节，贯穿整个施工过程。

（3）公路工程施工安全总体风险评估应将整个工程项目按照桥梁工程、隧道工程、边坡工程、基坑工程、大型临时工程和"两区三场"等重点区域划分为相互独立的作业单元，作为总体风险评估对象。

（4）开展施工安全风险评估工作应成立评估小组，小组成员应严格按照流程和要求开展评估工作，评估结果应通过评估小组集体讨论确定。桥梁工程、隧道工程、边坡工程、基坑工程、大型临时工程和"两区三场"施工安全风险评估工作还应符合各类工程的具体要求。

（5）施工安全风险评估方法应根据工程的特点和实际进行选择。总体风险评估宜采用专家调查法和指标体系法等方法；专项风险评估可综合采用安全检查表法、作业条件危险性评价法（LEC法）、专家调查法、指标体系法、风险矩阵法等方法，必要时宜采用两种以上方法比对验证风险评估结果，当采用不同方法得出的评估结果出现较大差异时，应分析导致较大差异的原因，确定合理的评估结果。

（6）施工安全风险评估工作包括以下几个步骤：前期准备、现场调查、总体风险评估、专项风险评估、风险评估报告编制、风险评估报告评审。

（7）总体风险评估和专项风险评估等级均分为四级：低风险（Ⅰ级）、一般风险（Ⅱ级）、较大风险（Ⅲ级）、重大风险（Ⅳ级）。

（8）工程施工应实施全过程风险分级管控和风险警示告知、监控预警制度。在项目实施前期阶段，应根据总体风险评估结果采取相应措施，并在后续项目施工阶段根据专项风险评估结果采取事前预控、事中监控、事后评价的方式，实施动态、循环的风险控制，直至将风险至少降低到可接受的程度。施工过程中的风险监控宜采用信息化、智能化、可视化方式。

■高频考点：高速公路路堑高边坡工程施工安全风险评估

序号	项目	内容
1	概念与类型	（1）专项风险评估是在总体风险评估基础上，将风险等级达到较大风险（Ⅲ级）及以上的路堑段作为评估单元，以施工作业活动为评估对象，根据其施工安全风险特点及类似工程事故情况，进行风险辨识、分析、估测；并针对其中的重大风险源进行量化评估，提出具体的风险控制措施。 （2）专项风险评估可分为施工前专项评估和施工过程专项评估。 （3）专项风险评估结论应作为编制或完善专项施工方案的依据
2	实施时间	（1）总体风险评估应在项目开工前实施。专项风险评估应在路堑边坡分项工程开工前完成。 （2）施工中，经论证出现新的重大风险源，或发生生产安全事故（险情）等情况，应补充开展施工过程专项评估
3	评估组织与评估报告	（1）总体风险评估工作由建设单位负责组织，专项风险评估工作由施工单位负责组织。组织单位按照"谁组织谁负责"的原则对评估工作质量负责。 （2）总体风险评估和施工前专项风险评估应分别形成评估报告，施工过程专项风险评估可简化形成评估报表。评估报告应反映风险评估过程的全部工作，报告内容应包括编制依据、工程概况、评估方法、评估步骤、评估内容、评估结论及对策建议等
4	实施要求	（1）项目总体风险评估的重大风险源应按规定报监理单位、建设单位、地方行业主管部门备案。 （2）施工单位应根据风险评估结论，完善路堑高边坡工程施工组织设计和专项施工方案，分类制定相应的专项应急预案，对项目施工过程实施预警预控。对重大风险源应建立日常巡查、监测预警、定期报告、销号等制度，并严格实施。对暂时无有效应对措施的Ⅳ级风险，应立即停工。 （3）施工安全风险评估工作费用在项目安全生产费用中列支

■高频考点：公路桥梁和隧道工程施工安全风险评估

序号	项目	内容
1	桥梁工程评估范围	(1)多跨或跨径大于 40m 的石拱桥,跨径大于或等于 150m 的钢筋混凝土拱桥,跨径大于或等于 350m 的钢箱拱桥、钢桁架、钢管混凝土拱桥。 (2)跨径大于或等于 140m 的梁式桥,跨径大于 400m 的斜拉桥,跨径大于 1000m 的悬索桥。 (3)墩高或净空大于 100m 的桥梁工程。 (4)采用新材料、新结构、新工艺、新技术的特大桥、大桥工程。 (5)特殊桥型或特殊结构桥梁的拆除或加固工程。 (6)施工环境复杂、施工工艺复杂的其他桥梁工程
2	隧道工程评估范围	(1)穿越高地应力区、岩溶发育区、区域地质构造、煤系地层、采空区等工程地质或水文地质条件复杂的隧道,黄土地区、水下或海底隧道工程。 (2)浅埋、偏压、大跨度、变化断面等结构受力复杂的隧道工程。 (3)长度 3000m 及以上的隧道工程,Ⅵ、Ⅴ级围岩连续长度超过 50m 或合计长度占隧道全长的 30% 及以上的隧道工程。 (4)连拱隧道和小净距隧道工程。 (5)采用新技术、新材料、新设备、新工艺的隧道工程。 (6)隧道改扩建工程。 (7)施工环境复杂、施工工艺复杂的其他隧道工程
3	评估方法	施工安全风险评估分为总体风险评估和专项风险评估。 (1)总体风险评估。桥梁或隧道工程开工前,根据桥梁或隧道工程的地质环境条件、建设规模、结构特点等孕险环境与致险因子,估测桥梁或隧道工程施工期间的整体安全风险大小,确定其静态条件下的安全风险等级。 (2)专项风险评估。当桥梁或隧道工程总体风险评估等级达到Ⅲ级(较大风险)及以上时,将其中高风险的施工作业活动(或施工区段)作为评估对象,根据其作业风险特点以及类似工程事故情况,进行风险源普查,并针对其中的重大风险源进行量化估测,提出相应的风险控制措施。 (3)评估方法应根据被评估项目的工程特点,选择相应的定性或定量的风险评估方法。一般采用风险指标体系法、作业条件危险性分析法等

序号	项目	内容
4	评估步骤	风险评估工作包括:制定评估计划、选择评估方法、开展风险分析、进行风险估测、确定风险等级、提出措施建议、编制评估报告等方面
5	评估组织与评估报告	(1)施工安全风险评估工作原则上由项目施工单位具体负责。当被评估项目含多个合同段时,总体风险评估应由建设单位牵头组织,专项风险评估工作仍由合同施工单位具体实施。 (2)当施工单位的施工经验或能力不足时,可委托行业内安全评估机构承担相关风险评估工作。 (3)评估工作负责人应当具有 5 年以上的工程管理经验,并有参与类似工程施工的经历。 (4)风险评估工作应形成评估报告。评估报告应反映风险评估过程的主要工作。报告内容应包括评估依据、工程概况、评估方法、评估步骤、评估内容、评估结论及对策建议等。评估结论应当明确风险等级、可能发生事故的关键部位、区域或节点、事故可能性等级、规避或者降低风险的建议措施等内容
6	实施要求	(1)施工单位应根据风险评估结论,完善施工组织设计和危险性较大工程专项施工方案,制定相应的专项应急预案,对项目施工过程实施预警预控。 (2)重大风险源的监控与防治措施、应急预案经施工企业技术负责人和项目总监理工程师审批后,由建设单位组织论证或复评估。 (3)施工单位应建立重大风险源的监测及验收、日常巡查、定期报告等工作制度。 (4)施工项目经理或技术负责人在工程施工前应对施工人员进行安全技术教育与交底;施工现场应设立相应的危险告知牌。 (5)适时组织对典型重大风险源的应急救援演练。 (6)当专项风险等级为Ⅳ级(重大风险)且无法降低时,必须提高现场防护标准,落实应急处置措施,视情况开展第三方施工监测;未采取有效措施的,不得施工。 (7)公路桥梁和隧道工程施工安全风险评估应遵循动态管理的原则,当工程设计方案、施工方案、工程地质、水文地质、施工队伍等发生重大变化时,应重新进行风险评估。 (8)施工安全风险评估工作费用应在项目安全生产费用中列支

B20 公路工程施工生产安全事故报告

■**高频考点：事故分类及等级**

序号	项目	内容
1	事故分类	根据《企业职工伤亡事故分类》GB 6441—1986,事故分20类: (1)物体打击;(2)车辆伤害;(3)机械伤害;(4)起重伤害;(5)触电;(6)淹溺;(7)灼烫;(8)火灾;(9)高处坠落;(10)坍塌;(11)冒顶片帮;(12)透水;(13)放炮;(14)火药爆炸;(15)瓦斯爆炸;(16)锅炉爆炸;(17)容器爆炸;(18)其他爆炸;(19)中毒和窒息;(20)其他伤害
2	事故等级	根据生产安全事故(以下简称事故)造成的人员伤亡或者直接经济损失,事故一般分为以下等级: (1)特别重大事故,是指造成30人以上死亡,或者100人以上重伤(包括急性工业中毒,下同),或者1亿元以上直接经济损失的事故。 (2)重大事故,是指造成10人以上30人以下死亡,或者50人以上100人以下重伤,或者5000万元以上1亿元以下直接经济损失的事故。 (3)较大事故,是指造成3人以上10人以下死亡,或者10人以上50人以下重伤,或者1000万元以上5000万元以下直接经济损失的事故。 (4)一般事故,是指造成3人以下死亡,或者10人以下重伤,或者1000万元以下直接经济损失的事故。 注:所称的"以上"包括本数,"以下"不包括本数

■**高频考点：事故报告**

序号	项目	内容
1	事故报告主体	(1)事故发生后,事故现场有关人员应当立即向本单位负责人报告;单位负责人接到事故报告后,应当迅速启动事故应急预案,采取有效措施,组织抢救,防止事故扩大,减少人员伤亡和财产损失,并按照国家有关规定立即如实报告当地应急管理部门,不得隐瞒不报、谎报或者迟报,不得故意破坏事故现场、毁灭有关证据。

序号	项目	内容
1	事故报告主体	(2)情况紧急时,事故现场有关人员可以直接向事故发生地县级以上人民政府负有安全生产监督管理职责的有关部门报告
2	报告事故内容	(1)事故发生单位概况。 (2)事故发生的时间、地点以及事故现场情况。 (3)事故的简要经过。 (4)事故已经造成或者可能造成的伤亡人数(包括下落不明的人数)和初步估计的直接经济损失。 (5)已经采取的措施。 (6)其他应当报告的情况
3	事故补报规定	(1)事故报告后出现新情况的,应当及时补报。自事故发生之日起 30 日内,事故造成的伤亡人数发生变化的,应当及时补报。 (2)道路交通事故、火灾事故自发生之日起 7 日内,事故造成的伤亡人数发生变化的,应当及时补报
4	事故现场保护	(1)事故发生后,有关单位和人员应当妥善保护事故现场以及相关证据,任何单位和个人不得破坏事故现场、毁灭相关证据。 (2)因抢救人员、防止事故扩大以及疏通交通等原因,需要移动事故现场物件的,应当做出标志,绘制现场简图并作出书面记录,妥善保存现场重要痕迹、物证

B21　公路工程项目施工方案编制

■高频考点：施工方案及其编制与审批要求

序号	项目	内容
1	公路工程施工方案	(1)施工方案是以分部(分项)工程或专项工程为对象编制的施工技术与组织方案,用以具体指导其施工。 (2)施工方案的特点和要求:准备超前、切实可行、安全可靠、经济合理、技术先进
2	施工方案编制、审核和审批人规定	(1)对于一般施工方案,应由各专业工程师或专业分包单位专业工程师编制,项目技术部门或专业分包单位技术部门审核,项目总工程师或专业分包单位技术负责人审批。

序号	项目	内容
2	施工方案编制、审核和审批人规定	(2)对于重大施工方案,应由项目总工程师组织编制,中标单位技术管理部门组织审核,由中标单位技术负责人进行审批
3	专家论证组织	(1)超过一定规模的危险性较大的分部分项工程专项方案应当由中标单位组织召开专家论证会。 (2)实行施工总承包的,由施工总承包单位组织召开专家论证会
4	专家论证内容	(1)专项方案内容是否完整、可行。 (2)专项方案计算书和验算:依据是否符合有关标准规范。 (3)安全施工的基本条件是有满足现场实际情况

B22　公路工程工程量清单编制

■高频考点：工程量清单的内容

序号	项目	内容
1	工程量清单	(1)工程量清单又叫子目清单表,是招标工程中按章的顺序排列的各个子目表。表中有子目号、子目名称、工程数量、单位、单价及金额栏目,其中单价或金额栏的数字一般由承包人投标时填写,其他部分一般由业主或者招标人在编制工程量清单时确定。 (2)工程子目分章排列,有利于将不同性质、不同部位、不同施工阶段或其他特性的不同的工程区别开来,同时也有利于将那些需要采用不同施工方法、不同施工阶段或成本不一样的工程区别开来
2	计日工表	(1)计日工也称散工、点工或零星工,指在工程实施过程中,业主可能有一些临时性的或新增加的项目,而且这种临时的新增项目的工程量在招标投标阶段很难估计,希望通过招投标阶段事先定价,避免开工后可能发生时出现的争端,故需要以计日工表的方法在工程量清单中予以明确。 (2)计日工表由计日工劳务、计日工材料、计日工施工机械、计日工汇总表等方面的内容组成

176

序号	项目	内容
3	暂估价表	(1)暂估价是发包人在工程量清单中给定的用于支付必然发生但暂时不能确定价格的材料、设备以及专业工程的金额。 (2)暂估价表包括材料暂估价表、工程设备暂估价表和专业工程暂估价表
4	工程量清单汇总表	(1)工程量清单汇总表是将各章的工程子目表及计日工明细表进行汇总,再加上一定比例或数量(按招标文件规定)的暂列金额而得出该项目的总报价,该报价与投标书中填写的投标总价是一致的。 (2)暂列金额是指用于在签订协议书时尚未确定或不可预见变更的施工及其所需材料、工程设备、服务等的金额,包括以计日工方式支付的金额

B23　公路工程施工阶段工程变更管理

■高频考点：变更程序

序号	项目	内容
1	变更的提出	(1)在合同履行过程中,可能发生合同约定变更情形的,监理工程师可向承包人发出变更意向书。变更意向书应说明变更的具体内容和发包人对变更的时间要求,并附必要的图纸和相关资料。变更意向书应要求承包人提交包括拟实施变更工作的计划、措施和竣工时间等内容的实施方案。发包人同意承包人根据变更意向书要求提交变更实施方案的,由监理工程师按合同约定发出变更指示。 (2)在合同履行过程中,发生合同约定变更情形的,监理工程师应按照合同约定向承包人发出变更指示。 (3)承包人收到监理工程师按合同约定发出的图纸和文件,经检查认为其中存在合同约定变更情形的,可向监理工程师提出书面变更建议。变更建议应阐明要求变更的依据,并附必要的图纸和说明。监理工程师在收到承包人书面建议后,应与发包人共同研究,确认存在变更的,应在收到承包人书面建议后的 14d 内作出变更指示。经研究后不同意作为变更的,应由监理工程师书面答复承包人。

序号	项目	内容
1	变更的提出	(4)若承包人收到监理工程师的变更意向书后认为难以实施此项变更,应立即通知监理工程师,对其说明原因并附详细依据。监理工程师与承包人和发包人协商后确定撤销、改变或不改变原变更意向书
2	承包人的合理化建议	(1)在履行合同过程中,承包人对发包人提供的图纸、技术要求以及其他方面提出的合理化建议,均应以书面形式提交监理工程师。合理化建议书的内容应包括建议工作的详细说明、进度计划和效益以及与其他工作的协调等,并附必要的设计文件。监理工程师应与发包人协商是否采纳建议。建议被采纳并构成变更的,应按合同约定向承包人发出变更指示。 (2)承包人提出的合理化建议缩短了工期,发包人按合同条款中"工期提前"的规定给予奖励;承包人提出的合理化建议降低了合同价格或者提高了工程经济效益的,发包人按项目专用合同条款数据表中规定的金额给予奖励
3	工程变更的审批程序	工程变更通常实行分级审批的管理制度。 (1)一般工程变更的审批程序。所谓一般工程变更,通常指一些小型的监理工程师有权直接批准的工程变更工作,其审批程序大致如下: ①工程变更的提出人向驻地监理工程师提出工程变更的申请,包括变更的原因、工程变更对造价的影响等分析,必要时附上有关的变更设计资料。 ②驻地监理工程师对变更申请的可行性进行评估,并写出初步的审查意见。 ③总监理工程师对驻地监理工程师审查的变更申请进行进一步的审定,并签署审批意见。总监理工程师签署工程变更令。 ④承包单位组织变更工程的施工(包括可能的设计工作)。 ⑤监理工程师和承包人协商确定变更工程的造价及办理有关的结算工作。 (2)重要工程变更的审批程序。重要工程变更通常指对工程造价影响较大,需要业主批准的工程变更工作。其审批程序是:监理工程师下达工程变更令之前,一是要报业主批准,二是要同承包人协商确定变更工程的价格不超过业主批准的范围。如果超过业主批准的总额,监理工程师应在下达工程变更令前请求业主进一步的批准或授权。

178

序号	项目	内容
3	工程变更的审批程序	(3)重大工程变更的审批程序。重大工程变更通常指一些对工程造价的影响很大、可能超出设计概算(甚至投资估算)的工程变更。对这些工程变更工作,业主在审批工程变更前应事先取得国家计划主管部门的批准

■高频考点：变更工程的造价管理

序号	项目	内容
1	变更估价	(1)除专用合同条款对期限另有约定外,承包人应在收到变更指示或变更意向书后的 14d 内,向监理工程师提交变更报价书。报价内容应根据合同约定的估价原则,详细开列变更工作的价格组成及其依据,并附必要的施工方法说明和有关图纸。 (2)变更工程影响工期的,承包人应提出调整工期的具体细节。监理工程师可要求承包人提交提前或延长工期的施工进度计划及相应施工措施等详细资料。 (3)除专用合同条款对期限另有约定外,监理工程师应在收到承包人变更报价书后的 14d 内,根据合同约定的估价原则,按照合同约定商定或确定变更价格
2	变更估价的原则	变更工程的单价原则,其一是约定优先原则,其二是公平合理原则。除专用合同条款另有约定外,因变更引起的价格调整按照如下约定处理: (1)如果取消某项工作,则该项工作的总额价不予支付。 (2)已标价工程量清单中有适用于变更工作的子目的,采用该子目的单价。 (3)已标价工程量清单中无适用于变更工作的子目,但有类似子目的,可在合理范围内参照类似子目的单价,由监理工程师按合同约定商定或确定变更工作的单价。 (4)已标价工程量清单中无适用或类似子目的单价,可在综合考虑承包人在投标时所提供的单价分析表的基础上,由监理人按合同约定商定或确定变更工作的单价。 (5)如果本工程的变更指示是因承包人过错、承包人违反合同或承包人责任造成的,则这种违约引起的任何额外费用应由承包人承担

B24 公路工程计量管理

■**高频考点：工程计量程序**

序号	项目	内容
1	现场计量的程序	（1）工程计量由承包人向监理工程师提出并附有必要的中间交工验收资料或质量合格证明。 （2）监理工程师对工程的任何部分进行计量时，应事先通知承包人或其代表。承包人或其代表应立即委派合格人员前往协助监理工程师进行计量工作，还应提供必要的设备和交通工具。计量工作可以由监理工程师和承包人双方委派合格人员在现场进行，也可以采用记录和图纸在室内按计量规则进行计算，结果都必须经监理工程师和承包人双方签字认可。如果承包人在收到监理工程师的计量通知后，不参加或未派人参加计量工作，只由监理工程师派出人员单方面进行的工程计量，经监理工程师批准的应认为是正确的工程计量，可以用作支付的依据。承包人不可以对此种计量提出异议
2	驻地监理工程师对计量结果的审查	驻地监理工程师对计量结果的审查包括：一是计量的工程质量是否达到合同标准；二是计量的过程是否符合合同条件
3	总监理工程师代表处对工程计量项目的审定	总监理工程师代表处在审定过程中有权对计量工程项目的质量进行抽检，抽检不合格的项目不予计量，对计量过程有错误的项目进行修正或不予计量。只有经总监理工程师审查批准的工程项目，才予以支付工程款项

■**高频考点：工程量计量说明**

序号	项目	内容
1	一般要求	（1）所有工程项目，除个别注明者外，均采用我国法定的计量单位，即国际单位及国际单位制导出的辅助单位进行计量。 （2）计量与支付规则，应与合同条款、工程量清单以及图纸同时阅读，工程量清单中的支付项目号和规则的章节编号一致。

序号	项目	内容
1	一般要求	(3)按合同提供的材料数量和完成的工程数量所采用的测量与计算方法,应经监理工程师批准或指示。承包人应提供一切计量设备和条件,并保证其设备精度符合要求。 (4)除非监理人另有准许,一切计量工作都应在监理工程师在场情况下,由承包人测量、记录。有承包人签名的计量记录原本,应提交给监理工程师审查和保存。 (5)工程量应由承包人计算,由监理工程师审核。工程量计算的副本应提交给监理工程师并由监理工程师保存。 (6)除合同特殊约定单独计量之外,工程必需的模板、脚手架、装备、机具、螺栓、垫圈和钢制件等其他材料,应包括在工程量清单所列的有关支付项目中,均不单独计量。 (7)除监理人另有批准外,凡超过图纸所示的面积或体积,都不予计量与支付。 (8)承包人应严格标准计量基础工作和材料采购检验工作。沥青混凝土、沥青碎石、水泥混凝土、高强度等级水泥砂浆的施工现场必须使用电子计量设备称重。因不符合计量规定引发质量问题,所发生的费用由承包人承担
2	重量	(1)称重计量时应满足以下条件:监理工程师在场;称重记录;载明包装材料、支撑装置、垫块、捆束物等质量的说明书在称重前提交给监理工程师作为依据。 (2)钢筋、钢板或型钢计量时,应按图纸或其他资料标示的尺寸和净长计算。搭接、接头套筒、焊接材料、下脚料和固定、定位架立钢筋等,则不予另行计量。钢筋、钢板或型钢应以千克计量,四舍五入,不计小数。钢筋、钢板或型钢由于理论单位质量与实际单位质量的差异而引起材料质量与数量不相匹配的情况,计量时不予考虑。 (3)金属材料的质量不得包括施工需要加放或使用的灰浆、楔块、填缝料、垫衬物、油料、接缝料、焊条、涂敷料等质量
3	面积	除非另有规定,计算面积时,其长、宽应按图纸所示尺寸线或按监理工程师指示计量。对于面积在 $1m^2$ 以下的固定物(如检查井等)不予扣除

序号	项目	内容
4	结构物	（1）结构物应按图纸所示净尺寸线，或根据监理人指示修改的尺寸线计量。 （2）水泥混凝土的计量应按监理人认可的并已完工工程的净尺寸计算，钢筋的体积不扣除，倒角不超过 0.15m×0.15m 时不扣除，体积不超过 0.03m³ 的开孔及开口不扣除，面积不超过 0.15m×0.15m 的填角部分也不增加。 （3）所有以米计量的结构物（如管涵等），除非图纸另有表示，应按平行于该结构物位置的基面或基础的中心方向计量
5	土方	（1）土方体积可采用平均断面积法计算，但与似棱体公式计算结果比较，如果误差超过±5%时，监理人可采用似棱体公式。 （2）各种不同类别的挖方与填方计量，应以图纸所示界线为限，而且应在批准的横断面图上标明。 （3）用于填方的土方量，应按压实后的纵断面高程和路床面为准来计量。承包人报价时，应考虑在挖方或运输过程中引起的体积差。 （4）在现场钉桩后 56d 内，承包人应将设计和进场复测的土方横断面图连同土方的面积与体积计算表一并提交监理工程师批准。所有横断面图都应标有图题框，其大小由监理工程师指定。一旦横断面图得到最后批准，承包人应交给监理工程师原版图及三份复制图
6	重量与体积换算	（1）如承包人提出要求并得到监理工程师的书面批准，已规定要用立方米计量的材料可以称重，并将此质量换算为立方米计量。 （2）将质量计量换算为体积计量的换算系数应由监理工程师确定，并应在此种计量方法使用前征得承包人的同意
7	沥青和水泥	（1）沥青和水泥应以千克为单位计量。 （2）如用货车或其他运输工具装运沥青材料，可以按经过检定的质量或体积计算沥青材料的数量，但要对漏失量或泡沫进行校正。 （3）水泥可以以袋作为计量的依据，但一袋的标准应为 50kg。散装水泥应称重计量
8	成套的结构单元	如规定的计量单位是一成套的结构物或结构单元（实际上就是按"总额"或称"一次支付"计的工程子目），该单元应包括所有必需的设备、配件和附属物及相关作业

序号	项目	内容
9	标准制品项目	(1)如规定采用标准制品(如护栏、钢丝、钢板、轧制型材、管等),而这类项目又是以标准规格(单位重、截面尺寸等)标识的,则这种标识可以作为计量的标准。 (2)除非所采用标准制品的允许误差比规范的允许误差要求更严格,否则,生产厂确立的制造允许误差不予认可

B25　公路工程施工进度计划类型

■高频考点:公路工程施工进度计划类型

序号	项目	内容
1	横道图	公路工程的进度横道图是以时间为横坐标,以各分部(项)工程或工作内容为纵坐标,按一定的先后施工顺序,用带时间比例的水平横线表示对应工作内容持续时间的进度计划图表。公路工程中常常在横道图的对应分项的横线下方表示当月计划应完成的累计工程量或工作量百分数,横线上方表示当月实际完成的累计工程量或工作量百分数
2	"S"曲线	"S"曲线是以时间为横轴,以累计完成的工程费用的百分数为纵轴的图表化曲线。一般在图上标注有一条计划曲线和实际支付曲线,实际线高于计划线则实际进度快于计划,否则就慢;曲线本身的斜率也反映进度推进的快慢。有时,为反映实际进度另增加一条实际完成线(支付滞后于完成)。在公路工程中,常常将"S"曲线和横道图合并于同一张图表中,称之为"公路工程进度表",既能反映各分部(项)工程的进度,又能反映工程总体的进度
3	垂直图(也称斜条图、时间里程图)	垂直图是以公路里程或工程位置为横轴,以时间为纵轴,而各分部(项)工程的施工进度则相应地以不同的斜线表示。在图中可以辅助表示平面布置图和工程量的分布。垂直图很适合表示公路、隧道等线形工程的总体施工进度。斜率越陡,进度越慢,斜率越平坦,进度越快

序号	项目	内容
4	斜率图	斜率图是以时间(月份)为横轴,以累计完成的工程量的百分数为纵轴,将分项工程的施工进度相应地用不同斜率表示的图表化曲(折)线。事实上就是分项工程的"S"曲(折)线,主要是作为公路工程投标文件中施工组织设计的附表,以反映公路工程的施工进度
5	网络图	—

B26　公路工程施工进度计划编制

■高频考点：公路施工过程组织方法和特点

序号	项目	内容
1	顺序作业法(也称为依次作业法)的主要特点	(1)没有充分利用工作面进行施工,(总)工期较长。 (2)每天投入施工的劳动力、材料和机具的数量比较少,有利于资源供应的组织工作。 (3)施工现场的组织、管理比较简单。 (4)不强调分工协作,若由一个作业队完成全部施工任务,不能实现专业化生产,不利于提高劳动生产率;若按工艺专业化原则成立专业作业队(班组),各专业队是间歇作业,不能连续作业。材料供应也是间歇供应,劳动力和材料的使用可能不均衡
2	平行作业法的主要特点	(1)充分利用工作面进行施工,(总)工期较短。 (2)每天同时投入施工的劳动力、材料和机具数量较大,材料供应特别集中,所需作业班组很多,影响资源供应的组织工作。 (3)如果各工作面之间需共用某种资源时,施工现场的组织管理比较复杂、协调工作量大。 (4)不强调分工协作,各作业单位都是间歇作业,此点与顺序作业法相同。 注:这种方法的实质是用增加资源的方法来达到缩短(总)工期的目的,一般适用于需要突击性施工时施工作业的组织

184

序号	项目	内容
3	流水作业法的主要特点	(1)必须按工艺专业化原则成立专业作业队(班组),实现专业化生产,有利于提高劳动生产率,保证工程质量。 (2)专业化作业队能够连续作业,相邻作业队的施工时间能最大限度地搭接。 (3)尽可能地利用工作面进行施工,工期比较短。 (4)每天投入的资源量较为均衡,有利于资源供应的组织工作。 (5)需要较强的组织管理能力。 注:这种方法可以科学地利用工作面,实现不同专业作业队之间的平行施工

■高频考点:公路工程常用的流水施工组织

序号	项目	内容
1	公路工程常用的流水参数	(1)工艺参数:施工过程数 n(工序个数),流水强度 V。 (2)空间参数:工作面 A、施工段 m、施工层。 (3)时间参数:流水节拍 t、流水步距 K、技术间歇 Z、组织间歇、搭接时间
2	公路工程流水施工分类	(1)按节拍的流水施工分类: ①有节拍(有节奏)流水: A. 等节拍(等节奏)流水,所有的流水节拍相同且流水步距等于流水节拍,是理想的流水施工。 B. 异节拍(异节奏)流水,可进一步分为成倍流水(等步距异节拍)和分别流水(异步距异节拍)。 ②无节拍(无节奏)流水:流水节拍一般不相同,用累加数列错位相减取最大差的方法求流水步距。 (2)施工段在空间分布形式的流水施工分类:流水段法流水施工;流水线法流水施工
3	路面工程的线性流水施工组织	(1)各结构层的施工速度和持续时间。要考虑影响每个施工段的因素,水泥稳定碎石的延迟时间、沥青拌和能力、温度要求、摊铺速度、养护时间、最小工作面的要求等。 (2)相邻结构层之间的速度决定了相邻结构层之间的搭接类型,前道工序的速度快于后道工序时选用开始到开始搭接类型,否则选用完成到完成搭接类型。 (3)相邻结构层工序之间的搭接时间的计算:时距=最小工作面长度/两者中快的速度

序号	项目	内容
4	通道和涵洞的流水段施工组织	（1）不窝工的无节拍流水工期＝流水步距和＋最后一道工序流水节拍的和＋要求间歇和。 （2）无多余间歇的无节拍流水工期＝施工段间间隔和＋最后一个施工段流水节拍的和＋要求间歇和。 （3）有窝工并且有多余间歇的无节拍流水工期，一般通过绘制横道图来确定，如果是异节拍流水时往往是不窝工或者无多余间歇流水施工中的最小值，此时一般是无多余间歇流水工期最小
5	桥梁工程流水施工组织	（1）多跨桥梁的桥梁基础或桥梁下部结构施工由于受到专业设备数量的限制，不宜配备多台，因此只能采取流水施工。 （2）桥梁的流水施工也是属于流水段法流水施工，应注意尽可能组织成有节拍的形式。工期计算与通道涵洞相同

■高频考点：网络计划在公路工程进度计划中的应用

序号	项目	内容
1	衔接网络图的应用	路基、路面、桥涵、隧道等
2	单代号搭接网络图的应用	（1）路面各结构层的搭接流水施工。搭接时距的确定参见路面工程线性流水施工组织。 （2）结构物细部流水原本是衔接关系，如果简化成各工序之间流水或者各施工段之间流水，那么就变成为搭接关系。尤其在使用计算机的项目管理软件编制进度计划时，对简化后的工作之间的搭接关系更应该知道如何正确表示，否则本不是关键的线路却因为表示错误而成为关键线路。搭接时距选择和计算，简化为不窝工流水时取 STS＝相邻工作的流水步距，不间歇流水时取 STS＝段间间隔

B27 公路工程进度拖延处理

■高频考点：工期拖延的处理

序号	项目	内容
1	非承包人原因或责任造成的拖延处理	(1)对于非承包人责任的拖延所引起的总工期拖延,即工程不能按原定工期完工的情况,合同规定在申请手续齐备并符合合同要求的情况下由业主承担这部分损失,一般应给予承包人竣工时间的顺延。 (2)工期的顺延应符合以下条件: ①非承包人原因和责任。 ②符合合同规定的手续。 ③拖延的事件应发生在关键线路上,或虽未发生在关键线路上但延误超过了总时差且影响总工期。延误发生是否影响总工期是延期的重要条件。如果延误的事件是非关键工作且延误未超过其总时差,即使符合合同规定也不能批准延期。 (3)如出现非承包人原因和责任引起工期拖延,或工期虽未拖延但业主希望提前竣工时,业主或监理工程师可书面指令承包人加快施工缩短工期,因此引起的人力、物力、财力的额外支出,承包人可以依据合同规定提出费用索赔
2	承包人自身原因或责任造成的拖延处理	承包人原因和责任引起工期拖延,承包人理应加快施工进度满足合同工期要求,由此发生的费用由承包人承担。依据拖延的程度、是否需要增加资源或调整施工计划,可按以下两种情况处理: (1)承包人自身原因的拖延引起工期拖延不大,没有超过一定百分比时,承包人一般可通过加强内部管理来自身消化。如:可以在不额外增加资源的情况下,通过优化关键线路与非关键线路的资源配置,适当提高工效或延长每日作业时间的方式将拖延的工期赶回来。 (2)通过进度计划的检查,反映出承包人自身原因所引起工期拖延的影响较大,达到或超过危险的百分比难以从加强内部管理来消化时,应及时采取措施对进度计划进行调整,以确保总体进度目标的达成

注:当发生工程进度计划延误时,首先通过检查判断其延误是否对总工期造成影响。非关键工作的延误只要不超过其总时差就不会造成总工期的拖延或增加,关键线路上任何工作(即关键工作)有延误,则一定会造成工期的拖延,就需要对拖延的工期进行处理。

序号	项目	内容
1	调整施工进度计划的步骤	分析进度计划检查结果；分析进度偏差的影响并确定调整的对象和目标；选择适当的调整方法；编制调整方案；对调整方案进行评价和决策；调整；确定调整后付诸实施的新施工进度计划
2	进度计划的调整	（1）改变某些工作间的逻辑关系。 （2）关键工作的调整。 （3）调整施工方案。 （4）剩余工作重新编制进度计划

B28　公路工程施工成本管理内容

■高频考点：施工成本管理内容

序号	项目	内容
1	施工成本预测	由企业和项目经理部有关人员根据一定的规则和程序确定项目施工责任成本
2	施工成本计划编制	包括由项目经理部根据项目施工责任成本确定的施工工期内的总施工成本计划（目标成本）和月度施工成本计划的编制
3	施工成本控制	主要指工程项目施工成本的过程控制。这是工程项目施工成本管理活动中不确定因素最多、最复杂、最基础也是最重要的管理内容
4	施工成本核算	是对工程项目施工过程中所直接发生的各种费用，而进行的项目施工成本的核算。通过成本核算确定成本盈亏情况，为及时改善成本管理提供基础依据
5	施工成本分析	成本分析是一个动态的活动，它贯穿于施工项目成本管理的全过程。成本分析的主要目的是利用施工项目的成本核算资料，将目标成本（计划成本）与施工项目的实际成本进行比较，了解成本变动情况，确定成本管理业绩，并找出成本盈亏的主要原因，寻找降低施工成本的途径，减少浪费，达到加强施工成本管理的目的

序号	项目	内容
6	施工成本考核	在施工成本管理的过程或结束后,要定期或按时根据项目施工成本管理的盈亏情况,给予责任者相应的奖励或惩罚

■高频考点：公路项目施工成本计划的编制

序号	项目	内容
1	确定责任目标成本	(1)编制施工成本计划的关键是确定责任目标成本,这是成本计划的核心,是成本管理所要达到的目标,成本目标通常以项目成本总降低额和降低率来定量地表示。 (2)确定责任目标成本的过程,应按照以下程序进行: ①企业组织项目经理及有关部门负责人分析研究工程承包合同。商讨投标阶段已考虑的各项技术经济措施的落实和进一步降低工程成本途径的挖掘。 ②企业提出项目责任目标成本及其实施的指导意见,并与项目经理协商。 ③在企业与项目经理双方认同的基础上,正式书面下达项目经理责任目标成本,签订《项目管理目标责任书》
2	施工成本计划的编制	(1)工程项目施工成本计划应在项目经理的组织和主持下,根据合同文件、企业下达的责任目标成本、企业施工定额、经优化选择的施工方案以及生产要素成本预测信息等进行编制。 (2)具体的工作程序是: ①按照施工方案,计算各分部分项工程的计划工程量。 ②按照企业施工定额,计算各分部分项工程的计划人工、材料、机械使用量。 ③按照企业内部或市场生产要素价格信息,计算各分部分项工程的施工预算成本。 ④将各项施工预算成本与相应项的责任目标成本进行比较,计算其计划成本偏差。现场计划成本偏差是指现场施工预算成本与责任目标成本之差,即: 计划成本偏差＝施工预算成本－责任目标成本 计划成本偏差反映现场施工成本在计划阶段的预控情况,也称施工成本计划预控偏差。正值表示计划预控不到位,不满足该项责任目标成本的要求。

序号	项目	内容
2	施工成本计划的编制	⑤当计划预控偏差总和为正值时,应进一步改善施工方案,寻找有潜力的分部分项工程,挖掘降低施工预算成本的途径和措施,保证现场计划总成本控制在责任目标总成本的范围内。 (3)通过以上施工预算成本的计算与平衡之后,形成的现场施工计划成本,作为现场施工成本控制的目标

B29　公路工程施工技术交底

■高频考点:公路工程施工技术交底

序号	项目	内容
1	技术交底的分级要求	技术交底必须在相应工程内容施工前分级进行。 (1)第一级:项目总工程师向项目各部门负责人及全体技术人员进行交底。 (2)第二级:项目技术部门负责人或各分部分项工程主管工程师向现场技术人员和班组长进行交底。 (3)第三级:现场技术员负责向班组全体作业人员进行技术交底
2	技术交底的方法	(1)技术交底以书面或BIM视频的形式进行,可采取讲课、现场讲解或模拟演示的方法。 (2)负责第一级交底的项目总工程师在交底前应按照交底内容写出书面材料,交底后应由接受交底的人员履行签字手续。 (3)负责第二级和第三级交底的交底人员在交底前应写出书面材料,并经项目总工程师审核,交底后应由接受交底的人员签认。 (4)技术交底应留存记录。第三级交底要尽量简洁明了、具有可操作性
3	技术交底的其他要求	(1)技术交底应严格执行合同要求,不得任意修改、删减或降低工程标准。技术交底应按优先次序满足合同要求(含合同技术条件、施工图纸等)、国家有关标准、行业标准、企业标准,以及由此衍生出来的规范、规程等。 (2)如施工方案、工艺和技术措施等前提情况发生变化,应及时对交底内容作补充修改。

序号	项目	内容
3	技术交底的其他要求	(3)技术交底应根据工程特点、施工条件(水文、气候、资源等)等情况,突出重点,有的放矢,内容全面,具有针对性和可操作性,不流于形式。 (4)对于技术难度大、采用四新技术的关键工序,对特殊隐蔽工程和质量事故、工伤事故多发易发工程部位及影响制约工程进度的关键环节,应重点交底,并明确所采取的技术措施和防范对策。 (5)技术交底材料应字迹清晰、层次分明、内容完整,建立台账并存档。 (6)项目技术主管部门应及时对技术交底及执行情况进行检查,在现场施工出现与技术交底有偏差时,应立即下达整改通知书,对整改情况进行检查,并应留有检查记录。 (7)施工人员应按交底要求施工,不得擅自变更施工方法、安全要求和质量标准

C 级 知 识 点

（熟悉考点）

C1 路基施工测量

■高频考点：路基施工测量工作要求

序号	项目	内容
1	平面控制测量	(1)平面控制测量应采用卫星定位测量、导线测量、三角测量或三边测量方法进行。 (2)导线复测规定： ①导线测量精度应符合规范的规定。 ②原有导线点不能满足施工需要时,应增设满足相应精度要求的附合导线点。 ③同一建设项目内相邻施工段的导线应闭合,并满足同等级精度要求。 ④可能受施工影响的导线点,施工前应加固或改移,并应保持其精度。 ⑤导线桩点应进行不定期检查和定期复测,复测周期应不超过6个月
2	高程控制测量	(1)高程测量应采用水准测量或三角高程测量的方法。 (2)水准点复测与加密规定： ①水准点精度应符合规范的规定。 ②同一建设项目应采用同一高程系统,并应与相邻项目高程系统相衔接。 ③沿路线每500m宜有一个水准点,高速公路、一级公路宜加密,每200m有一个水准点。在结构物附近、高填深挖路段、工程量集中及地形复杂路段,宜增设水准点。临时水准点应符合相应等级的精度要求,并与相邻水准点闭合。 ④对可能受施工影响的水准点,施工前应加固或改移,并应保持其精度。 ⑤水准点应进行不定期检查和定期复测,复测周期应不超过6个月

■高频考点：公路工程施工测量方法

序号	项目	内容
1	测量放样方法	（1）传统法放样 ①切线支距法：在没有全站仪的情况下，利用经纬仪和钢尺，以曲线起(终)点为直角坐标原点，计算出待放点 x、y 坐标，进行放样的一种方法。 ②偏角法：在没有全站仪的情况下，利用经纬仪和钢尺，以曲线起(终)点为极坐标极点，计算出待放点偏角 Δ 和距离 d，进行放样的一种方法。 （2）坐标法放样 ①根据设计单位布设的导线点和设计单位提供的逐桩坐标表进行放样的一种方法。 ②全站仪架设在第 n 号导线点，后视第 $n-1$ 号导线点或者第 $n+1$ 号导线点，计算出两导线点所组成的边与仪器所在点和待放点所组成的边的夹角 α 及仪器所在点和待放点之间的距离 d，利用全站仪进行放样。 （3）GPS-RTK 技术放样 ①GPS 载波相位差分技术又称为 GPS-RTK 技术，是将两个测站的载波相位进行实时处理，及时解算出观测点的三维坐标或地方平面直角坐标，并达到厘米级的精度。 ②GPS-RTK 技术用于道路中线的施工放样，其作业效率较高，降低了作业条件要求，可全天候作业，定位精度高，没有误差累计，操作比较简便，有极强的数据处理能力，自动化、集成化程度高，可快速测设出道路中线上各里程桩位置。GPS-RTK 技术具有多种放样功能。 ③在进行道路中线施工放样之前，首先要计算出线路上里程桩的坐标，然后才能用 GPS-RTK 的放样功能解算放样点的平面位置
2	中线放样	（1）路基开工前，应采用坐标法进行全段中线放样并固定路线主要控制桩。 （2）中线放样时，应注意路线中线与结构物中心、相邻施工段的中线闭合，发现问题应及时查明原因并进行处理。 （3）实际放样与设计图纸不符时，应查明原因后进行处理

序号	项目	内容
3	路基放样	(1)施工前应对原地面进行复测,核对或补充横断面。 (2)施工前应设置标识桩,将路基用地界、路堤坡脚、路堑坡顶、取土坑、护坡道、弃土堆等的具体位置标识清楚。 (3)深挖高填路段,每挖填一个边坡平台或者3~5m,应复测中线和横断面

C2　路基裂缝防治

■高频考点：路基裂缝防治

序号	项目	原因分析	防治措施
1	路基纵向裂缝	(1)清表不彻底,路基基底存在软弱层或坐落于古河道处。 (2)沟、塘清淤不彻底,回填不均匀或压实度不足。 (3)路基压实不均。 (4)旧路利用路段,新旧路基结合部未挖台阶或台阶宽度不足。 (5)半填半挖路段未按规范要求设置台阶并压实。 (6)使用渗水性、水稳性差异较大的土石混合料时,错误地采用了纵向分幅填筑。 (7)高速公路因边坡过陡、行车渠化、交通频繁振动而产生滑坡,最终导致纵向裂缝	(1)应认真调查现场并彻底清表,及时发现路基基底暗沟、暗塘,消除软弱层。 (2)彻底清除沟、塘淤泥,并选用水稳性好的材料严格分层回填,严格控制压实度满足设计要求。 (3)提高填筑层压实均匀度。 (4)半填半挖路段,地面横坡大于1∶5及旧路利用路段,应严格按规范要求将原地面挖成宽度不小于1.0m的台阶并压实。 (5)渗水性、水稳性差异较大的土石混合料应分层或分段填筑,不宜纵向分幅填筑。 (6)若遇有软弱层或古河道,填土路基完工后应进行超载预压,预防不均匀沉降。 (7)严格控制路基边坡,符合设计要求,杜绝亏坡现象

序号	项目	原因分析	防治措施
2	路基横向裂缝	（1）路基填料直接使用了液限大于50、塑性指数大于26的土。 （2）同一填筑层路基填料混杂，塑性指数相差悬殊。 （3）填筑顺序不当，路基顶填筑层作业段衔接施工工艺不符合规范要求，路基顶下层平整度填筑层厚度相差悬殊，且最小压实厚度小于80mm	（1）路基填料禁止直接使用液限大于50、塑性指数大于26的土。当选材困难，必须直接使用时，应采取相应的技术措施。 （2）不同种类的土应分层填筑，同一填筑层不得混用。 （3）路基顶填筑层分段作业施工，两段交接处应按要求处理。 （4）严格控制路基每一填筑层的含水率、标高、平整度，确保路基顶填筑层压实厚度不小于80mm
3	路基网裂	（1）土的塑性指数偏高或为膨胀土。 （2）路基碾压时土含水率偏大，且成型后未及时覆土。 （3）路基压实后养护不到位，表面失水过多。 （4）路基下层土过湿	（1）采用合格的填料，或采取掺加石灰、水泥改性处理措施。 （2）选用塑性指数符合规范要求的土填筑路基，在填土最佳含水率时碾压。 （3）加强养护，避免路基表面水分过分损失。 （4）认真组织，科学安排，保证设备匹配合理，施工工序衔接紧凑。 （5）若因下层土过湿，应查明其层位，采取换填土或掺加生石灰粉等技术措施处治

C3 路面粒料基层（底基层）施工

■**高频考点：路面粒料基层（底基层）施工一般要求**

序号	项目	内容
1	粒料分类	（1）嵌锁型，包括泥结碎石、泥灰结碎石、填隙碎石等。 （2）级配型，包括级配碎石、级配砾石、符合级配的天然砂砾、部分砾石经轧制掺配而成的级配砾、碎石等

序号	项目	内容
2	粒料类适用范围	(1)级配碎石可用于各级公路的基层和底基层,也可用做较薄沥青面层与半刚性基层之间的中间层。 (2)级配砾石、级配碎砾石以及符合级配、塑性指数等技术要求的天然砂砾,可适用于轻交通的二级及以下公路的基层以及各级公路的底基层。 (3)填隙碎石可用于各等级公路的底基层和二级以下公路的基层
3	施工一般要求	(1)填隙碎石可采用干法或湿法施工。干旱缺水地区宜采用干法施工。单层填隙碎石的压实厚度宜为公称最大粒径的1.5～2.0倍。填隙碎石施工时,应符合下列规定: ①填隙料应干燥。 ②宜采用振动压路机碾压,碾压后,表面集料间的空隙应填满,但表面应看得见集料。填隙碎石层上为薄沥青面层时,宜使集料的棱角外露3～5mm。 ③碾压后基层的固体体积率宜不小于85%,底基层的固体体积率宜不小于83%。 ④填隙碎石基层未洒透层沥青或未铺封层时,不得开放交通。 (2)填隙碎石施工前,应按规定准备下承层和施工放样。 (3)应根据各路段基层或底基层的宽度、厚度及松铺系数,计算所需要的集料数量,并结合运料车箱体积,计算每车料的堆放距离。填隙料的用量宜为集料质量的30%～40%。 (4)材料装车时,应控制每车料的数量基本相等。 (5)应由远到近将集料按计算的距离卸置于下承层上并严格控制卸料距离。 (6)用平地机或其他合适的机具将集料均匀地摊铺在预定的范围内,表面应平整,并有规定的路拱。应同时摊铺路肩用料。 (7)应检验松铺材料层的厚度,不满足要求时应减料或补料

C4　水泥混凝土路面断板防治

■高频考点：水泥混凝土路面断板防治规定

序号	项目	内容
1	原因分析	（1）混凝土板的切缝深度不够、不及时，以及压缝距离过大。 （2）车辆过早通行。 （3）原材料不合格。 （4）基层材料的强度不足，水稳性不良、受力不均，出现应力集中而导致断板。 （5）基层标高控制不严和不平整。 （6）混凝土配合比不当。 （7）施工工艺不当
2	预防措施	（1）做好压缝并及时切缝。 （2）加强施工工艺的过程控制。 （3）控制开放交通时间
3	治理措施	（1）裂缝的修补 裂缝的修补方法有直接灌浆法、压注灌浆法、扩缝灌注法、条带罩面法、全深度补块法。 （2）局部修补 ①对轻微断裂，裂缝有轻微剥落的，先画线放样，按画线范围凿开成深 50～70mm 的长方形凹槽，刷洗干净后，用快凝细石混凝土填补。 ②对轻微断裂，裂缝较宽且有轻微剥落的断板，应按裂缝两侧至少各 200mm 的宽度放样，按画线范围开凿成深至板厚一半的凹槽，此凹槽底部裂缝应与中线垂直，刷洗干净凹槽，在凹槽底部裂缝的两侧用冲击钻离中线沿平行方向，间距为 300～400mm，打眼贯通至板厚达基层表面，然后再清洗凹槽和孔眼，在孔眼安设 II 型钢筋，冲击钻钻头采用 ϕ30mm 规格，II 型钢筋采用 ϕ22mm 热轧带肋钢筋制作，安设钢筋完成后，用高等级砂浆填塞孔眼至密实，最后用与原路面相同等级的快凝混凝土浇筑至路面齐平。 ③较为彻底的办法是将凹槽凿至贯通板厚，在凹槽边缘两侧板厚中央打洞，深为 100mm，直径为 40mm，水平间距为 300～400mm。每个洞应先将其周围润湿，插入一根直径为 18～20mm，长约 20mm 的钢筋，然后用快凝砂浆填塞捣实，待砂浆凝硬后浇筑快凝混凝土捣实齐平路面即可。

序号	项目	内容
3	治理措施	(3)整块板更换 ①对于严重断裂,裂缝处有严重剥落,板被分割成3块以上,有错台或裂块并且已经开始活动的断板,应采用整块板更换的措施。 ②由于基层强度不足或渗水软化,以及路基不均匀沉降,造成混凝土板断裂成破碎板或严重错台时,应将整块板凿除。处治好基层及路基后,重新浇筑新的混凝土板,或采用混凝土预制块或条块石换补。对于路基稳定性差,沉降没有完全结束的段落,建议采用预制块换补断板。对基层也要求采用水泥稳定层。修补块的缝隙宜用水泥砂浆或沥青橡胶填满,以防渗水破坏。 ③采用重新浇筑新的混凝土板时,若采用常规材料修复或更换,则养护期长,影响交通,最好采用快凝材料

C5 桥梁构造

■高频考点:桥梁构造与相关尺寸术语

序号	项目	内容
1	桥梁构造	桥梁一般由上部结构、下部结构、支座和附属设施四个基本部分组成。 (1)上部结构通常又称为桥跨结构,是线路跨越障碍的主要承重结构。 (2)下部结构包括桥墩、桥台和基础。其中桥墩与桥台又分为重力式桥墩(台)、轻型桥墩(台);基础通常可分为浅基础、桩基础、沉井、地下连续墙等。 (3)支座是设在墩(台)顶,用于支承上部结构的传力装置,它不仅要传递很大的荷载,并满足上部结构设计要求的变位。 (4)桥梁附属设施包括桥面系、伸缩缝、桥头搭板和锥形护坡等,其中桥面系包括桥面铺装、防水与排水系统、护栏、照明、标志标牌等

序号	项目	内容
2	相关尺寸术语	(1)梁式桥净跨径是设计洪水位上相邻两个桥墩(或桥台)之间的净距,用 l_0 表示;拱式桥净跨径是每孔拱跨两个拱脚截面最低点之间的水平距离。 (2)总跨径是多孔桥梁中各孔净跨径的总和,也称桥梁孔径($\sum l_0$),它反映了桥下宣泄洪水的能力。 (3)计算跨径对于具有支座的桥梁,是指桥跨结构相邻两个支座中心之间的距离,用 l 表示。拱圈(或拱肋)各截面形心点的连线称为拱轴线,计算跨径为拱轴线两端点之间的水平距离。 (4)桥梁全长简称桥长,是桥梁纵向两个桥台的侧墙或八字墙后端点之间的距离,以 L 表示。对于无桥台的桥梁为桥面系行车道的全长。 (5)桥梁高度简称桥高,是指桥面与低水位(或地面)之间的高差,或为桥面与桥下线路路面之间的距离。桥高在某种程度上反映了桥梁施工的难易性。 (6)桥下净空高度是设计洪水位或计算通航水位至桥跨结构最下缘之间的距离,以 H 表示,它应保证能安全排洪,并不得小于对该河流通航所规定的净空高度。 (7)建筑高度是桥上行车路面(或轨顶)标高至桥跨结构最下缘之间的距离,它不仅与桥梁结构的体系和跨径的大小有关,而且还随行车部分在桥上布置的高度位置而异。公路(或铁路)定线中所确定的桥面(或轨顶)标高,对通航净空顶部标高之差,又称为容许建筑高度。桥梁的建筑高度不得大于其容许建筑高度。 (8)净矢高是从拱顶截面下缘至相邻两拱脚起拱线之连线的垂直距离,以 f_0 表示;计算矢高是从拱顶截面形心至相邻两拱脚截面形心之连线的垂直距离,以 f 表示。 (9)矢跨比是拱桥中拱圈(或拱肋)的计算矢高 f 与计算跨径 l 之比$\left(\dfrac{f}{l}\right)$,也称拱矢度,它是反映拱桥受力特性的一个重要指标。 (10)涵洞是用来宣泄路堤下水流的构造物,通常在建造涵洞处路堤不中断。为了区别于桥梁,凡是单孔跨径不到 5m 和多孔跨径的全长不到 8m 的泄水结构物,均称为涵洞;且圆管涵和箱涵不论孔径、跨径多少都称为涵洞

■高频考点：桥梁分类

序号	项目	内容
1	按桥梁的结构受力体系分类	按受力体系分类，桥梁有梁式桥、拱式桥、悬索桥三大基本体系，其中梁式桥以受弯为主、拱式桥以受压为主、悬索桥以受拉为主。另外，由上述三大基本体系相互组合，派生出在受力上也具有组合特征的多种桥型，如刚构桥、斜拉桥等组合体系桥梁
2	桥梁的其他分类	(1)按用途划分，有公路桥、铁路桥、公路铁路两用桥、农桥、人行桥、运水桥(渡槽)及其他专用桥梁(如通过管路、电缆等)。 (2)按桥梁全长和跨径的不同，分为特大桥、大桥、中桥和小桥。 (3)按主要承重结构所用的材料划分，有圬工桥(包括砖、石、混凝土桥)、钢筋混凝土桥、预应力混凝土桥、钢桥、钢-混凝土组合桥、木桥等。 (4)按跨越障碍的性质，可分为跨河(海)桥、跨线(立体交叉)桥、高架桥和栈桥。 (5)按上部结构的行车道位置，分为上承式桥、下承式桥和中承式桥

C6 常用模板、支架设计与施工

■高频考点：常用模板、支架设计与施工基础知识

序号	项目	内容
1	常用模板、支架设计与施工一般规定	(1)模板宜采用钢材、胶合板或其他适宜的材料制作；支架宜采用钢材或常备式定型钢构件等材料制作。 (2)模板和支架应具有足够的强度、刚度和稳定性，应能承受施工过程中所产生的各种荷载。 (3)模板应能与混凝土结构或构件的特征、施工条件和浇筑方法相适应，应保证结构物各部位形状尺寸和相互位置的准确。 (4)模板的板面应平整，接缝处应严密且不漏浆；模板与混凝土的接触面应涂刷隔离剂，不得采用废机油等油料，且不得污染钢筋及混凝土施工缝。

序号	项目	内容
1	常用模板、支架设计与施工一般规定	(5)模板上设置吊环应采用 HPB300 钢筋,严禁采用冷加工钢筋制作。每个吊环应按两肢截面计算,在模板自重标准值作用下,吊环拉应力应不大于 65MPa。 (6)支架应稳定、坚固、能抵抗施工过程中可能发生的振动和偶然撞击。支架不得与应急安全通道相连接
2	模板、支架的设计与验算	(1)模板和支架均应进行施工图设计,经批准后方可用于施工。 (2)模板、支架的设计应结合工程结构形式、荷载情况、地基土类别、施工设备和材料性能等条件进行,并符合相关规范要求。宜优先采用标准化、定型化的构件。 (3)模板背面应设置主肋和次肋作为其支承系统,主肋和次肋的布置应根据模板的荷载和刚度要求进行。次肋的配置方向应与模板的长度方向相垂直,应能直接承受模板传递的荷载,其间距应按荷载数值和模板的力学性能计算确定;主肋应承受次肋传递的荷载,且应能起到加强模板结构的整体刚度和调整平直度的作用,支架或支撑的着力点应设置在主肋上。 (4)支架的构造形式宜结合材料类别、所支承的结构及其荷载、地形及环境条件、地基情况等因素确定。支架立杆之间应根据其受力要求和结构特点设置水平和斜向等支撑连接杆件,增强支架的整体刚度和稳定性。托架结构宜设置成三角形并与预埋件可靠连接。 (5)验算模板、支架的刚度时,其变形值不得超过下列允许值: ①结构表面外露的模板,挠度为模板构件跨度的 1/400。 ②结构表面隐蔽的模板,挠度为模板构件跨度的 1/250。 ③支架受载后挠曲的杆件(盖梁、纵梁),其弹性挠度为相应结构跨度的 1/400。 ④钢模板的面板变形为 1.5mm。 ⑤钢模板的钢棱和柱箍变形为 $L/500$ 和 $B/500$(其中 L 为计算跨径,B 为柱宽)。 (6)验算模板、支架在自重和风荷载等作用下的抗倾覆稳定性时,其抗倾覆稳定系数应不小于 1.3

■高频考点：模板、支架和拱架设计计算的荷载组合

序号	模板、支架结构类别	荷载组合	
		计算强度	验算刚度
1	梁、板和拱的底模板以及支承板、支架及拱等	①+②+③+④+⑦+⑧	①+②+⑦+⑧
2	缘石、人行道、栏杆、柱、梁、板、拱等的侧模板	④+⑤	⑤
3	基础、墩台等厚大建筑物的侧模板	⑤+⑥	⑤

注：① 模板、支架自重；
② 新浇筑混凝土、钢筋、预应力筋或其他坊工结构物的重力；
③ 施工人员及施工设备、施工材料等荷载；
④ 振捣混凝土时产生的振动荷载；
⑤ 新浇筑混凝土对模板侧面的压力；
⑥ 混凝土入模时产生的水平方向冲击荷载；
⑦ 水中支架须考虑水流压力、波浪力、流冰压力、船只及其他漂浮物的撞击力；
⑧ 其他可能产生的荷载，如风荷载、雪荷载、冬季保温设施荷载、温度应力等。

■高频考点：模板、支架制作及安装

序号	项目	内容
1	工艺流程	模板制作与安装施工工艺流程如下：选择模板及支撑材料→模板设计与绘图→构件基础平整及支撑系统施工→模板加工制作与安装→模板表面及接缝处理→模板安装质量检验→钢筋安装及质量检验→混凝土浇筑→混凝土养护→拆除模板。模板安装完成经验收合格后，方可进入下一工序
2	模板制作及安装	(1)钢模板应按批准的加工图进行制作，成品经检验合格后方可使用。组装前应对零部件几何尺寸和焊缝进行全面检查，合格后方可组装。 (2)制作钢木组合模板时，钢与木之间的接触面应贴紧。面板采用防水胶合板的模板，除应使胶合板与背楞之间密贴外，对制作过程中裁切过的防水胶合板茬口，应按要求及时涂刷防水涂料。

序号	项目	内容
2	模板制作及安装	（3）木模板与混凝土接触的表面应刨光并保持平整。木模板接缝可制作成平缝、搭接缝或企口缝，当采用平缝时，应有防止漏浆的措施；转角处应加嵌条或做成斜角。 （4）采用其他材料（如高分子合成材料面板、硬塑料或玻璃钢）制作模板时，其接缝应严密，边肋及加强肋应安装牢固，并应与面板成一整体。 （5）模板的安装应符合下列规定： ①应按设计要求准确就位，且不宜与脚手架连接。 ②侧模板安装时，支撑应牢固并防止模板在浇筑混凝土时产生移位。 ③安装过程中，必须设置防倾覆的临时固定设施。 ④模板安装完成的尺寸、平面位置和顶部高程等应符合设计要求，节点联系应牢固。 ⑤梁、板等结构的底模板宜根据需要设置预拱度。 ⑥固定在模板上的预埋件和预留孔洞均不得遗漏，安装应牢固，位置应准确
3	提升模板规定	采用提升模板施工时，应设置脚手平台、接料平台、挂吊脚手及安全网等辅助设施
4	翻转模板和爬升模板规定	采用翻转模板和爬升模板施工时，其结构应满足强度、刚度及稳定性要求。液压爬模应由专业单位设计和制造，且应有检验合格证明及操作说明书并符合下列规定： （1）混凝土强度应达到规定数值后方可拆模并进行模板的翻转或爬架爬升。作用于爬模上料平台、脚手平台和拆模吊篮的荷载应均衡，不得超载，严禁混凝土吊斗碰撞爬模系统。 （2）模板沿墩身周边方向应始终保持顺向搭接。施工过程中应随时检查爬模的中线、水平位置和高程等，发现问题及时纠正
5	滑升模板规定	（1）模板高度宜根据结构物的实际情况确定；模板结构应具有足够的强度、刚度和稳定性；支承杆及提升设备应能保证模板竖直均衡上升。组装时应使各部尺寸的精度符合设计要求，组装完毕应经全面检查试验合格后，方可正式投入使用。 （2）模板滑升速度宜不大于 250mm/h，滑升时应检测并控制其位置。滑升模板宜连续进行，因故中断时，宜在中断前将混凝土浇筑齐平，中断期间模板仍应继续缓慢地滑升，直到混凝土与模板不致粘住时为止

序号	项目	内容
1	支架预压规定	支架宜根据其结构形式、所用材料和地基情况的不同，在施工前确定是否对其进行预压，并符合下列规定： （1）对位于刚性地基上的刚度较大且非弹性变形可确定控制在一定范围内的支架，经计算并通过一定审核程序，确认其满足强度、刚度和稳定性等要求的前提下，可不预压；但施工过程中应对支架的材料和安装施工质量采取严格的管控措施。 （2）对位于软土地基或软硬不均地基上的支架，宜通过预压的方式，消除地基不均匀沉降和支架的非弹性变形。 （3）对支架进行预压时，预压荷载宜为支架所承受荷载的 1.05～1.10 倍，预压荷载的分布宜模拟需承受的结构荷载及施工荷载
2	支架设置预拱度和卸落装置规定	支架应结合模板安装并考虑设置预拱度和卸落装置，并符合下列规定： （1）设置的预拱度值，应包括结构本身需要的预拱度和施工需要的预拱度两部分。 （2）施工预拱度应考虑下列因素：模板、支架承受施工荷载引起的弹性变形；受载后由于杆件接头挤压和卸落装置压缩而产生的非弹性变形；支架地基受载后的沉降变形。 （3）专用支架应按产品要求进行模板卸落；自行设计的普通支架应在适当部位设置相应的木楔、木马、砂筒或千斤顶等卸落模板装置，并结合结构形式、承受荷载大小确定卸落量

■ **高频考点：模板、支架的拆除**

（1）模板、支架的拆除期限和拆除程序等应根据结构物特点、模板部位和混凝土所应达到的强度要求确定，并严格按施工图设计的要求进行。

（2）非承重侧模板应在混凝土抗压强度达到 2.5MPa，且能保证其表面及棱角不致因拆模而受损坏时方可拆除。

（3）芯模和预留孔道的内模，应在混凝土强度能保证其表面不发生塌陷或裂缝现象时，方可拆除。

（4）钢筋混凝土结构的承重模板、支架，应在混凝土强度能承受其自重荷载及其他可能的叠加荷载时，方可拆除。

（5）预应力混凝土结构的侧模应在预应力钢束张拉前拆除；底模及支架应在结构建立预应力后方可拆除。

（6）模板、支架的拆除应遵循后支先拆、先支后拆的原则顺序进行。墩、台模板宜在其上部结构施工前拆除。

（7）拆除梁、板等结构承重模板时，横向应同时，纵向应对称均衡卸落。简支梁、连续梁结构模板宜从跨中向支座方向依次循环卸落；悬臂梁结构模板宜从悬臂端开始顺序卸落。

（8）模板、支架拆除时，不得损伤混凝土结构。

C7 钢筋工程施工

■高频考点：钢筋施工

序号	项目	内容
1	一般规定	（1）钢筋应具有出厂质量证明书和试验报告单，进场时除应检查其外观和标志外，尚应按不同的钢种、等级、牌号、规格及生产厂家分批抽取试样进行力学性能检验，检验试验方法应符合现行国家标准的规定。 （2）钢筋经进场检验合格后方可使用。 （3）钢筋在运输过程中应避免锈蚀、污染或被压弯；在工地存放时，应按不同品种、规格，分批分别堆置整齐，不得混杂，并应设立识别标志，存放时间宜不超过 6 个月。 （4）钢筋的级别、种类和直径应按设计规定采用，需要代换时，应得到设计认可。 （5）预制构件的吊环，必须采用未经冷拉的热轧光圆钢筋制作，且使用时的计算拉应力应不大于 65MPa
2	普通钢筋的加工制作	（1）钢筋表面应洁净，使用前应将表面油渍、漆皮、鳞锈等清除干净，钢筋外表有严重锈蚀、麻坑、裂纹夹砂和夹层等缺陷时应予剔除，不得使用。钢筋应平直，无局部弯折，成盘钢筋和弯曲钢筋均应调直才能使用。 （2）钢筋弯制和末端的弯钩应符合设计要求，设计无规定时，应符合《公路桥涵施工技术规范》JTG/T 3650—2020 的规定。

序号	项目	内容
2	普通钢筋的加工制作	（3）箍筋末端应做弯钩，弯钩弯曲直径应大于被箍受力主钢筋的直径，且 HPB300 级钢筋应不小于箍筋直径的 2.5 倍，HRB400 级钢筋应不小于箍筋直径的 5 倍；弯钩平直部分的长度，一般结构应不小于箍筋直径的 5 倍，有抗震要求的结构，应不小于箍筋直径的 10 倍。 （4）钢筋连接宜采用焊接接头或机械连接接头。绑扎接头仅当钢筋构造复杂、施工困难时方可采用，绑扎接头钢筋直径宜不大于 28mm，对轴心受压和偏心受压构件中的受压钢筋可不大于 32mm；轴心受拉和小偏心受拉构件不应采用绑扎接头。 （5）钢筋焊接接头宜采用闪光对焊，或采用电弧焊、电渣压力焊或气压焊，但电渣压力焊仅可用于竖向钢筋连接，不得用作水平钢筋和斜筋连接。 （6）每批钢筋焊接前，应先选定焊接工艺和焊接参数，按实际条件进行试焊，检验接头外观质量及规定的力学性能，试焊质量经检验合格后方可正式施焊。焊接时，对施焊场地应有适当的防风、雨、雪、严寒的设施。 （7）电弧焊宜采用双面焊缝，仅在双面焊无法施焊时方可采用单面焊缝。采用搭接电弧焊时，两钢筋搭接端部应预先折向一侧，两接合钢筋的轴线应保持一致；采用帮条电弧焊时，帮条应采用与主筋相同的钢筋，其总截面面积应不小于被焊接钢筋的截面面积。电弧焊接头的焊缝长度，对双面焊缝应不小于 $5d$，单面焊缝应不小于 $10d$（d 为钢筋直径）。电弧焊接与钢筋弯曲处的距离应不小于 $10d$，且不宜位于构件的最大弯矩处。 （8）钢筋机械连接宜采用镦粗直螺纹、滚扎直螺纹或套筒挤压连接接头，且适用于 HRB400、HRBF400、HRB500 和 RRB400 级热轧带肋钢筋；各类接头的性能均应符合行业标准《钢筋机械连接技术规程》JGJ 107—2016 的规定，并应符合下列规定： ①钢筋机械连接接头的等级应选用Ⅰ级或Ⅱ级。 ②钢筋机械连接件的混凝土最小保护层厚度，应符合设计受力主筋混凝土保护层厚度的规定，且不得小于 20mm；连接件之间或连接件与钢筋之间的横向净距应不小于 25mm。 ③连接套筒、锁母、丝头在运输和储存过程中应采取防护措施，防止雨淋、粘污和损伤。

序号	项目	内容
2	普通钢筋的加工制作	(9)受力钢筋焊接或绑扎接头应设置在内力较小处,并错开布置,对于绑扎接头,两接头间距离不小于1.3倍搭接长度。对于焊接接头和机械接头,在接头长度区段内,同一根钢筋不得有两个接头,配置在接头长度区段内的受力钢筋,其接头截面面积占总截面面积的百分率应符合规定。 (10)钢筋骨架的焊接拼装应在坚固的工作台上进行,操作时应符合下列要求: ①拼装前应按设计图纸放大样并考虑焊接变形的预留拱度。拼装时,在焊接位置宜采用楔形卡卡紧,防止焊接时局部变形。 ②骨架焊接时,不同直径钢筋的中心线应在同一平面上,较小直径的钢筋在焊接时,下面宜垫以厚度适当的钢板。施焊顺序宜由中到边对称地向两端进行,先焊骨架下部,后焊骨架上部。相邻焊缝应采用分区对称跳焊,不得顺方向一次焊成。 (11)钢筋安设、支承及固定要求: ①安装钢筋时钢筋的级别、直径、根数、间距等应符合设计规定。对多层多排钢筋,宜根据安装需要在其间隔处设立一定数量的架立钢筋或短钢筋,但架立钢筋或短钢筋的端头不得伸入混凝土保护层内。半成品钢筋和钢筋骨架采用整体方式安装时,宜设置专用胎架或卡具等进行辅助定位,安装过程中应采取保证整体刚度及防止变形的措施。当钢筋过密影响到混凝土浇筑质量时,应及时与设计协商解决。 ②钢筋与模板之间应设置垫块,混凝土垫块应具有不低于结构本体混凝土的强度,并应有足够的密实性;采用其他材料制作垫块时,除应满足使用强度的要求外,其材料中不应含有对混凝土产生不利影响的成分。垫块的制作厚度不应出现负误差,正误差不大于1mm。垫块应相互错开、分散设置在钢筋与模板之间,但不应横贯混凝土保护层的全部截面进行设置。垫块在结构物侧面和底面所布设的数量应不少于4个/m²,重要部位宜适当加密。 (12)灌注桩钢筋骨架的制作、运输与安装应符合下列规定: ①采取必要措施保证骨架刚度,主筋接头应错开布置。大直径长桩钢筋骨架宜在胎架上分段制作并编号,安装时按编号顺序连接。

序号	项目	内容
2	普通钢筋的加工制作	②在骨架外侧设置控制混凝土保护层厚度的垫块,垫块间距在竖向应不大于 2m,在横向圆周应不少于 4 处。 ③钢筋骨架在运输过程中,应采取适当措施防止其变形。骨架顶端应设置吊环
3	预应力钢筋的加工制作	(1)预应力混凝土结构所采用的钢丝、钢绞线、热轧带肋钢筋等材料的性能和质量,应符合现行国家标准的规定。 (2)预应力筋进场时应分批验收,除对其质量证明书、包装、标志和规格等进行检查外,尚须按下列规定进行检查: ①钢丝:分批检验时每批质量应不大于 60t,检验应先从每批中抽查 5% 且不少于 5 盘,进行表面质量检查;如检查不合格,则应对该批钢丝逐盘检查。在表面质量检查合格的钢丝中抽取 5%,但不少于 3 盘,在每盘钢丝的两端取样进行抗拉强度、弯曲和伸长率试验,试验结果如有一项不合格,则不合格盘报废,并从同批未试验过的钢丝盘中取双倍数量的试样进行该不合格项的复验;如仍有一项不合格,则该批钢丝为不合格。 ②钢绞线:分批检验时每批质量应不大于 60t,检验应从每批钢绞线中任取 3 盘,从每盘所选的钢绞线端部正常部位截取一组试样进行表面质量、直径偏差和力学性能试验。如每批少于 3 盘,则应逐盘取样进行上述试验。试验结果如有一项不合格时,则不合格盘报废,再从该批未试验过的钢绞线中取双倍数量的试样进行该不合格项的复验;如仍有一项不合格,则该批钢绞线为不合格。 ③热轧带肋钢筋:分批检验时每批质量应不大于 100t,对表面质量应逐根目视检查,外观检查合格后在每批中任选 2 根钢筋截取试件进行拉伸试验。试验结果如有一项不合格时,则另取双倍数量的试件重做全部各项试验;如仍有一根试件不合格,则该批钢筋为不合格。 (3)预应力筋实际强度不得低于现行国家标准的规定。预应力筋试验应按现行国家标准的规定执行。用作拉伸试验的试件,不允许进行任何形式的加工。对预应力筋进行拉伸试验时应同时测定其弹性模量。 (4)预应力筋下料应符合下列规定: ①下料长度应通过计算确定并考虑结构的孔道长度或台座长度、锚夹具厚度、千斤顶长度、镦头预留量、冷拉伸长值、弹性回缩值、张拉伸长值和张拉工作长度等因素。

序号	项目	内容
3	预应力钢筋的加工制作	②钢丝束两端采用镦头锚具时,宜采用等长下料法对钢丝进行下料。 ③预应力筋可采用切断机或砂轮锯切断,严禁采用电弧切割。 (5)高强度钢丝的镦头宜采用液压冷镦,镦头前应确认钢丝的可镦性,钢丝镦头的强度不得低于钢丝强度标准值的98%。 (6)制作挤压锚时,应符合下列规定: ①模具与挤压锚应配套使用,挤压锚的外表面应涂润滑介质,挤压力和挤压操作应符合产品使用说明书的规定。 ②挤压后的预应力筋外端应露出挤压套筒2~5mm。 ③应从每一工作班制作的成型挤压锚中抽取至少3个试件,进行握裹力试验。 ④钢绞线压花锚挤压成型时,表面应清洁、无油污,梨形头的尺寸和直线段长度应不小于设计值。 ⑤环氧涂层钢绞线不得用于制作压花锚。 (7)预应力筋由多根钢丝或钢绞线组成且当采取整束穿入孔道内时应预先编束,编束时应将钢丝或钢绞线逐根理顺,防止缠绕,并每隔1~1.5m捆绑一次,使其绑扎牢固、顺直

C8　基坑施工

■高频考点：土石围堰施工

序号	项目	内容
1	土石围堰工程规定	(1)堰顶高程应高出施工期间可能出现的最高水位(包括浪高)0.5~0.7m。 (2)围堰外形和尺寸应考虑河流断面被压缩后流速增大导致水流对围堰本身和河床的集中冲刷以及对河道泄洪、通航和导流的影响等不利因素。堰内的平面尺寸应满足基础施工的需要。 (3)围堰应分层填筑并达到防水严密、减少渗漏、满足堰身强度和整体稳定的要求

序号	项目	内容
2	土围堰的填筑施工规定	（1）水深 1.5m 以内，流速 0.5m/s 以内，河床土质渗水性较小且满足泄洪要求时，可筑土围堰。 （2）堰顶宽度宜根据施工需要确定，边坡坡度应按围堰位置的不同、高度及基坑开挖深度等条件确定。 （3）筑堰之前，应将堰底河床的树根、石块及其他杂物清除干净。筑堰材料宜采用黏性土或砂夹黏土，填筑应自上游开始至下游合龙，超出水面之后应夯实。堰外坡面有受水流冲刷的危险时，应采用合适的材料对其进行防护
3	土袋围堰的填筑规定	（1）水深 3m 以内，流速 1.5m/s 以内，河床土质渗水性较小且满足泄洪要求时，可筑土袋围堰。 （2）袋内填土宜采用黏性土，装填量宜为 60% 左右；水流流速较大时，在过水面及迎水面，袋内可装填粗砂或卵石。堆码土袋的上下层和内外层应相互错缝、密实平整，搭接长度宜为 1/3～1/2。 （3）围堰中心部分可填筑黏土及黏性土芯墙。堰外边坡宜为 1：0.5～1：1，堰内边坡宜为 1：0.2～1：0.5
4	膜袋围堰的填筑规定	（1）水深 5m 以内，流速 3.0m/s 以内，且河床较平缓时，可筑膜袋围堰。 （2）堰床处理除应符合《公路桥涵施工技术规范》JTG/T 3650—2020 的规定，还应将河床的陡坎整平。 （3）膜袋的缝合应牢固严密，袋内可采用砂或水泥固化土材料填充，填充后应采取有效措施减少膜袋内的水分。 （4）围堰沉降稳定后方可进行基坑的排水，排水时应控制水位降速

■**高频考点：基坑开挖**

序号	项目	内容
1	一般规定	（1）基坑边缘的顶面应设置截水沟等防止地面水流入基坑的设施。 （2）基坑开挖应对边缘顶面的各种荷载进行严格限制，并在基坑边缘与荷载之间设置护道，基坑深度小于或等于 4m 时护道的宽度应不小于 1m；基坑深度大于 4m 时护道的宽度应按边坡稳定计算的结果进行适当加宽，水文和地质条件较差时应采取加固措施。

序号	项目	内容
1	一般规定	(3)基坑开挖宜安排在枯水或少雨季节进行并连续施工,有支护的基坑应采取防碰撞的措施;基坑附近有其他结构物时,应有可靠的防护措施。 (4)开挖过程中进行排水时,应不对基坑的安全产生影响;确认基坑坑壁稳定时方可进行基坑内的排水。排水困难时,宜采用水下挖基方法,但应保持基坑中的原有水位高程。 (5)采用机械开挖时应避免超挖,宜在挖至基底前预留一定厚度,再由人工开挖至设计高程;如超挖,则应将松动部分清除,并对基底进行处理。 (6)基坑开挖完成后不得长时间暴露、被水浸泡或被扰动,及时检验其尺寸、高程和基底承载力,检验合格后尽快进行基础工程的施工
2	不支护坑壁进行基坑开挖	(1)在干涸无水河滩、河沟中,或经改河或筑堤能排除地表水的河沟中,或地下水位低于基底、渗透量少、不影响坑壁稳定,以及基础埋置不深、施工期较短、挖基坑时不影响邻近建筑物安全的施工场所,可考虑选用坑壁不加支撑的基坑。 (2)具体要求如下: ①基坑坑壁坡度宜按地质条件、基坑深度、施工方法等情况确定。 ②有地下水时,地下水位以上的基坑部分可放坡开挖;地下水位以下部分,若土质易坍塌或水位在基坑底以上较高时,应采用加固土体或降低地下水位等方法开挖。 ③基坑为渗水性土质基底时,坑底的平面尺寸应根据排水要求(包括排水沟、集水井、排水管网等)和基础模板所需基坑大小确定

■高频考点:基坑降排水

序号	项目	内容
1	集水坑排水规定	(1)基坑开挖时,宜在坑底基础范围之外设置集水坑并沿坑底周围开挖排水沟,使水流入集水坑内再排出坑外。集水坑的尺寸宜视渗水量的大小确定。 (2)排水设备的能力宜为总渗水量的 $1.5\sim2.0$ 倍

序号	项目	内容
2	井点降水法排水规定	(1)宜用于粉砂、细砂、地下水位较高、有承压水、挖基较深、坑壁不易稳定的土质基坑,无砂的黏质土中不宜采用。井点类别的选择,宜按土层的渗透系数、要求降低水位的深度以及工程特点确定。 (2)井管成孔可根据土质分别采用射水成孔或冲击钻机、旋转钻机及水压钻探机成孔。井点降水曲线应低于基底设计高程或开挖高程至少 0.5m。 (3)做好沉降及边坡位移监测,保证水位降低区域内构筑物的安全,必要时应采取防护措施
3	止水帷幕法防渗规定	(1)应进行施工设计,帷幕防渗层厚度应满足基坑防渗的要求,止水帷幕渗透系数宜小于 10×10^{-6} mm/s。 (2)采用防水土工膜在围堰外侧作基底防渗时,应将河床面杂物清除干净并整平。土工膜应从围堰外侧的水位以上铺起,并超过堰脚不小于 3m;土工布之间的接头应搭接严密。铺底土工膜上应满压不小于 300mm 厚的砂土袋

C9　桥面铺装与防排水施工

■**高频考点:桥面铺装**

序号	项目	内容
1	混凝土桥面铺装	(1)沥青混凝土桥面铺装应符合下列规定: ①铺装层数和厚度应符合设计规定,铺装前应对桥面进行检查,桥面应平整、粗糙、干燥、整洁。 ②沥青混凝土桥面铺筑前应洒布黏层沥青。 ③沥青混凝土的配合比设计、铺筑及碾压等施工,应符合《公路沥青路面施工技术规范》JTG F40—2004 的有关规定。 (2)水泥混凝土桥面铺装应符合下列规定: ①铺装厚度、材料、铺装层结构、混凝土强度、防水层设置等均应符合设计规定。 ②桥面铺装应在梁体的横向联结钢板焊接工作或湿接缝浇筑完成后,方可进行。

序号	项目	内容
1	混凝土桥面铺装	③铺装前应使梁、板顶面粗糙、清洗干净,并按设计要求铺设纵向接缝钢筋和桥面钢筋网。 ④水泥混凝土桥面铺装做面应采取防滑措施,做面宜分两次进行,第二次抹平后,应沿横坡方向拉毛或采用机具压槽,拉毛或压槽的深度应符合《公路水泥混凝土路面施工技术细则》JTG/T F30—2014 的有关规定。 ⑤水泥混凝土桥面铺装如设计为防水混凝土,施工时应按相关规定执行。 ⑥纤维水泥混凝土桥面铺装可按现行《纤维混凝土结构技术规程》CECS 38—2004 的规定执行
2	钢桥面铺装	(1)钢桥面铺装的结构层、厚度、材料等应符合设计的规定。 (2)钢桥面铺装施工前应制定专项施工方案,并应做好人员培训、材料的调查试验以及机具设备的检查维护等准备工作。 (3)钢梁顶面在出厂时应按设计要求涂防锈漆,桥面铺装前应喷丸或抛丸除锈并作防锈处理。 (4)铺装前宜做试验段,试验段的铺设应包括钢桥面铺装的全部工序。 (5)铺装应连续进行;上一层铺装前,其下层应保持干燥、整洁,不得有尘土、杂物、油污或损坏,不符合要求时应予处理。完工后的铺装层应规定严禁车辆通行的时限。 (6)钢桥面铺装宜避开雨期施工,一旦遇雨应立即停工。只有消除雨水所带来的危害后,方可重新施工。钢桥面铺装亦不宜在夜间施工。 (7)应采用无损检测法检测钢桥面沥青混凝土铺装质量,不得采用钻孔法

■**高频考点:桥面防排水施工**

(1) 桥面防水层层数和采用材料应符合设计要求,材料性能和质量应符合产品相应标准的规定。

(2) 铺设桥面防水层时应符合下列规定:

①铺设防水材料前应清除桥面的浮浆和各类杂物。

②防水层在横桥向应闭合铺设，底层表面应平顺、干燥、干净。防水层不宜在雨天或低温下铺设。

③防水层通过伸缩缝或沉降缝时，应按设计规定铺设。

④水泥混凝土桥面铺装层当采用织物与沥青黏合的防水层时，应设置隔断缝。

⑤防水层施工完成但未达到规定的时间，不得开放交通。

（3）泄水孔顶面不宜高于水泥混凝土调平层顶面，在泄水孔的边缘宜设渗水盲沟，使桥面上的积水能顺利排出。泄水管的安装应符合设计规定，并合理设置泄水口的位置，使排水不会冲刷墩台基础。

C10　隧道围岩分级

■高频考点：隧道围岩分级

序号	项目	内容
1	围岩分级	隧道围岩分级是设计、施工的基础。施工方法的选择、衬砌结构类型及尺寸的确定、隧道施工劳动定额、材料消耗标准的制定都要以围岩分级作为主要依据
2	判定围岩级别的方法	（1）隧道围岩级别的综合评判宜采用两步： 　　①根据岩石的坚硬程度和岩体完整程度两个定性特征和定量的岩体基本质量指标 BQ，进行初步分级。 　　②在岩体基本质量分级基础上，考虑修正因素的影响，修正岩体基本质量指标值，得出基本质量指标修正值 $[BQ]$，再结合岩体的定性特征进行综合评判，确定围岩的分级。 　　（2）围岩分级中岩石坚硬程度、岩体完整程度的定性划分，可按《公路隧道设计规范　第一册　土建工程》JTG 3370.1—2018 中的有关规定确定。 　　（3）岩质围岩细化定级时，应根据地下水、主要软弱结构面、初始应力状态的影响程度，对岩体基本质量指标 BQ 进行修正。 　　（4）现场实践中，多以工程类比法或经验法判定围岩级别

C11　隧道构造

■高频考点：隧道按跨度分类

序号	按跨度分类	开挖宽度 B(m)	说明
1	小跨度隧道	$B<9$	平行导洞、服务隧道、车行横洞、人行横洞、风道及施工通道
2	一般跨度隧道	$9\leqslant B<14$	单洞两车道隧道
3	中等跨度隧道	$14\leqslant B<18$	单洞三车道隧道、单洞双车道+紧急停车带隧道
4	大跨度隧道	$B\geqslant18$	单洞四车道隧道、单洞三车道+紧急停车带隧道、其他跨度大于等于18m的隧道

■高频考点：隧道按长度分类

隧道分类	特长隧道	长隧道	中隧道	短隧道
隧道长度 L(m)	$L>3000$	$1000<L\leqslant3000$	$500<L\leqslant1000$	$L\leqslant500$

■高频考点：洞门类型及构造

序号	项目	内容
1	洞门类型	公路隧道的洞门形式主要有两类，即：端墙式洞门和明洞式洞门。 (1)端墙式洞门包括：墙式洞门、翼墙式洞门、台阶式洞门、柱式洞门、拱墙式洞门。一般垂直于隧道轴线设置；翼墙式隧道洞口平行于路线的路基边坡支挡结构，与洞门端墙相连。 (2)明洞式洞门包括：直削式洞门、削竹式洞门、倒削式洞门、喇叭口式洞门、棚洞式洞门和框架式洞门。明洞式洞门(除棚洞式洞门和框架式洞门外)是隧道洞门段衬砌突出于山体坡面的结构。在仰坡、边坡较高、易发生碎落的洞口采用棚洞式洞门；在隧道上方覆盖层较薄，又有公路从上方跨越或有其他建筑物在隧道上方时，采用框架式洞门。

序号	项目	内容
2	洞门构造	(1)洞门端墙和翼墙应具有抵抗来自仰坡、边坡土压力的能力。洞门墙墙身最小厚度不应小于0.5m,翼墙墙身厚度不应小于0.3m。 (2)洞顶仰坡与回填顶面的交线至洞门端墙墙背的水平距离不宜小于1.5m;洞顶排水沟沟底至拱顶衬砌外缘的最小厚度不应小于1.0m;洞门端墙墙顶应高出墙背回填面0.5m。 (3)洞门端墙应根据需要设置伸缩缝、沉降缝和泄水孔。 (4)洞门端墙基础应置于稳固地基上,并埋入地面下一定深度。嵌入岩石地基的深度不应小于0.2m;埋入土质地基的深度不应小于1.0m。基底埋置深度应大于靠墙设置的各种沟、槽底的埋置深度。地基为冻胀土层时,基底高程应在最大冻结深度以下不小于0.25m。 (5)地基承载力不足时,应进行加固处理。 (6)洞门结构应满足抗震要求
3	明洞式洞门构造规定	(1)洞口段衬砌应采用钢筋混凝土结构。 (2)洞口段衬砌应伸出原山坡坡面或设计回填坡面不小于500mm。 (3)洞口段衬砌端面可呈直削、削竹、倒削竹或喇叭形。 (4)采用削竹式洞门时,削竹面仰斜坡率应陡于或等于原山坡坡率或设计回填坡面坡率。 (5)设计回填坡面宜按自然山坡坡度回填。采用土石回填时,坡率不宜陡于1:1,表面宜植草覆盖。 (6)边、仰坡较陡时,为避免落石,可适当延长明洞长度

■高频考点：明洞类型及构造

序号	项目	内容
1	明洞类型	(1)以明挖法修建的隧道称为明洞。 (2)洞顶覆盖层薄,不宜大开挖修建路堑且难于用暗挖法建隧道时;路基或隧道洞口或路堑地段受塌方、岩堆、落石、泥石流等不良地质危害时;修建路堑会危及附近重要建(构)筑物安全时;公路、铁路、沟渠和其他人工构造物在隧道上方通过,不宜采用暗挖施工或立交桥跨越时;为减少洞口开挖、保护洞口自然景观,需延伸隧道长度时,宜设置明洞。

序号	项目	内容
1	明洞类型	（3）明洞结构类型分为拱形明洞和矩形明洞。明洞结构类型的选择应根据地形、地质、施工条件，考虑结构安全、经济实用、美观等因素进行选择。洞顶回填土层较厚或一次塌方量大、落石较多时，宜采用拱形明洞；明洞需要克服来自仰坡方向滑坡推力时，宜采用拱形结构；高度受到限制的地段，可采用矩形框架明洞
2	明洞构造	（1）明洞应采用钢筋混凝土结构。 （2）半路堑拱形明洞应考虑偏压，拱形明洞外侧边墙宜适当加厚。地形条件允许时，可采用反压回填或设置反压墙。 （3）当拱形明洞侧压力较大或地基承载力不足时，应设仰供。 （4）当明洞作为整治滑坡的措施时，应按支挡工程设计，并采取综合治理措施。 （5）在地质条件有明显变化的地段，应设置沉降缝；气温变化较大地区，可根据明洞长度设置伸缩缝。 （6）防落石危害的明洞，应验算落石冲击荷载下明洞结构的安全性

■**高频考点：隧道衬砌类型及构造**

序号	项目	内容
1	隧道衬砌类型	隧道衬砌形式主要有锚喷衬砌、整体式衬砌和复合式衬砌。按隧道断面形状分为曲墙式、直墙式和连拱式等。二级公路隧道应采用复合式衬砌；三级及三级以下公路的隧道洞口段、Ⅳ～Ⅴ级围岩洞身段应采用复合式衬砌或整体式衬砌，Ⅰ～Ⅲ级围岩洞身段可采用喷锚衬砌。隧道衬砌断面形式常用的有曲墙拱形衬砌和直墙拱形衬砌
2	隧道衬砌构造	（1）衬砌断面宜采用曲边墙拱形断面。 （2）围岩较差、侧压力较大、地下水丰富的地段可设仰供，一般Ⅳ～Ⅵ级围岩地段设仰拱。路面与仰供之间可采用混凝土或片石混凝土填充。隧底围岩较好、边墙基底承载力和稳定性满足要求时，可不设仰供。 （3）洞口段应设加强衬砌，两车道隧道不应小于10m。 （4）围岩较差地段衬砌应向围岩较好地段延伸5～10m。

序号	项目	内容
2	隧道衬砌构造	(5)偏压衬砌段应向一般衬砌段延伸,延伸长度应根据偏压情况确定,不宜小于10m。 (6)净宽大于3.0m的横通道与主洞的交叉段,主洞与横通道衬砌均应加强。加强段衬砌应向各交叉洞延伸,主洞延伸长度不应小于5.0m,横通道延伸长度不应小于3.0m。延伸长度范围内不宜设变形缝

C12　隧道施工监控量测技术

■高频考点:隧道施工监控量测技术规定

序号	项目	内容
1	量测内容与方法	(1)现场量测分为必测项目和选测项目两大类。必测项目是为了在施工中保证安全,通过量测信息判断围岩稳定性来指导设计、施工的经常性量测。选测项目是对一些有特殊意义和具有代表性意义的区段以及试验区段进行补充量测,以求更深入地掌握围岩的稳定状态与喷锚支护效果,具有指导未开挖区的设计与施工的作用。 (2)复合式衬砌和喷锚衬砌隧道施工时必须进行必测项目的量测。应根据设计要求、隧道横断面形状和断面大小、埋设、围岩条件、周边环境条件、支护类型和参数、施工方法等综合确定选测项目。 (3)洞内必测项目,各测点宜在靠近掌子面、不受爆破影响范围内尽快安设,初读数应在每次开挖后12h内、下一循环开挖前取得,最迟不得超过24h。选测项目测点埋设时间宜根据实际需要确定。 (4)测点应牢固、可靠、易于识别,应能真实反映围岩、支护的动态变化信息。洞内必测项目各测点应埋入围岩中,深度不应小于0.2m,不应焊接在钢架上,外露部分应有保护装置。 (5)各项量测作业均应持续到量测断面开挖支护全部结束,临时支护拆除完成,且变形基本稳定后15~20d

序号	项目	内容
2	量测数据处理与应用	(1)应及时对现场量测数据绘制时态曲线(或散点图)和空间关系曲线。 (2)当位移—时间曲线趋于平缓时,应进行数据处理回归分析,以推算最终位移和掌握位移变化规律。 (3)当位移—时间曲线出现反弯点时,则表明围岩和支护已呈不稳定状态,此时应密切监视围岩动态,并加强支护,必要时暂停开挖 (4)隧道监控量测工作应根据控制基准建立预警机制。遇到下列情况之一时,也应提出预警并分级管理: ①支护结构出现开裂,实行Ⅰ级管理; ②地表出现开裂、坍塌,实行Ⅰ级管理; ③渗水压力或水流量突然增大,实行Ⅱ级管理; ④水体颜色或悬着物发生变化,实行Ⅱ级管理。 (5)二次衬砌应在满足下列要求时进行: ①隧道水平净空变化速度及拱顶或底板垂直位移速度明显下降; ②隧道位移相对值已达到相对位移量的90%以上。 注:对浅埋、软弱、高地应力围岩等特殊地段应视现场情况确定

C13　隧道盾构施工

■高频考点：盾构机的适用范围

序号	项目	内容
1	手掘式盾构	手掘式盾构是最原始的一类盾构,其构造简单,配备较少,造价低。盾构顶部有活动前檐以支护上部土体,挖土由人工从上往下进行,每隔 $2\sim3m$ 设一作业平台,可适应各种复杂地层,开挖面可根据地质条件全部敞开,也可采用正面支撑,随开挖随支撑。施工人员可观察到地层变化情况,遇到桩、孤石等地下障碍物时,比较容易处理,容易进行盾构纠偏,也便于在曲线段施工

序号	项目	内容
2	半机械式盾构	在手掘式盾构正面装上挖土机械和出土装置,即成为半机械式盾构。挖土装置有铲斗式、切削式和混合式三种形式。铲土式适用于黏土和砂砾混合层,切削式适用于硬黏土和硬砂土层,混合式适用于自立性较好的土层,如遇土质坚硬可安装软岩掘进机的切削头子,其适用范围基本上与手掘式盾构一样
3	机械式盾构	在手掘式盾构的切口环部分,安装与盾构直径大小相同的旋转大刀盘,对土体进行全断面开挖的盾构,称为机械式盾构。它适用于各类土层,尤其适用于极易坍塌的砂性土层中的长隧道,可连续掘进挖土。由刀盘切削产生的土经过刀盘上的预留槽口进入土仓,提升和流入漏斗后,再通过传送带运出出土车。这类盾构有作业环境好、省力、省时、省工、效率高、后续设备多、发生偏差时难纠偏、造价高等特点
4	土压平衡盾构	土压平衡盾构前端有一个全断面切削刀盘,盾构的中心或下部有长筒形螺旋运输机的进土口,其出土口在密封舱外。所谓土压平衡,就是用刀盘切削下来的土,如同压缩空气或泥水一样充满整个密封舱,并保持一定压力来平衡开挖面的土压力
5	泥水平衡盾构	泥水平衡盾构就是在机械式盾构大刀盘后面设置一道隔板,隔板与刀盘之间作为泥水室,在开挖面和泥水室中充满加压的泥水,通过加压作用,保证开挖面土体的稳定。盾构推进时开挖下来的土体进入泥水室,由搅拌装置进行搅拌,搅拌后的高浓度泥水用流体输送系统送出地面,把送出的浓泥水进行水土分离,然后把分离后的泥水再送入泥水室,不断循环使用,其全部工程均由中央控制台综合管理,可实现施工自动化
6	说明	(1)土压平衡盾构适用于冲积黏土、洪积黏土、砂质土、砂砾、卵石等土层及其互层。 (2)泥水平衡盾构适用于冲积洪积的砂砾、砂、亚黏土、黏土层或多水互层的土层,有涌水工作面不稳定的土层,上部有河川、湖沼、海洋等水压高、水量大的地层。 (3)复合盾构适用于地质条件复杂、软硬不均的混合地层

序号	项目	内容
1	盾构始发及试掘进阶段的要求	(1)盾构始发前应验算盾构反力架及其支撑的刚度和强度,反力架应牢固支撑在始发井结构上;盾构反力架整体倾斜度应与盾构基座的安装坡度一致。 (2)应根据工程水文地质条件、盾构机类型、盾构工作井的围护结构形式等因素加固盾构工作井端头地基,承载力应满足始发要求。 (3)应拆除刀盘不能直接破除的洞门围护结构,拆除前始发工作井端头地基加固与止水效果应良好;拆除时,应将洞门围护结构分成多个小块,从上往下逐个依次拆除,拆除作业应迅速连续。 (4)洞门围护结构拆除后,盾构刀盘应及时靠紧开挖面。 (5)盾构始发时应在洞口安装密封装置;盾尾通过洞口后,应尽早稳定洞口。 (6)盾构始发时,始发基座应稳定,盾构不得扭转;千斤顶应均匀顶进,反力架受力应均匀;负环脱出盾尾后,应立即对管片环向进行加固。 (7)盾构应在始发段 50～100m 进行试掘进,并应根据地质情况、施工监测结果、试掘进经验等因素选用掘进参数
2	盾构正常掘进阶段的要求	(1)土压平衡盾构掘进,开挖土体应充满土仓,并应核算排土量和开挖量;泥水平衡盾构掘进,泥浆压力与开挖面水土压力、排土量与开挖量应保持平衡。掘进过程中,应采取防止螺旋输送机发生喷涌的措施。 (2)盾构掘进应随时监测和控制盾构姿态,使隧道轴线控制在设计允许偏差范围内。实施纠偏应逐环、小量纠偏,防止过量纠偏损坏已拼装管片和盾尾密封。 (3)盾构机不宜长时间停机,盾构刀具检查和更换地点应选择地质条件好、地层稳定的地段。在不稳定地层更换刀具时,应采取地层加固或压气法等稳定开挖面措施。维修刀盘应对刀盘前方土体采取加固措施或施作竖井。 (4)盾构设备应在机器停止操作时维修;液压系统维修前,应关闭相关阀门并降压,电气系统维修前,应关闭系统;空气和供水系统维修时,应关闭相应阀门并降压;刀盘、拼装机等旋转设备部件区域维修前,设备应停止运转

序号	项目	内容
3	盾构到达接收阶段的要求	(1)盾构到达前应拆除洞门围护结构,拆除前,工作井端头地基承载力、止水应满足要求;拆除时应控制凿除深度,洞口应安装止水密封装置。 (2)盾构距到达接收工作井 15m 内,应调整掘进速度、开挖压力等参数,减小推力、降低推进速度和刀盘转速,控制出土量并监测土仓内压力。 (3)隧道贯通前 10 环管片应设置管片纵向拉紧装置,贯通后应快速顶推并迅速拼装管片。同时应加强同步注浆和二次补充注浆,盾尾通过洞口后应及时密封管片环与洞门间隙
4	壁后注浆要求	(1)盾构机掘进应进行同步注浆作业,为提高背衬注浆层的防水性及密实度,还应在同步注浆结束后进行补充注浆,注浆材料性能应符合设计要求。 (2)壁后注浆应根据工程地质条件、地表沉降状况、环境要求、设计要求及设备情况等选择注浆方式和注浆参数。注浆压力应根据地质条件、注浆方式、管片强度、设备性能、浆液特性和隧道埋深等综合因素确定

C14　塌方地段施工

■**高频考点:塌方地段施工规定**

序号	项目	内容
1	隧道塌方的预防措施	(1)选择安全合理的施工方法和措施至关重要。在掘进到地质不良围岩破碎地段,应采取"先治水、短开挖、弱爆破、强支护、早衬砌、勤量测"的施工方法。 (2)应加强施工过程中的技术管理,保证围岩及支护的稳定,并做好下列工作,防止塌方的发生: ①全面了解设计提供的地质状况,及时与现场实际情况对比,明白设计意图。 ②加强超前地质预报工作,发现开挖面前方有异常情况出现时,及时研究并采取相应措施。 ③软弱围岩、特殊岩土和不良地质地段,应采取正确的开挖方法及有效的支护手段。 (3)为防止隧道塌方,隧道施工应符合下列要求:

序号	项目	内容
1	隧道塌方的预防措施	①应根据喷锚构筑法的基本要求进行开挖,合理选定开挖方法,同时采用光面爆破和预裂爆破技术,减少对围岩的扰动。 ②开挖过程中,发现任何特殊情况发生时,应暂停施工,待处理后方可继续掘进。 ③初期支护必须及时施作并保证质量,特殊情况下,应采取特殊的支护措施。 ④二次衬砌不得严重滞后初期支护,在软弱围岩地段宜紧跟开挖,Ⅲ、Ⅳ级围岩中,应根据量测结果确定最佳施作时间。 ⑤认真开展监控量测工作,及时反馈量测资料,指导施工。 (4)为防止隧道塌方,施工现场管理应符合下列要求: ①严格按照设计文件及施工组织设计要求进行施工,未经批准,不得擅自改变开挖方法及支护形式。 ②认真进行支护作业,确保支护参数和质量达到设计要求
2	隧道塌方的处理措施	(1)隧道发生塌方后,待塌体基本稳定后再进行处理。处理前,必须仔细观测塌方的范围、形状、数量大小及塌体的地质状况、地下水的分布、活动情况等,分析塌方发生的原因,研究制定处理方案,对塌体采取稳定加固措施,避免造成二次坍塌。隧道塌方应根据发生的部位、规模及地质条件,采取"治塌先治水、治塌先加强"的原则,采取喷锚支护、注浆、管棚、加强二次衬砌、设置护拱等技术措施,不失时机,不留隐患地进行处理。 (2)处理塌方前,应采取下列技术措施,加强防排水工作: ①地表沉陷和裂缝,应采用注浆填充和加固,或采用不透水土壤夯填紧密,开挖截台坑,防止地表水下渗进入塌体。 ②通顶陷穴口的地表四周应挖沟排水,搭设防雨棚遮盖穴顶;洞内衬砌通过塌方后,陷穴应及时回填,回填应高出原地面,并用黏土或浆砌片石封闭穴口,做好排水。 ③塌体内有地下水活动时,采用管、槽引至排水沟排出,无法进行引排时可采用注浆堵水。 (3)隧道洞口塌方的处理要求: ①中小型塌方应将塌体自上而下全部清除。根据塌方后坡面的情况,可选用刷坡卸载的方法,同时应对仰坡面自上而下进行喷锚网加固。

序号	项目	内容
2	隧道塌方的处理措施	②大型塌方的塌体不必全部清除,可采取先挖台阶的形式清除一部分,再进行喷锚网加固,并在仰坡上适当位置设浆砌片石挡墙防护。 ③仰坡加固完成后,洞口段已露空洞身可采用暗洞明做或改为明洞衬砌,拱圈上部可回填土石或浆砌片石。 ④根据仰坡塌方的规模及稳定性情况,对洞内二次衬砌应进行加强。 (4)当塌方是由于洞口附近的滑动体引起,滑动体尚未稳定时,必须先对滑动体进行加固,然后再处理塌方,主要技术措施有自进式锚杆、预应力锚索以及抗滑桩。 (5)岩石类塌方的围岩级别一般为Ⅱ～Ⅳ,岩体以未风化或轻度风化的岩层为主,节理较发育,塌体呈碎石状、黏土及砂的含量较少,一般不超过30%,未塌方的围岩呈相对稳定状态。塌方规模一般为中、小型,个别为大型塌方,塌方数量不超过5000m³,处理时应符合下列规定: ①根据塌体内塌腔的矢跨比,采取不同的处理措施: A. 当矢跨比$h/B<0.7$时,可采用外层初期支护(W)加内层初期支护(N)再加防护(F)的方法进行处理; B. 当矢跨比$h/B\geqslant0.7$时,可采用外层初期支护(W)加防护(F)的方法进行处理。 ②岩石类塌方已塌至隧道上方的原地面时,应及时处理地面塌口,后处理洞内塌方。处理洞内塌方时,应采用注浆加管棚整体加固的处理方法,并应以渗透注浆为主,管棚应为长大管棚。 (6)土质类塌方的围岩级别一般为Ⅳ～Ⅵ级,隧道的围岩以土质或风化岩石为主,塌体呈土状,含有大量的黏土、砂质土(≥70%)及少量的石屑和孤石,塌方范围以外的未塌部分呈相对不稳定状态,塌方规模一般较大,主要为大型和特大型塌方。处理时应符合下列规定: ①土质隧道塌方不宜采用清碴的方式处理。 ②土质隧道塌方可采用注浆加管棚的处理方法,注浆可视塌体中土质(或砂)的颗粒大小分别采用渗透注浆或劈裂注浆。 (7)塌方地段的衬砌,应视塌方的大小和地质情况,采用钢筋混凝土或钢架混凝土予以加强。衬砌完成后,应及时施作护拱和回填。当塌穴较小时,可用浆砌片石或干砌片石将其填满;当塌穴较大时,可先用浆砌片石回填一定厚度,剩余空间的处理可根据现场实际情况与设计、监理会商决定

C15 岩爆地段施工

序号	项目	内容
1	岩爆预报方法	(1)以超前探孔为主,辅以地震波法、电磁波法、钻速测试等手段。 (2)观察岩体表面的剥落、监听岩体内部发生的声响,通过地质的观察、素描,分析岩石的"动态特性"。 (3)采用工程类比法进行宏观预报
2	岩爆隧道施工技术措施	(1)轻微岩爆地段开挖可正常掘进,可直接在开挖面上洒水,软化表层,促使应力释放和调整。 (2)中等岩爆地段,除可采用轻微岩爆地段的措施外,还可采用超前注水、防岩爆锚杆等措施。 (3)强烈岩爆地段,除可采用轻微岩爆地段和中等岩爆地段的措施外,还可采用在地面钻孔注水的方法大范围软化围岩、超前应力解除爆破、小导洞超前、超前锚杆、钢架支撑等措施
3	岩爆隧道施工要求	(1)做好发生岩爆的时间、位置、强度、类型及数量等记录,总结岩爆规律。 (2)采用光面爆破技术,使隧道周边圆顺,减少应力集中;严格控制装药量,减少对围岩的扰动。 (3)控制循环进尺,采用短进尺,一般情况下,每循环进尺宜控制在 1.0～1.5m,最大不得大于 2m。 (4)中等强度以上岩爆地段宜采用凿岩台车及喷混凝土台车施工;台车及装渣机械、运输车辆上宜加装防护钢板,避免岩爆弹射块体伤及操作人员和砸坏施工设备。 (5)超前注水孔宜布置在隧道边墙及拱部开挖断面轮廓线外 100～150mm 范围内,并向孔内灌高压水,软化围岩,加快围岩内部的应力释放。 (6)开挖后应及时喷纤维混凝土封闭,厚度宜为 50～80mm。 (7)应力释放孔直径不宜小于 $\phi70mm$。 (8)防岩爆锚杆可采用楔管式、缝管式、水胀式等能及时受力的锚杆,以调整围岩应力分布及加固围岩。锚杆长度宜为 2m 左右,间距宜为 0.5～1.0m

序号	项目	内容
4	发生岩爆应采取的处理措施	(1)停机待避,待安全后进行工作面的观察、记录,如岩爆的位置、强度、类型、数量以及山鸣等。 (2)增加及时受力的摩擦型锚杆(不能代替系统锚杆),锚杆应装垫板。 (3)及时喷纤维混凝土,厚度宜为 50～80mm

C16　交通安全设施施工技术要求

■高频考点：交通安全设施的施工技术要求

序号	项目	内容
1	交通标志的施工技术要求	(1)交通标志应按施工准备、基础施工、立柱和横梁等构件和标志板加工制作、交通标志安装等工序进行施工。 (2)标志支撑结构应在基础混凝土强度达到设计强度的 80% 以上后,经监理工程师批准后安装。 (3)标志板安装前应依据设计文件对交通标志基础、立柱和标志板一一进行核对。 (4)小型交通标志可在立柱安装固定后安装标志板,门架、悬臂等交通标志宜将交通标志板安装后整体吊装。紧固件的紧固方法应符合设计要求,加劲法兰盘与底座法兰盘应水平、密合,拧紧螺栓后支柱不得倾斜。 (5)大型标志板现场拼接时,拼缝应平顺、紧密,不大于 3mm,不得影响标志中图形、文字和重要符号的视认性,板面应保持平整,不得有错台,整体强度应不低于单板。 (6)标志架安装时应利用水平尺校正立柱竖直度,最后用扳手把螺栓均匀拧紧,用水泥砂浆对加劲法兰盘与基础之间的缝隙进行封闭。 (7)标志板安装到位后,应调整标志板面平整度,根据设置地点公路的平、竖曲线线形调整标志板安装角度,标志板安装角度应满足设计文件要求,设计文件无要求时,应符合下列规定: ①路侧标志宜与公路中线垂直或成一定角度,其中,禁令和指示标志为 $0°～45°$;指路和警告标志为 $0°～10°$。 ②悬臂、门架或附着式支撑结构标志板面应垂直于公路行车方向,标志板面宜前倾 $0°～15°$

序号	项目	内容
2	交通标线的施工技术要求	（1）新铺沥青路面的交通标线施工，可在路面施工完成7日后开始；新建水泥混凝土路面的交通标线施工，应在混凝土养护膜老化起皮并清除后开始。交通标线宜在白天施工，在雨、雪、沙尘暴、强风、气温低于材料规定施工温度的天气，应暂停施工。正式施划前应做试验段，试验路段应有代表性，长度不宜短于200m，高速公路、一级公路可按单向计算。 （2）突起路标宜在交通标线施工完成后安装，且不得影响标线质量。应根据设计文件的要求确定突起路标的设置位置，突起路标反射体应面向行车方向。路面和突起路标底部应清洁干燥，并涂加胶粘剂。胶粘剂应通过检测单位的抗拉拔能力及抗衰老能力检测。突起路标就位后，应在其顶部施加压力，排除空气并调整就位
3	护栏和栏杆的施工技术要求	（1）施工安装前，应现场实地踏勘，检查前道工序。 （2）缆索护栏、波形梁护栏的路基土压实度和混凝土护栏的地基承载力应符合设计文件的规定。立柱打入的护栏宜在水泥混凝土路面、沥青路面下面层施工完毕后施工，不得早于路面基层施工，并控制好护栏立柱高程。 （3）混凝土护栏可在路面基层施工完毕后、路面摊铺前施工。长度较长、现场条件允许时，可采用滑模施工。 （4）桥梁护栏和栏杆应在桥梁车行道板、人行道板、混凝土铺装层施工完毕，跨中支架及脚手架拆除后桥跨处于独立支撑的状态时方能施工。 （5）中央分隔带开口护栏的端头基础和预埋基础应在路面面层施工前完成，其余部分应在路面施工后安装。缓冲设施应在路面施工后安装。 （6）所有护栏和栏杆产品到场后，应按施工路段或产品到场批次进行抽样检查，产品质量应符合相关标准的要求。所有钢构件均应进行防腐处理。螺栓、螺母等紧固件和连接件在防腐处理后，应清理螺纹或进行离心分离处理
4	视线诱导设施的施工技术要求	（1）视线诱导设施的外形尺寸、安装高度、线形、材质、反光性能等应符合设计文件的规定。自发光视线诱导设施的闪烁频率、使用寿命及工作条件应满足设计要求。

序号	项目	内容
4	视线诱导设施的施工技术要求	(2)轮廓标安装完成后应与公路线形保持一致,安装高度宜保持一致。夜间应具有良好的反光性能,逆反射性能应符合现行《轮廓标》GB/T 24970—2020 的规定。柱式轮廓标应安装牢固,柱体表面不应有明显的划痕、气泡、裂纹及颜色不均等缺陷。附着式轮廓标应安装牢固、角度准确、高度一致。 (3)隧道轮廓带安装完成后,其表面法线应与公路中心线垂直。隧道轮廓带应安装牢固,整体线形流畅,表面无划痕等缺陷。 (4)示警桩、示警墩的位置应与公路线形相协调
5	隔离栅的施工技术要求	(1)隔离栅的封闭应严密、牢固,不应出现缺口。 (2)应与公路线形走向一致,边坡较陡的路段应进行修坡处理。 (3)隔离栅的网面应平整、无断丝,网孔无明显倾斜。 (4)混凝土基础尺寸和埋深、立柱的竖直度和柱间距、网面高度应符合设计文件的规定。 (5)镀锌构件表面应均匀完整、颜色一致,表面不得有气泡、裂纹、疤痕、折叠和断面分层等缺陷。 (6)混凝土立柱应密实、平整,无裂缝、翘曲、蜂窝、麻面等缺陷
6	防落网的施工技术要求	(1)防落物网的封闭应严密、牢固,不应出现缺口。混凝土基础尺寸和埋深、立柱的竖直度和柱间距、网面高度以及混凝土立柱和基础的强度等级应符合设计文件的规定。防落物网的防腐处理和防雷接地处理应符合设计文件的规定。 (2)防落石网的地脚螺栓埋置深度、混凝土基础尺寸和埋深、立柱的竖直度和柱间距、拉锚绳、支撑绳、减压环、钢丝绳网(或环形网)及立柱和基础的强度等级应符合设计文件的规定。防落石网的防腐处理和防雷接地处理应符合设计文件的规定
7	防眩设施的施工安装要求	(1)防眩板及支架的材质、防腐处理、几何尺寸应符合设计要求。预埋件的设置位置、强度和腐蚀程度应符合设计要求并经过上道工序的验收。 (2)防眩板或防眩网安装完成后,其设置路段、防眩高度、遮光角应满足设计要求。

序号	项目	内容
7	防眩设施的施工安装要求	(3)防眩板或防眩网的整体应与公路线形协调一致,不得出现高低不平或者扭曲的外形。防眩板或防眩网应牢固安装,外观不应有划痕、颜色不均、变色等外观缺陷。防眩设施施工完成后,宜在晚间进行实地目测检查
8	避险车道的施工技术要求	(1)避险车道的结构尺寸、排水设施应符合设计文件要求。 (2)避险车道相关的交通标志、交通标线、护栏、视线诱导等设施的设置应符合设计文件的规定。 (3)末端消能材料的设置位置及数量符合设计文件的要求。 (4)制动床的铺装集料的规格与级配、卵(砾)石等制动集料的压碎值应符合设计文件的要求

C17　公路建设信用信息管理

■**高频考点：公路建设市场信用信息管理办法**

序号	项目	内容
1	信用信息内容	(1)公路建设市场信用信息包括公路建设从业单位基本信息、表彰奖励类良好行为信息、不良行为信息和信用评价信息。 (2)从业单位基本信息是区分从业单位身份、反映从业单位状况的信息,主要有: ①从业单位名称、法定代表人、注册登记基本情况及组织机构代码。 ②基本财务指标、在金融机构开立基本账户情况。 ③资质、资格情况。 ④主要经济、管理和工程技术从业人员的职称及执业资格基本状况。 ⑤自有设备基本状况。 ⑥近5年主要业绩及全部在建的公路项目情况等。 (3)从业单位表彰奖励类良好行为信息主要有: ①模范履约、诚信经营,受到市级及以上交通运输主管部门、与公路建设有关的政府监督部门或机构表彰和奖励的信息。

序号	项目	内容
1	信用信息内容	②被省级及以上交通运输主管部门评价为最高信用等级（AA级）的记录。 （4）从业单位不良行为信息主要有： ①从业单位在从事公路建设活动以及信用信息填报过程中违反有关法律、法规、标准等要求，受到市级及以上交通运输主管部门、与公路建设有关的政府监督部门或机构行政处罚及通报批评的信息。 ②司法机关、审计部门认定的违法违规信息。 ③被省级及以上交通运输主管部门评价为最低信用等级（D级）的记录
2	信用信息发布与管理	（1）信用信息发布期限按照下列规定设定： ①从业单位基本信息公布期限为长期。 ②表彰奖励类良好行为信息、不良行为信息公布期限为2年，信用评价信息公布期限为1年，期满后系统自动解除公布，转为系统档案信息。 （2）行政处罚期未满的不良行为信息将延长至行政处罚期满。 （3）上述期限均自认定相应行为或作出相应决定之日起计算

■**高频考点：施工企业信用评价规则**

（1）本规则所称公路施工企业信用评价是指省级及以上交通运输主管部门或其委托机构依据有关法律法规、标准规范、合同文件等，通过量化方式对具有公路施工资质的企业在公路建设市场从业行为的评定。

（2）公路施工企业信用评价工作实行定期评价和动态管理相结合的方式。

（3）定期评价工作每年开展一次，对公路施工企业上一年度（1月1日—12月31日期间）的市场行为进行评价。

（4）评价内容由公路施工企业投标行为、履约行为和其他行为构成。投标行为以公路施工企业单次投标为评价单元，履约行为以单个施工合同段为评价单元。

（5）投标行为和履约行为初始分值为100分，实行累计扣分制。其中，投标行为占 20％，履约行为占 80％，若有其他行为的，从企业信用评价总得分中扣除。

（6）公路施工企业投标行为由招标人负责评价，履约行为由项目法人负责评价，其他行为由负责行业监管的相应地方人民政府交通运输主管部门负责评价。招标人、项目法人、负责行业监管的相应地方人民政府交通运输主管部门等评价人对评价结果签认负责。

（7）下列资料可以作为公路施工企业信用评价依据：

① 交通运输主管部门及其质量监督机构督查、检查结果或做出的处罚通报、决定。

② 招标人、项目法人管理工作中的正式文件。

③ 举报、投诉或质量、安全事故调查处理结果。

④ 司法机关做出的司法认定及审计部门的审计意见。

⑤ 其他可以认定不良行为的有关资料。

（8）评价程序：

① 投标行为评价。招标人完成每次招标工作后，对参与投标的公路施工企业不良投标行为进行评价。无不良投标行为的公路施工企业不进行评价。联合体有不良投标行为的，联合体各方均按相应标准扣分。

② 履约行为评价。项目法人结合日常建设管理状况，对参与项目建设的公路施工企业上一年度的履约行为进行评价。对当年组织交工验收的工程项目，项目法人可在交工验收时提前确定参与项目建设的公路施工企业本年度的履约行为评价结果。联合体有不良履约行为的，联合体各方均按相应标准扣分。

③ 其他行为评价。负责行业监管的相应地方人民政府交通运输主管部门对公路施工企业其他行为进行评价。

（9）公路施工企业信用评价等级分为 AA、A、B、C、D 五个等级，各信用等级对应的企业评分 X 分别为：

① AA 级：95 分≤X≤100 分，信用好。

② A 级：85 分≤X＜95 分，信用较好。

③ B 级：75 分≤X＜85 分，信用一般。

④ C 级：60 分≤X＜75 分，信用较差。

⑤ D 级：X＜60 分，信用差。

（10）对存在直接定为 D 级或降级的行为，招标人、项目法人或负责行业监管的相应地方人民政府交通运输主管部门发现后即报省级交通运输主管部门。自省级交通运输主管部门认定之日起企业在该省信用评价等级为 D 级或降一等级。被 1 个省级交通运输主管部门直接认定为 D 级的企业，其全国综合评价直接定为 C 级；被 2 个及以上省级交通运输主管部门直接认定为 D 级以及被国务院交通运输主管部门行政处罚的公路施工企业，其全国综合评价直接定为 D 级。

（11）公路施工企业信用升级实行逐级上升制，每年只能上升一个等级，不得越级。公路施工企业信用降级按照实际评定的等级确定。

（12）公路施工企业信用评价结果有效期 1 年，下一年度公路施工企业在该省份无信用评价结果的，其在该省份信用评价等级可延续 1 年。2 年以上在该省份无信用评价结果的，按照初次进入该省份确定，但不得高于其在该省份原评价等级的上一等级。

（13）公路施工企业资质升级的，其信用评价等级不变。企业分立的，按照新设立企业确定信用评价等级，但不得高于原评价等级。企业合并的，按照合并前信用评价等级较低企业等级确定。

（14）公路施工企业在某省级行政区域的信用评价等级可使用本省级综合评价结果，也可使用全国综合评价结果，具体由省级交通运输主管部门规定。国务院有关部门许可资质的公路施工企业初次进入某省级行政区域时，其等级按照全国综合评价结果确定。尚无全国综合评价的企业，若无不良信用记录，可按 A 级对待。若有不良信用记录，视其严重程度按 B 级及以下对待。联合体参与投标时，其信用等级按照联合体各方最低等级认定。

C18　公路工程设计变更管理

■**高频考点：公路工程设计变更管理**

序号	项目	内容
1	类型	公路工程设计变更分为重大设计变更、较大设计变更和一般设计变更。 （1）有下列情形之一的属于重大设计变更： ①连续长度10km以上的路线方案调整的。 ②特大桥的数量或结构形式发生变化的。 ③特长隧道的数量或通风方案发生变化的。 ④互通式立交的数量发生变化的。 ⑤收费方式及站点位置、规模发生变化的。 ⑥超过初步设计批准概算的。 （2）有下列情形之一的属于较大设计变更： ①连续长度2km以上的路线方案调整的。 ②连接线的标准和规模发生变化的。 ③特殊不良地质路段处置方案发生变化的。 ④路面结构类型、宽度和厚度发生变化的。 ⑤大中桥的数量或结构形式发生变化的。 ⑥隧道的数量或方案发生变化的。 ⑦互通式立交的位置或方案发生变化的。 ⑧分离式立交的数量发生变化的。 ⑨监控、通信系统总体方案发生变化的。 ⑩管理、养护和服务设施的数量和规模发生变化的。 ⑪其他单项工程费用变化超过500万元的。 ⑫超过施工图设计批准预算的。 （3）一般设计变更是指除重大设计变更和较大设计变更以外的其他设计变更
2	管理	（1）公路工程重大、较大设计变更实行审批制。公路工程重大、较大设计变更，属于对设计文件内容作重大修改，应当按照《公路工程设计变更管理办法》规定的程序进行审批。未经审查批准的设计变更不得实施。任何单位或者个人不得违反《公路工程设计变更管理办法》规定擅自变更已经批准的公路工程初步设计、技术设计和施工图设计文件。不得肢解设计变更规避审批。经批准的设计变更一般不得再次变更。重大设计变更由交通运输部负责审批。较大设计变更由省级交通运输主管部门负责审批。

序号	项目	内容
2	管理	（2）项目法人负责对一般设计变更进行审查,并应当加强对公路工程设计变更实施的管理。公路工程勘察设计、施工及监理等单位可以向项目法人提出公路工程设计变更的建议。设计变更的建议应当以书面形式提出,并应当注明变更理由。项目法人也可以直接提出公路工程设计变更的建议。对一般设计变更建议,由项目法人根据审查核实情况或者论证结果决定是否开展设计变更的勘察设计工作。对较大设计变更和重大设计变更建议,项目法人经审查论证确认后,向省级交通运输主管部门提出公路工程设计变更的申请,设计变更申请书包括拟变更设计的公路工程名称、公路工程的基本情况、原设计单位、设计变更的类别、变更的主要内容、变更的主要理由等。 （3）施工单位不按照批准的设计变更文件施工的,交通运输主管部门责令改正;造成建设工程质量不符合规定的质量标准的,负责返工、修理,并赔偿因此造成的损失;情节严重的,责令停业整顿,降低资质等级或者吊销资质证书

C19　设计企业资质

■**高频考点：公路工程设计企业资质类别、等级的划分**

序号	项目	内容
1	公路工程设计企业资质类别划分	第一类:工程设计综合资质。 第二类:公路行业设计资质。 第三类:公路专业设计资质。 第四类:特大桥专业设计资质。 第五类:特长隧道专业设计资质。 第六类:交通资质设计资质
2	公路工程设计企业资质等级的划分	第一类:工程设计综合资质只有一个级别,工程设计综合甲级资质。 第二类:公路行业设计资质只有一个级别,甲级资质。 第三类:公路专业设计资质有三个级别,甲级、乙级、丙级资质。

序号	项目	内容
2	公路工程设计企业资质等级的划分	第四类：特大桥专业设计资质只有一个级别,甲级资质。 第五类：特长隧道专业设计资质只有一个级别,甲级资质。 第六类：交通资质设计资质两个级别,甲级、乙级

■高频考点：公路设计企业承包工程范围

序号	项目	内容
1	工程设计综合甲级	(1)承担各行业建设工程项目的设计业务,其规模不受限制;但在承接工程项目设计时,须满足标准中与该工程项目对应的设计类型对人员配置的要求。 (2)承担其取得的施工总承包(施工专业承包)一级资质证书许可范围内的工程施工总承包(施工专业承包)业务
2	公路行业设计甲级	承担公路行业建设工程项目的主体工程和配套工程的设计任务,其规模不受限制
3	公路专业设计甲级	承担公路方面主体工程及其配套工程的设计业务,其规模不受限制
4	公路专业设计乙级	取得公路专业乙级设计资质的单位,可以承接二级及以下等级公路、交通安全设施、管理养护设施等项目设计
5	公路专业设计丙级	可承接三级、四级公路及其交通安全、管理、养护等实施设计
6	特大桥专业设计甲级	只设一个甲级资质,其业务范围没有规模限制
7	特长隧道专业设计甲级	只设一个甲级资质,其业务范围没有规模限制
8	交通工程专业设计甲级	可承接各种类型和规模的交通工程项目设计
9	交通工程专业设计乙级	可承接二级公路的收费系统及管理、养护、服务设施

236

C20 施工企业资质

■高频考点：公路工程施工总承包企业承包工程范围

序号	企业等级	承包工程范围
1	特级企业	可承担各等级公路及其桥梁、隧道工程的施工
2	一级资质	可承担各级公路及其桥梁、长度3000m以下的隧道工程的施工
3	二级资质	可承担一级标准以下公路,单座桥长1000m以下、单跨跨度150m以下的桥梁,长度1000m以下的隧道工程的施工
4	三级资质	可承担二级标准以下公路,单座桥长500m以下、单跨跨度50m以下的桥梁工程的施工

■高频考点：公路路面工程专业承包企业承包工程范围

序号	企业等级	承包工程范围
1	一级资质	可承担各级公路路面工程的施工
2	二级资质	可承担一级标准以下公路路面工程的施工
3	三级资质	可承担二级标准以下公路路面工程的施工

■高频考点：公路路基工程专业承包企业承包工程范围

序号	企业等级	承包工程范围
1	一级资质	可承担各级公路的路基、中小桥涵、防护及排水、软基处理工程的施工
2	二级资质	可承担一级标准以下公路的路基、中小桥涵、防护及排水、软基处理工程的施工
3	三级资质	可承担二级标准以下公路的路基、中小桥涵、防护及排水、软基处理工程的施工

■高频考点：桥梁工程专业承包企业承包工程范围

序号	企业等级	承包工程范围
1	一级资质	可承担各类桥梁工程的施工
2	二级资质	可承担单跨150m以下、单座总长1000m以下桥梁工程的施工
3	三级资质	可承担单跨50m以下、单座总长120m以下桥梁工程的施工

■高频考点：隧道工程专业承包企业承包工程范围

序号	企业等级	承包工程范围
1	一级资质	可承担各类隧道工程的施工
2	二级资质	可承担断面60m^{2}以下且单洞长度1000m以下的隧道工程施工
3	三级资质	可承担断面40m^{2}以下且单洞长度500m以下的隧道工程施工

C21　公路工程项目施工组织设计编制

■高频考点：公路工程施工组织设计的编制程序

序号	项目	内容
1	一般工程项目施工组织设计的编制程序	(1)对工程项目设计图纸、合同、技术规范等进行分析研究，必要时进行相关资料的收集和调研。 (2)计算施工工程数量。 (3)选择施工方案，确定施工方法。 (4)编制工程进度计划。 (5)计算人工、材料、机具需要量，编制相关计划。 (6)确定临时工程，编制水、电、气、热供应计划。 (7)设计和布置施工平面图。 (8)确定技术措施计划与计算技术经济指标。 (9)确定施工组织管理机构。 (10)编制质量、安全、环保和文明施工措施计划。 (11)编写说明书

序号	项目	内容
2	施工组织设计编制应注意的问题	(1)编制时必须对施工技术经济条件进行广泛和充分的调查研究,收集各方面原始资料,广泛地征求有关单位和群众的意见。主持编制单位应先召开交底会,组织基层单位或分包单位参加,请建设单位、设计单位进行建设条件和设计交底;然后根据提供的条件和要求,广泛吸收技术人员的意见制定措施,在此基础上提出初稿,初稿完成后,还应讨论和审定。 (2)施工单位中标后,必须编制具有实际指导意义的标后施工组织设计。当建设工程实行总包和分包时,应由总包单位负责编制施工组织设计或者分阶段施工组织设计。分包单位在总包单位的总体部署下,负责编制分包工程的施工组织设计。施工组织设计应根据合同工期及有关的规定进行编制,并且一定要广泛征求各协作施工单位的意见。 (3)对结构复杂、施工难度大以及采用新工艺、新技术的工程项目,要进行专业性研究,必要时组织专门会议,邀请有经验的专业工程技术人员参加,确定解决问题的方案。 (4)在施工组织设计编制过程中,要充分发挥各职能部门的作用,充分利用施工企业的技术素质和管理素质,统筹安排,扬长避短,发挥施工企业的优势和水平,合理地进行工序设计和配合的程序设计。 (5)当施工组织设计的初稿完成后,要组织参加编制的人员及单位进行讨论,经逐项逐条地研究修改,最终形成正式文件,送主管部门审批

■高频考点:公路工程施工组织设计的评价与优化

序号	项目	内容
1	公路工程施工组织设计的评价	(1)分析劳动力需要量图 ①劳动力需要量图可以表明劳动力需要量与施工时间之间的关系,它是衡量施工组织设计是否合理的重要标志。 ②编制施工进度应以劳动力需要量均衡为原则,对施工进度作恰当安排和必要的调整。

序号	项目	内容
1	公路工程施工组织设计的评价	(2)工程进度曲线("S"曲线) 施工组织设计完成后,通过对"S"曲线的形状分析,可以定性分析施工组织设计中工作内容安排的合理性,可利用"香蕉"曲线对进度进行合理安排。同时,"S"曲线还可以在工程项目实施的过程中,结合"香蕉"曲线(工程进度管理曲线)进行施工中的进度、费用控制。 (3)分析主要技术经济指标 技术经济指标主要包括施工周期、全员劳动生产率、各种资源的(包括劳动力资源)不均衡系数、综合机械化程度、"四新"项次及成果评价。具体如下: ①施工周期:指某工程项目从开工到全部投产所用的时间。 ②全员劳动生产率: 全员劳动生产率=完成的建安工作量(元)/全体职工平均人数 注:每月的全员劳动生产率应力求均衡。 ③劳动力不均衡系数,即施工期高峰人数与施工期平均人数之比,接近于 1 为好。 ④综合机械化程度: 工程机械化程度=(某工种工程利用机械完成的实物量/某工种工程完成的全部实物量)×100% 综合机械化程度=[∑(各工种工程利用机械完成的实物量×各该工种工程人工定额工日)/∑(各工种工程完成的全部实物量×各该工种工程人工定额工日)]×100% ⑤"四新"项次及成果评价:比较采用新技术、新工艺、新材料、新设备的项次及成果
2	公路工程施工组织设计的优化	(1)优化目的 通过优化,努力节约资源,注重环境保护,提高机械设备的利用率,并协调好进度、质量、成本三控制的关系。 (2)施工方案的优化 ①施工方法的优化要能取得好的经济效益,同时还要有技术上的先进性。 ②施工顺序的优化是为了保证现场秩序,避免混乱,实现文明施工,取得好快省而又安全的效果。施工顺序的优化又分为同类工程的施工顺序优化和单位工程施工顺序优化。 ③施工作业组织形式的优化是指作业组织合理采取顺序作业、平行作业、流水作业三种作业形式的一种或几种的综合方式。

序号	项目	内容
2	公路工程施工组织设计的优化	④施工劳动组织优化是指按照工程项目的要求,将具有一定素质的劳动力组织起来,选出相对最优的劳动组合方案,使之符合工程项目施工的要求,投入到施工项目中去。分工与协作是劳动组织优化的基本原理。 ⑤施工机械组织优化就是要从仅满足施工任务的需要转到如何发挥其经济效益上来,这就要从施工机械的经济选择、合理配套、机械化施工方案的经济比较以及施工机械的维修管理上进行优化,才能保证施工机械在项目施工中发挥巨大的作用。 (3)资源利用的优化 资源利用的优化主要包括:物资采购与供应计划的优化、机械需要计划的优化

C22　公路工程施工合同履行与管理

■**高频考点:合同文件的优先顺序**

根据《公路工程标准施工招标文件》(2018年版)的规定,组成合同的各项文件应互相解释,互为说明。除项目专用合同条款另有约定外,解释合同文件的优先顺序如下:

(1)合同协议书及各种合同附件(含评标期间和合同谈判过程中的澄清文件和补充资料)。

(2)中标通知书。

(3)投标函及投标函附录。

(4)项目专用合同条款。

(5)公路工程专用合同条款。

(6)通用合同条款。

(7)工程量清单计量规则。

(8)技术规范。

(9)图纸。

(10)已标价工程量清单。

(11)承包人有关人员、设备投入的承诺及投标文件中的施工组织设计。

（12）其他合同文件。

■高频考点：公路工程施工合同的履行

序号	项目	内容
1	业主的合同履行	（1）严格按照施工合同的规定，履行业主应尽义务。业主履行合同是承包商履行合同的基础，因为业主的很多合同义务都是为承包商施工创造先决条件，如征地拆迁、"三通一平"、原始测量数据、施工图纸等。 （2）按合同规定行使工期控制权、质量检验权、工程计量权、工程款支付权，确保工程目标的实现。 （3）按合同约定行使工程交工、竣工验收权和履行工程款支付、竣工结算义务
2	承包商的合同履行	（1）全面履行施工合同中的各项义务。在施工过程中，承包商必须通过投入足够的资源，建立精干高效的组织机构和完善的制度体系，采用先进、合理、经济的施工方案和技术，精心组织、科学管理，确保如期、保质、保量完成各项施工任务。 （2）通过合理的工程变更与索赔，维护自己的合法权益，实现预期经营目标和战略

C23 公路工程分包合同管理

■高频考点：分包合同管理

序号	项目	内容
1	分包合同的管理关系	（1）分包合同是承包人将施工合同内对发包人承担义务的部分工作交给分包人实施，双方约定相互之间的权利、义务的合同。分包工程既是施工合同的一部分，又是分包合同的标的，涉及两个合同，所以分包合同的管理比施工合同管理复杂。 （2）监理工程师只与承包人有监理与被监理的关系，对分包人在现场施工不承担协调管理义务。只是依据施工合同对分包工作内容及分包人的资质进行审查，行使确认权或否定权；对分包人使用的材料、施工工艺、工程质量和进度进行监督。监理工程师就分包工程施工发布的任何指示均应发给承包人。

序号	项目	内容
1	分包合同的管理关系	（3）承包人作为两个合同的当事人,不仅对发包人承担确保整个合同工程按预期目标实现的义务,而且对分包工程的实施具有全面管理责任。承包人应当建立健全相关分包管理制度和台账,对分包工程的质量、安全、进度、资金使用和分包人的行为等实施全过程管理,对分包工程的实施向发包人负责,并承担赔偿责任。分包合同不免除承包合同中规定的承包人责任或者义务。承包人在在接到监理工程师就分包工程发布的指示后,应将其要求列入自己的管理工作内容,并及时以书面确认的形式转发给分包人令其遵照执行
2	分包工程的支付管理	（1）分包工程的支付,应由分包人在合同约定的时间,向承包人报送该阶段施工的付款申请单,承包人经过审核后,将其列入施工合同的进度付款申请单内一并提交监理工程师审批。发包人应在监理工程师收到进度付款申请单后的 28d 内,将进度应付款支付给承包人。 （2）分包人不能直接向监理工程师提出支付要求,必须通过承包人。发包人也不能直接向分包人付款,也必须通过承包人
3	分包工程的变更管理	（1）承包人接到监理工程师依据合同发布涉及发包工程的变更指令后,以书面确认方式通知分包人执行。承包人也有权根据工程的实际进展情况通过监理向发包人提出有关变更建议。 （2）监理工程师一般不能直接向分包人下达变更指令,必须通过承包人。分包人不能直接向监理工程师提出分包工程的变更要求,也必须由承包人提出
4	分包工程的索赔管理	（1）分包合同履行过程中,当分包人认为自己的合法权益受到损害,无论事件起因于发包人或监理,还是承包人的责任,他都只能向承包人提出索赔要求。如果是因发包人或监理的原因或责任造成了分包人合法利益的损害,承包人应及时按施工合同规定的索赔程序,以承包人的名义就该事件向监理工程师提交索赔报告。 （2）对于由承包人原因或责任引起分包人提出索赔,这类索赔产生于承包人与分包人之间,双方通过协商解决。监理工程师不参与该索赔的处理

C24　公路工程进度控制方法和措施

■高频考点：进度计划的审查要点

序号	项目	内容
1	工期和时间安排的合理性	(1)施工总工期的安排应符合合同工期。 (2)各施工阶段或单位工程(包括分部、分项工程)的施工顺序和时间安排与材料和设备的进场计划相协调。 (3)易受冰冻、低温、炎热、雨季等气候影响的工程应安排在适宜的时间,并应采取有效的预防和保护措施。 (4)对动员、清场、假日及天气影响的时间,应充分考虑并留有余地
2	施工准备的可靠性	(1)所需主要材料和设备的运送日期已有保证。 (2)主要骨干人员及施工队伍的进场日期已经落实。 (3)施工测量、材料检查及标准试验的工作已经安排。 (4)驻地建设、进场道路及供电、供水等已经解决或已有可靠的解决方案
3	计划目标与施工能力的适应性	(1)各阶段或单位工程计划完成的工程量及投资额应与设备和人力实际状况相适应。 (2)各项施工方案和施工方法应与施工经验和技术水平相适应。 (3)关键线路上的施工力量安排应与非关键线路上的施工力量安排相适应

■高频考点：工程进度的检查

序号	项目	内容
1	公路工程项目进度检查内容	(1)工作量的完成情况。 (2)工作时间的执行情况。 (3)资源使用及进度的互配情况。 (4)上次检查提出问题的处理情况
2	进度计划检查的方式	(1)项目部定期收集由承包单位提交的有关进度报表资料。 (2)由驻地监理人员现场跟踪检查公路工程的实际进展情况。

序号	项目	内容
2	进度计划检查的方式	（3）由监理工程师定期组织现场施工负责人召开现场会议。 （4）上次检查提出问题的处理情况
3	进度计划检查的方法	（1）横道图比较法。 （2）"S"曲线比较法。 （3）"香蕉"形曲线比较法。 （4）公路工程进度表（横道图比较法与"S"曲线比较法的结合）。 （5）前锋线比较法。 （6）一般网络图（无时标）进度检查的割线法——完工时点计算法

C25　公路工程质量控制方法及措施

■高频考点：公路工程质量控制方法及措施

序号	项目	内容
1	质量控制方法	测量、试验、观察、分析、记录、监督、总结改进
2	质量控制措施	（1）开工前检查：目的是检查是否具备开工条件，施工工艺与施工组织设计对照是否正确无误，开工后能否连续正常施工，能否保证工程质量。 （2）工序交接检查与工序检查：应建立制度，坚持实施，凡关键工序或对工程质量有重大影响的工序，在自检、互检的基础上，还要组织专职人员进行工序交接检查，以确保工序合格，再进入下道工序。 （3）隐蔽工程检查：凡是隐蔽工程均应经检查认证后方可覆盖。 （4）停工后再复工前的检查：因处理质量问题或某种原因停工后再复工时，均应检查认可后方可复工。 （5）分项、分部工程完工检查：应按规定的程序和要求，经检查认可并签署验收记录后，才允许进行下一工程项目施工。

序号	项目	内容
2	质量控制措施	(6)成品、材料、机械设备等的检查:主要检查成品、材料等有无可靠的保护措施,以控制不发生损坏、变质等问题;检查机械设备的技术状态,确保其处于完好的可控制状态。 (7)巡视检查:对施工操作质量应进行巡视检查、跟踪检查

C26　便道、便桥及临时码头建设

■高频考点：便道建设

序号	项目	内容
1	一般规定	(1)施工便道建设应满足施工需要,尽量结合地方道路规划进行专项设计,尽可能提前实施,完工后尽量留地方使用。新建便道、便桥应尽量不占用农田,少开挖山体,节约资源,保护环境。 (2)施工便道应充分利用既有道路和桥梁。避免与既有铁路线、公路平面交叉,避免对当地居民生活造成困扰。 (3)施工便道、便桥应结合施工平面布置,满足工程施工机械、材料进场的要求。 (4)施工便道分为主干线和引入线,主干线尽可能靠近合同段各主要工点,引入线以直达施工现场为原则,并考虑与相邻合同段施工便道的衔接。 (5)施工便道应畅通,旧、危桥应加固处理
2	建设标准	(1)根据地形条件,确定便道平纵线形及横断面宽度: ①便道单车道路基宽度不小于4.5m,路面宽度不小于3.0m,原则上每300m范围内应设置一个长度不小于20m、路面宽度不小于5.5m的错车道。 ②便道在急弯、陡坡处应视地形情况适当加宽,并进行硬化处理。 (2)便道路面最低标准应采用泥结碎石或级配碎石。在条件允许的情况下,便道路面可采用隧道洞渣或矿渣铺筑。特大桥、隧道洞口、拌合站和预制场等大型作业区进出便道200m范围路面宜采用不小于200mm厚的C20混凝土硬化。

序号	项目	内容
2	建设标准	（3）便道两侧设置排水系统,在汇水面积较大的低凹处设置涵洞,以满足排水泄洪要求
3	其他要求	（1）施工期间应指定专人（队）负责施工便道的日常检查和养护,及时修复路面坑槽、清理排水沟和涵洞的淤泥、杂物,保障便道畅通。 （2）每个合同段至少配备1台洒水车用于晴天洒水,做到晴天少粉尘,雨天不泥泞,日常无投诉。 （3）对施工便道应统一进行数字编号,并标明便道通往的方向和主要工程名称。 （4）便道路口应设置限速标志,与建筑物、城市道路转角、视线不良地段应设置明示标志,跨越（邻近）道路施工应设置警告标志,道路危险段应设置防护及警告标牌。途经小桥,应设置限载、限宽标志,途经通道,应设置限宽、限高警告标志。路线明显变化处、便道平面交叉处,应设置指路和警告标志

■**高频考点：便桥建设**

序号	项目	内容
1	建设标准	（1）便桥结构按照实际情况专门设计,同时应满足排洪要求,人行便桥宽度不小于2.5m,人车混行便桥宽度不小于4.5m。若便桥长度超过1km,宜适当增加宽度。 （2）便桥高度不低于上年最高洪水位,桥头设置限高、限重、限速标牌,桥面设立柱间距1.5～2.0m、高1.2m的栏杆防护,栏杆颜色标准统一,在适当位置设置醒目的警示反光标志
2	便桥建设	（1）便桥的类型有墩架式梁桥、装配式公路钢桥（俗称贝雷桥）、浮桥和索桥。 （2）便桥的适用条件： ①当河窄、水浅时可选用墩架式梁桥。 ②当河宽且具备贝雷桁架部件时,可选用贝雷桥。 ③由于任务紧急,临时桥梁的修建不能短期完成时,或河水很深,河床泥土松软,桩基承载力不够且施工困难时,或河流通航,墩架梁桥净宽、净高不能满足要求时,可以考虑建造部分桥段易于拆散、组建的浮桥。 ④当遇深山峡谷时,可选用索桥

序号	项目	内容
3	临时码头	公路临时性码头常采用重力式码头和高桩码头,主要根据使用要求、自然条件和施工条件综合考虑确定

C27　公路工程施工方案管理

■高频考点：施工方案的审批流程

序号	项目	内容
1	施工方案编制、审核和审批	(1)对于一般施工方案,应由施工单位或项目专业工程师编制,项目技术部门组织审核,由项目技术负责人审批。 (2)对于重大施工方案,应由项目技术负责人组织编制,中标单位技术管理部门组织审核,必要时组织相关专家进行论证,由中标单位技术负责人进行审批
2	专家论证	(1)专家论证会应当由施工单位组织召开,实行施工总承包的,由施工总承包单位组织召开。 (2)专家论证主要内容为: ①专项方案内容是否完整、可行。 ②专项方案计算书和验算依据是否符合有关标准规范。 ③安全施工的基本条件是否满足现场实际情况

C28　公路工程施工测量管理

■高频考点：公路工程施工测量管理内容与阶段

序号	项目	内容
1	公路工程施工测量管理内容	(1)设计单位提供的控制性桩点的现场交桩及交桩成果的保护。 (2)制定施工测量方案,选定控制测量等级,确定测量方法。 (3)测量仪器、工具的保养和使用管理。 (4)建立、复测和加密施工控制网及复测成果管理。

序号	项目	内容
1	公路工程施工测量管理内容	(5)施工测量放样和验收检测工作。 (6)施工监测中的测量工作。 (7)施工测量复核、交底管理。 (8)测量记录管理。 (9)测量人员的培训和考核,建立明确的责任制度
2	施工测量的三个阶段	(1)开工准备阶段测量包括:交接桩、设计控制桩贯通复测、施工控制网建立、地形地貌复核测量。 (2)施工阶段测量包括:施工放样测量、工序检查测量、施工控制网复测、沉降位移变形观测及安全监控测量。 (3)竣工阶段测量包括:竣工贯通测量和工点竣工测量

■高频考点:施工测量复核、交底

序号	项目	内容
1	测量复核	(1)贯通测量及控制网测量不得少于两遍,并进行换手测量,测量成果必须经项目总工程师审核、监理工程师复核确认方可采用。 (2)特大桥、大桥、隧道、线路曲线要素等重要工点,定位坐标及主要控制标高等测量内业准备计算资料必须采用不同方法进行计算核对,经项目总工审核后方可用于现场测量。其他工程定位及标高测量内业计算资料必须经过测量负责人审核后方可用于现场测量。 (3)所有施工放样测量必须进行换手复核测量。施工定位复核测量时,必须采用控制网不同的导线边。水准测量必须从一个水准点出发,完成测量后,至另一个水准点进行闭合。 (4)现场测量数据处理计算资料必须换人复核
2	测量交底	(1)施工测量控制网的布设、复测及大型主体结构物的精确定位实测方法由项目总工组织,向测量人员及工程技术部人员进行技术交底。 (2)一般工程测量的技术准备资料及施测方法等由项目部测量负责人向测量队(组)技术人员进行交底,并明确测量责任分工。 (3)测量技术交底资料,必须由测量负责人和分管的主管工程师复核,工程技术部长审核后方可进行现场交底。 (4)所有用于现场测量或施工的测量成果必须进行书面交底,同时进行现场交底确认,并形成书面交底签认记录

C29　公路工程施工常用机械设备

■**高频考点：公路工程施工常用机械设备**

序号	项目	内容
1	土方机械	（1）推土机 推土机主要对土石方或散状物料进行切削或短距离搬运。推土机一般适用于季节性较强、工程量集中、施工条件较差的施工环境。主要用于50～100m短距离作业，如路基修筑、基坑开挖、平整场地、清除树、推集石渣等，并可为铲运机与挖装机械松土和助铲及牵引各种拖式工作装置等作业。 （2）装载机 装载机是以带铲斗为工作部件的装载移动机械，它主要用来铲、装、卸、运散装物料，也可对岩石、硬土进行轻度铲掘作业，短距离转运工作。在较长距离的物料转运工作中，它往往与运输车辆配合，以提高工作效率。在公路，特别是高等级公路施工中，装载机主要用于工程的填挖，沥青和水泥混凝土料场的集料、装料等作业。 （3）挖掘机 挖掘机械主要用于土石方的挖掘装载，单斗挖掘机适宜于挖掘Ⅰ～Ⅳ级土及爆破后的Ⅴ～Ⅵ级岩石。剥离型单斗挖掘机有履带式和步行式，履带式为正铲工作装置，可开挖Ⅰ～Ⅳ级土壤；步行式工作装置为拉铲，适宜于在松软、沼泽地面工作。在公路工程施工中，遇到开挖量较大的路堑和填筑高路堤等大工程量时，选用挖掘机配合运输车辆组织施工比较合理。 （4）平地机 平地机是一种铲土、运土、卸土同时进行的连续作业机械。平地机主要用于路基、砂砾路面的整平及土方工程中场地整形和平地作业，还可用于修整路基的横断面、修刮路堤和路堑的边坡、开挖边沟和路槽等。此外还可用来在路基上拌和稳定土或其他路面材料、摊铺材料，修整和养护土路、松土、回填、清除杂草和积雪等
2	石方机械	（1）凿岩机械 ①凿岩机械有凿岩机和钻孔机。凿岩机械及风动工具是通常所称的石方机械（也包括石料破碎及筛分设备），主要用于石方工程。

序号	项目	内容
2	石方机械	②凿岩机是石质隧道和石料开采等石方工程钻炮孔的主要工具,还可以用来改作破坏器,用于破碎原有混凝土之类的坚硬层。 ③公路机械化施工中,气动凿岩机和空气压缩机为必配的设备,是石方工程施工的关键设备,主要用在硬岩上钻凿炮孔。 ④风动工具有空气压缩机、风动凿岩机(风镐、风钻、射钉枪)和风动扳手等。 (2)破碎及筛分机械 ①破碎机械 A. 颚式破碎机:可用于粗碎和中碎。 B. 锥式破碎机:可用于中碎和细碎。 C. 锤式破碎机:可用于中碎和细碎。 D. 反击式破碎机:可用于粗碎、中碎和细碎。 E. 辊式破碎机:可用于中碎和细碎。 ②砂石料的筛分设备 砂石料的筛分设备有干式和湿式两种。筛分机械是将已经破碎的石料或者直接取自采料场的砂砾石,按颗粒大小分成不同的级别以供选用
3	压实机械	(1)光轮振动压路机:最适用于压实非黏土壤、碎石、沥青混凝土及沥青混凝土铺层。 (2)羊足或凸块式振动压路机:既可压实非黏土,又可压实含水量不大的黏性和细粒砂砾石混合料。 (3)YZ(单钢轮)系列振动压路机:主要用于各种材料的基础层、次基础层及填方的压实作业。 (4)YZC(双钢轮)系列振动压路机:主要用于高等级公路、机场、停车场及工业性场院等工程施工中的沥青混凝土、水泥混凝土等面层的压实,也适用于大型基础、次基础及路堤填方的压实。 (5)XP(轮胎)系列压路机:主要适用于各种材料的基础层、次基础层、填方及沥青面层的压实作业。 (6)3Y、2Y(静碾)钢轮系列压路机:主要适用于各种材料的基础层及面层的压实作业
4	路面机械	(1)沥青混凝土搅拌设备 ①强制间歇式搅拌设备:用于高等级公路建设。 ②连续滚筒式搅拌设备:用于普通公路建设。

251

序号	项目	内容
4	路面机械	(2)沥青混凝土摊铺机 ①最大摊铺宽度<3600mm的摊铺机:主要用于路面养护和城市街道路面修筑工程。 ②最大摊铺宽度在4000～6000mm的摊铺机:主要用于一般公路路面的修筑和养护。 ③最大摊铺宽度在7000～9000mm的摊铺机:主要用于高等级公路路面工程。 ④摊铺宽度>9000mm的摊铺机:主要用于业主有要求的高速公路路面施工。 (3)水泥混凝土搅拌设备 ①大型搅拌设备:主要用于预拌混凝土厂和制品厂。 ②中型搅拌设备:主要在中、小型建筑工程和道路工程现场使用。 ③小型搅拌设备:主要适用于零散浇筑混凝土的简易式单机站。 (4)水泥混凝土摊铺机 主要用于修筑水泥混凝土路面。 (5)石屑撒布机、粉料撒布机 ①石屑撒布机:用于层铺法铺筑沥青路面。 ②粉料撒布机:用于道路稳定土路拌施工中撒布粉料。 (6)稳定土厂拌设备、稳定土拌合机 ①移动式厂拌设备:多用于工程分散、频繁移动的公路施工工程。 ②固定式厂拌设备:适用于城市道路施工或工程量大且集中的施工工程。 ③稳定土拌合机:主要适用于路拌法施工。 (7)工程运输车辆 ①大型平板拖拉车:主要运送大型或大宗工程材料和工程机械设备。 ②倾翻式运输车:主要运送工程建筑材料,可将车厢的物料自行卸出。 ③粉料运输车:运输车辆本身配备粉料抽送泵,能将粉料抽入料箱和从料箱将粉料送出去。 ④沥青运输车:沥青运输罐车通常有良好的保温能力,且罐内设有加温装置。 ⑤洒水车和沥青洒布车:这两种车辆是液体运输、洒布车辆,都有贮罐和喷洒装置。不同之处在于:沥青洒布车的罐内安装了加热装置,而洒水车则不需要;另外它们都安装有液体泵送装置,沥青洒布车安装的是沥青泵,而洒水车安装的则是普通的水泵

252

序号	项目	内容
5	桥梁基础施工机械	(1)钻孔设备 ①全套管钻机 主要用于大型桥梁钻孔桩的钻孔施工。 ②旋转钻机 A. 有钻杆旋转钻机:适应性很强,变更钻头类型和对钻杆施加的压力,就可以应付各种覆盖层直到极硬的岩层,但对直径大于2/3钻杆内径的松散卵石层却无能为力。 B. 潜水钻机:可以完成直径1~3m桩的施工,施工经济孔深50m,这种钻机在25MPa以内的覆盖层或风化软岩中钻孔,有较大的局限性。 ③螺旋钻机、冲击钻机、回转斗钻机 A. 螺旋钻机:用于灌注桩、深层搅拌桩、混凝土预制桩钻打结合法等工艺,适用土质的地质条件。 B. 冲击钻机:用于灌注桩钻孔施工,尤其在卵石、漂石地质条件下具有明显的优点。 C. 回转斗钻机:适用于除岩层外的各种土质地质条件。 ④液压旋挖钻孔机 适用于除岩层、卵石、漂石外的各种土质地质条件,尤其在市政桥梁及场地受限的工程中使用。 (2)桩工机械 ①柴油打桩机 即是把柴油桩锤安装在打桩架上构成。柴油锤结构简单,使用方便,是目前最广泛采用的打桩设备。 ②振动打桩机 振动打桩机产生振动力的机械称为振动锤,是利用桩体产生高频振压进行沉桩和拔桩
6	桥梁上部施工机械	(1)预应力张拉成套设备 预应力张拉成套设备主要由千斤顶、油泵车、卷管机、穿索机和压浆机组成。 (2)架桥设备 ①导梁式架桥设备 A. 贝雷片组装成导梁的架桥设备通常称之为"公路常备架桥设备"。 B. 用万能杆件组装成导梁的架桥设备在国内使用也较为普遍,可适应较大跨度预制梁的架设。 C. 战备军用桁梁组装成导梁的架桥设备,因这种设备承载能力大,适用于大跨度桥梁的架设。

253

序号	项目	内容
6	桥梁上部施工机械	②缆索式架桥设备 缆索式架桥设备是利用万能杆件或者圆木拼成索塔架式人字形扒杆,用架设的钢丝绳组成吊装设备和行走装置,将梁架设在墩台上。 ③专用架桥设备(专用架桥机) 专用架桥机是在导梁式架桥设备基础上,进行改善而发展起来的专用施工机械,它可按移梁方式、导梁以及送梁方式的不同来分类
7	隧道施工机械设备	(1)凿岩台机、臂式隧道掘进机 ①凿岩台机:是支撑凿岩机并完成凿岩作业所需的推进、移位等的移动式凿岩机械。主要用于地质条件好,不要临时支护的大断面隧道施工。 ②臂式隧道掘进机:又称悬臂式掘进机,是集开挖、装卸于一体的隧道掘进机。 (2)喷锚机械、衬砌设备 ①衬砌设备:专用于隧道工程衬砌混凝土、衬砌模板设备。 ②喷锚机械:主要有锚杆台车、混凝土喷射机等,主要用于隧道工作面进行支撑时,进行混凝土喷射和在岩体中打入锚杆。 (3)全断面隧道掘进机、盾构机 ①全断面隧道掘进机:是刀头直径与开挖隧道的直径大小一致,在岩层中进行隧道掘进的机械,是根据隧道的断面尺寸设计生产的专用机械。 ②盾构机:是一种集开挖、支护、衬砌等多种作业于一体的大型隧道施工机械,是根据隧道的断面尺寸设计生产的专用机械

■高频考点:根据作业内容选择机械参考

序号	作业内容		使用机械	说明
1	清理草木	(1)铲除杂草	平地机、小型推土机	铲除矮草、杂草及表土
		(2)除掉灌木丛、树木、漂石	推土机、空气压缩机、凿岩机	根据树木的种类和直径,除了推土机之外,还可使用耙齿推土机、伐木机、剪切机,以便提高效率

序号	作业内容		使用机械	说明
2	挖方	（1）软土开挖	平地机	修补道路、平整场地
			推土机	短距离铲土、运土
		（2）硬土开挖	中、大型推土机（带液压松土器）	适用于风化岩、软岩、漂石混合土质的挖方
			凿岩机、空气压缩机	松土器不能挖掘时,利用炸药来爆破
3	挖土装载	（1）一般性挖土、装载	推土机	推土机适用于 100m 以内的运距,在堆土场等地方,作为挖掘机装载的辅助机械来进行挖掘作业时以中大型推土机为宜
			履带式装载机、轮式装载机、挖掘机	对于挖掘能力要求不大而较松的土质,以使用轮式装载机为适宜。挖掘能力要求较大时,挖掘机或履带式装载机较能发挥效益
			挖掘机	挖掘机工作半径大,并能旋转 360°,可在比地面高或低的地方进行工作,其工作范围很广
			拉铲挖掘机	拉铲挖掘机适用于在河川等低而广的地方进行挖掘
		（2）构筑物基地的挖掘	推土机、拉铲挖掘机	基础较大时,用推土机铲土、运土,也可用装载机进行挖掘、装载
			挖掘机、拉铲挖掘机	基础较小时,在地面上对其基础进行挖掘、装载
		（3）沟的开挖	平地机	适用于侧沟的开挖
			推土机	适用于简易排水沟的开挖
			挖掘机	适用于埋设水管等沟的开挖,挖掘精度要求较高

序号	作业内容		使用机械	说明
4	运输	道路上运输	推土机	适用于100m以内的短距离运土
			装载机、翻斗车	适用于500m以上的中长距离运土。搬运岩石时,运距在50～150m时,可使用轮式装载机来装运
5	铺土	(1)一般性铺平作业	推土机、平地机	一般的铺平作业可用推土机,平地机可用于铺平已经推土机初平的场所
		(2)大面积或精度高的铺平作业	平地机	用于道路填土的平整。一般可在推土机之后。地形条件好时,也可单独作业
		(3)铺砌材料等铺平作业	碎石撒布机、石屑撒布机	铺砌材料的铺平厚度受到严格限制时,可使用碎石或石屑撒布机
6	压实	(1)道路的填土、填筑堤坝等的压实	静力式压路机	适用于黏土、粉土的压实
			轮胎压路机	适用于砂砾石、砂质土及黏土和粉土的压实
			振动压路机	适用于砂砾石、砂质土的压实
			羊足压路机	适用于黏土、粉土的压实
		(2)填土坡面的压实	振动板	沿着坡面进行压实时使用
			牵引式振动压路机	规模小时使用振动板,规模大时使用牵引式振动压路机
		(3)沥青混凝土路表面的压实	静力式压路机、轮胎压路机、振动压路机	根据不同的沥青路面结构形式可以采用不同的组合

256